Christa Meves

MEIN LEBEN
Herausgefordert vom Zeitgeist

Christa Meves

MEIN LEBEN

Herausgefordert vom Zeitgeist

RESCH VERLAG

Die Deutsche Bibliothek – CIP-Einheitsaufnahme
Meves, Christa: Mein Leben : herausgefordert vom Zeitgeist /
Christa Meves. – Gräfelfing : Resch, 1999
ISBN 3-930039-68-0

2. überarbeitete Auflage 2000
© 1999 Dr. Ingo Resch GmbH, Maria-Eich-Straße 77,
D-82166 Gräfelfing
Alle Rechte vorbehalten
Umschlag: Kirchhofer Werbeagentur, Basel
Gestaltung und Satz: Norbert Dinkel, München
Druck, Bindung: Jos. C. Huber KG, Dießen
Printed in Germany
ISBN 3-930039-68-0

Inhalt

Alles Vergängliche
ist nur ein Gleichnis.
Das Unzulängliche –
hier wird's Ereignis!

Johann Wolfgang von Goethe

Einführung

Hinter uns liegt ein Jahrhundert, das geprägt war von zwei Weltkriegen und einer (bis vor wenigen Jahrzehnten noch unvorstellbaren) technologischen Revolution, verbunden mit einem allgemeinen Paradigmenwechsel in nahezu allen westlichen Gesellschaften: in den Kultur- und Moralvorstellungen ebenso wie in der Wirtschaft und den sozialen Bezügen. Die ganze Welt erscheint gewissermaßen zusammengeschmolzen: „Global Village" ist nur eines der Schlagworte dafür. Auch in Wissenschaft und Medizin hat in den letzten Jahrzehnten die Technik zu Weiterentwicklungen ungeahnten Ausmaßes geführt: Der Mensch dringt in das Weltall vor und erobert die Tiefsee; er beobachtet fasziniert das Geschehen im Inneren des Gehirns und wagt sich vor in die Gentechnologie; er späht hinein in den Mikrokosmos der Molekularbiologie und erschließt dabei neue faszinierende Welten. Er wirft sich einerseits zum Schöpfer auf, indem er Leben „erzeugt" und diesen Prozess abkoppelt von dem Akt, der in der Natur dafür vorgesehen ist, und er entreißt andererseits dem Schnitter Tod so manche Beute: durch neue medizinische Möglichkeiten, die selbst vor zehn Jahren noch in den Bereich der Utopie verwiesen worden wären.

Der Mensch schafft sich aber auch neue Erfindungen für den alltäglichen Gebrauch: Dinge, die das Leben enorm erleichtern und angenehmer machen – und doch ist er dadurch nicht zufriedener und erst recht nicht dankbar geworden, obwohl so manche Generation vor uns buchstäblich auf den Knien gelegen hätte vor Freude über solche Segnungen des Alltags …

Dem Menschen des 21. Jahrhunderts ist das meiste davon inzwischen selbstverständlich, so dass er darüber hinaus oft gar nicht mehr weiß, was er mit der ihm geschenkten Freiheit anfangen soll – und sich in „Freizeitstress" oder andere ziellose Aktivitäten flüchtet.

Diese Liste könnte noch viel länger sein als hier dargestellt, und es könnten dabei eine Vielzahl von nützlichen Errungenschaften der letzten beiden Generationen ebenso zur Sprache kommen wie eine ganze Reihe von Ereignissen, die uns auf den ersten Blick abstoßen oder erschrecken... Grundsätzlich aber lässt sich sagen: Noch nie hatten es in unserem Kulturkreis so viele Menschen so gut wie heute – und dennoch ist vermutlich die Zahl der seelisch Erkrankten, der Verzweifelten, der Unglücklichen, der Unzufriedenen so hoch wie nie zuvor.

Eines also zeichnet sich nach dem Abschluss des letzten Jahrtausends deutlich ab: Der Mensch hat seine Mitte verloren und mit seiner Mitte sein Maß. Zu schnell ist ihm zu viel zugefallen, was er tun kann, und dabei ist ihm nicht genug Zeit geblieben, um rechtzeitig zu überlegen, ob er das alles auch tun darf – oder es auch nur tun soll.

Derartige Omnipotenzvorstellungen hat es gewiss zu jeder Zeit gegeben – aber es gab doch noch nie ein Jahrhundert, in dem so verbissen und mit so vielen Möglichkeiten daran gearbeitet wurde, diese Ideen auch umzusetzen. Katastrophen konnten dem ebenso wenig Einhalt gebieten wie der Zusammenbruch von völkerumspannenden Ideologien und politischen Systemen, wirtschaftliche Großkrisen ebenso wenig wie der Blutzoll von Gesellschaften, die sich selbst das Maß geben wollten und dabei eine subjektive „Befindlichkeit" zum Goldenen Kalb ihres verabsolutierten Ego erhoben.

Das war eine bedenkliche Entwicklung. Mit dem Wohlstand der 70er Jahre machte sich eine überhebliche Stimmung breit – unter dem Schlagwort „Innovation ist alles" versuchte diese Generation alles Vergangene radikal auf den Müllhaufen der Geschichte zu befördern. Tradiertes erschien grundsätzlich als überholt und als nicht mehr der Beachtung wert.

Heute, 30 Jahre später, ist diese Euphorie weitgehend verflogen.

Die jungen Erwachsenen sind nachdenklicher geworden. Manche erkennen bereits, dass der Abbruch mit der Tradition – und das Überhören warnender Stimmen aus der Generation der Überlebenden zweier Weltkriege – ein leichtfertiges Verhalten war und ist. Die Jungen nehmen nicht mehr alles als selbstverständlich hin: Sie schauen zurück und fragen sich (teilweise mit Erstaunen und Entsetzen), wie der jetzige desolate Zustand überhaupt hat möglich werden können. Wo liegen die Anfänge, wo sind die Wurzeln dafür? Wie war es möglich, dass sich schleichende Übel seinerzeit so gut getarnt hatten, dass die Mehrheit der Bevölkerung nicht rechtzeitig aufgehorcht und sich nicht dagegen zur Wehr gesetzt hatte?

Diese Fragen junger Menschen, die in den Diskussionen heute immer häufiger gestellt werden, haben zu den Ausführungen dieses Buches geführt. Es handelt sich um eine Generation, die nichts anderes kennen gelernt hat als das Leben im Wohlstand: junge Menschen, für die die Realität eines Krieges ebenso unwirklich ist wie die Aussage, dass man an einem eitrigen Zahn sterben könnte; junge Menschen, die aufgewachsen sind in einer Welt voller Knöpfe und Tasten, in der alles wie durch Zauberhand zu funktionieren scheint.

Die Antworten sollten auf Erfahrungen gründen und nicht eine neue Theorie für eine bessere Menschheit auftischen. Deshalb meine ich, dass mein 74-jähriges Leben in diesem Jahrhundert, dessen Katastrophen mit dem Ersten Weltkrieg, der Inflation und der Weltwirtschaftskrise begannen, in die ich 1925 geradezu hineingeboren wurde, zu solchen Antworten mit beitragen könnte. Zweimal habe ich erlebt – einmal als Jugendliche und dann als Erwachsene –, wie die Bevölkerung durch Versprechungen atheistischer Heilslehren in die Irre geführt wurde: Beim ersten Mal fielen ihnen die deutsche Nation und die sie zusammenhaltenden Werte zum Opfer, beim zweiten Mal der einzelne Mensch, dessen Seele in Kindheit und Jugend zerstört wird.

Meine Mitarbeiterin Dr. Andrea Dillon, Jahrgang 1969, steht für die Aufhorchenden – für jene, die zwar wie selbstverständlich in die neuen Technologien hineingewachsen sind und ihre Berufsausbildung rasch und zielstrebig abgeschlossen haben, die aber genau und vertieft wissen wollen, wie sich aus individueller Sicht das 20. Jahrhundert entwickelt hat.

Das viele Nachfragen der jungen Doktorin, die seit fünf Jahren mit mir den Arbeitsalltag teilt, führte dazu, dass ich ihrem Bedürfnis, einen Überblick über die Zusammenhänge zu gewinnen, häufig durch Schilderungen meines persönlichen Erlebens nachzukommen suchte. Gleichzeitig trat mein Verleger Dr. Ingo Resch mit der Bitte an mich heran, eine Autobiographie zu verfassen. Eine Dokumentation unserer Gespräche ergab sich dadurch fast wie von selbst.

Wenn hier nun zwar ein Fragen und Antworten in sehr persönlicher Weise geschieht, so ist es doch letztlich ein Dialog der Alten mit den Jungen dieser Generation. Es sind Versuche, jenen verschlungenen Pfaden nachzuspüren, die unsere Welt dahin gebracht haben, wo sie heute steht. Wir wollen das nicht tun, indem wir apokalyptische Szenarien skizzieren oder in naiver Weise die modernen Errungenschaften verwerfen, sondern indem wir Bilder betrachten – genauer gesagt: das Lebensbild eines einzelnen Menschen im 20. Jahrhundert.

Natürlich ist eine solche exemplarische Darstellung nur in einem individuellen Maße aussagekräftig, um das Leben in diesem Jahrhundert tiefer zu verstehen. Aber eines wird vor allem anderen damit deutlich werden: Es mag heute vielerlei Gründe zu berechtigter Sorge geben, aber es gibt dennoch keinen Grund zu verzweifelter Angst, wenn wir nur den Mut zur ungeschönten Wahrheit haben, wenn wir nur bereit sind, aus dem Entsetzen über die Vergangenheit die Gefahren der Gegenwart ins Auge zu fassen, statt uns einer schläfrigen Verschleierung auszusetzen. Wenn wir den Blick in die Abgründe nicht scheuen, dann können wir neue Orientierung gewinnen. Wir können dann den Abfall von Gott als das Grundübel des 20. Jahrhunderts erkennen und das unterschiedliche Timbre der Strömungen als Facetten dieser Grundkrankheit. Wir können es dann mit einem neuen eifrigen Horchen versuchen, aus dem ein kluger freiwilliger Gehorsam gegenüber dem Schöpfer zu erwachsen vermag. Dann – aber nur dann allein – werden wir auch heute schon an jedem Tag erfahren können, dass wir, ungeachtet aller bedrängenden Probleme, in seinem Schutz stehen und von seiner Nähe gehalten sind.

Die Anfänge

A. D. Die meisten politischen Entwicklungen unserer Zeit haben ihre Wurzeln in den ersten beiden Jahrzehnten des 20. Jahrhunderts. Der Zweite Weltkrieg wäre nicht denkbar gewesen ohne den Ersten Weltkrieg; der Erste Weltkrieg hätte vermutlich nicht stattgefunden ohne die gesellschaftlichen Veränderungen nach 1900 und das neue, dadurch hervorgerufene Denken.

Was bedeutet das also zum Beispiel, im Jahr 1925 das Licht der Welt zu erblicken?

Die Katastrophe der Titanic, die das Selbstbewusstsein und die übergroßen Erwartungen an die technischen Errungenschaften der neuen Ära schwer erschüttert hat, ist 13 Jahre her. Der Weltkrieg ist erst seit sieben Jahren zu Ende; und seit sieben Jahren existiert auch nicht mehr die jahrhundertealte Ordnung Europas: Kaiserreiche sind verschwunden, Staatsgrenzen neu gezogen worden, das Standesdenken in die Knie gezwungen, das Bürgertum aufstrebend wie nie zuvor.

Die Inflation ist erst zwei Jahre her und hat ebenfalls in so manchen Köpfen das Bild einer „Götterdämmerung" grassieren lassen. Einerseits sind die 20er Jahre geprägt von einer enormen Liberalität – auch in Bezug auf das Bild der Frau und die bürgerlichen Moralvorstellungen –, andererseits stehen sie auch im Schatten der Weltwirtschaftskrise. Bis zur Machtergreifung Hitlers in Deutschland sind es noch acht Jahre hin … In was für eine Atmosphäre wurde das Kind Christa Regina hineingeboren?

C. M. Diese frühen Jahre habe ich natürlich als Kind nicht bewusst erleben können. Aber aus den Erzählungen meiner Eltern und Großeltern habe ich im Nachhinein viel darüber erfahren. Meine gesamte Lebenssituation, ja überhaupt meine Existenz war eine Folge der gravierenden politischen Ereignisse des vorausgegangenen Jahrzehnts. Meine Großeltern väterlicherseits hatten das seit Jahrhunderten existierende Mühlengut in der Provinz Posen aufgeben müssen. Der verlorene Erste Weltkrieg beraubte sie ihrer Heimat, die fortan in die Bezeichnung „polnischer Korridor" umbenannt und Polen zugeschlagen worden war.

Mein Vater, Maler in Berlin, entschloss sich nach dem Ersten Weltkrieg angesichts des nun fehlenden elterlichen Rückhalts zu einer zusätzlichen Ausbildung zum Kunsterzieher, zum „Zeichenlehrer", so hieß es damals. In der turbulenten und elenden Nachkriegssituation waren auch damals Neueinstellungen dünn gesät, und so verschlug es ihn in die schleswig-holsteinische Stadt auf dem Geestrücken: Neumünster. Dort heiratete er 1922 eine Kollegin, meine Mutter. Sie war urbäuerlicher Abstammung aus dieser Region; aber ihr Vater war ebenfalls – hier allerdings durch eine innenpolitische Entwicklung – zum Städter geworden; denn er nutzte seine Ausbildung, um dem unbedeutenden Flecken mit in den Rang einer ansehnlichen Industriestadt zu verhelfen: Die Entwicklung des Maschinenbaus ließen Leder- und Tuchbranchen aufblühen und kurbelten das Baugewerbe an. Durch meinen Großvater in seiner Eigenschaft als Baumeister erhielt die Stadt unter vielem anderen erstmalig eine Kanalisation, eine sensationelle Neuerung am Beginn des 20. Jahrhunderts.

Meine Eltern waren zur Zeit meiner Geburt keineswegs auf Rosen gebettet: Die Inflation 1923 hatte sowohl die Posener wie die schleswig-holsteinische Familie ihrer zur Altersversorgung gedachten Rücklagen beraubt. Meine Eltern bezogen eine Mansarde im Haus meiner Großeltern und legten in größter Sparsamkeit Groschen für Groschen zurück – in der Hoffnung, sich möglichst bald verselbständigen zu können.

Meine Geburt – nach der eines zwei Jahre älteren Bruders – war also von vornherein eine durch die äußeren Weltereignisse vorgeprägte Angelegenheit: Ohne sie wäre mein Vater vermutlich freischaffender Künstler in Berlin und meine Mutter eine unverheiratete Frau geblieben.

A. D. Mich erstaunt das ein wenig: War bereits Ihre Mutter eine emanzipierte junge Frau? Gab es schon damals einen Konflikt der Frau zwischen Beruf und Familie? Und wie hat sie ihn bewältigt?

C. M. Das wird heute in der Tat häufig verkannt und für eine Sache allein der zweiten Hälfte des 20. Jahrhunderts gehalten. Aber der erste Aufbruch der Frauen erfolgte eben bereits in der Zeit der Jahrhundertwende. Die Mädchen konnten deshalb bereits vor dem Ersten Weltkrieg das Lyzeum, eine allgemein bildende Oberschule für Mädchen, besuchen, die nach dem Abschluss dort zum Universitätsstudium berechtigte. Im ersten Jahrzehnt des Jahrhunderts schon ließen in Deutschland einzelne Universitäten die Frauen zum Studium zu. Immer mehr wurden nach ihrer Ausbildung zu Berufen zugelassen, die zuvor allein Männern vorbehalten waren.

Die meisten Frauen, die überhaupt damals schon einen Beruf ausübten, ließen sich, wie meine Mutter, zur Lehrerin ausbilden. Allerdings blieb die Mehrzahl der Frauen bis zur Inflation ohne Berufsausbildung. Zu heiraten und eine Familie zu gründen, galt im Bürgertum der damaligen Zeit noch als die eigentliche, als die natürliche Berufung der Frau. Das war sicher auch bei meiner Mutter so; denn sie gab, als ihr Erstling zur Welt gekommen war, trotz der Kärglichkeit ihres Lebens den Beruf auf und ließ sich abfinden, um eine eigene Wohnung ins Auge fassen und um ihre Kinder selbst betreuen zu können.

Dennoch war das für meine Mutter gewiss keine leichte Entscheidung. Sie war bereits fast zehn Jahre in ihrem Beruf tätig, und sie besaß nicht nur den Status finanzieller Unabhängigkeit vom Elternhaus, sie war auch eine junge, geistig außerordentlich regsame Frau, die sich besonders auf künstlerischem Gebiet tief greifend gebildet hatte. Der Geist der Jugendbewegung des Fin de Siècle lebte in ihr, und so wäre sie vielleicht auch – dem freiheitlichen Stil in der Kultur der Nachkriegszeit entsprechend – unverheiratet geblieben, wenn sie nicht als 30-Jährige dem glutäugigen Maler mit dem schwarzen Barte und dem breitkrämpigen Künstlerhut aus Berlin begegnet wäre.

Für meine Mutter gab es also auch bereits eine Alternative zur geltenden Norm, die sie durch ihre Ausbildung sehr bewusst in Anspruch genommen hatte. Sie hatte sogar außer der Handarbeit ein Fach gewählt, das bisher in der Pädagogik eine Männerdomäne war: Sie war Sportlehrerin und erzählte uns später genüsslich, welche Sensation sie im Kollegium der Männer dadurch ausgelöst habe, dass sie mit ihren Schülerinnen in schwarzen Pumphosen auf dem Schulhof zu turnen gewagt hätte.

Die Emanzipiertheit meiner Mutter war für meinen Werdegang von entscheidender Bedeutung. Mutter war davon überzeugt, dass jedes Mädchen eine Berufsausbildung brauche, um für alle Fälle die Möglichkeit zu haben, ihr Leben finanziell unabhängig zu gestalten. Das Erleben des so hohen Blutzolls bei den jungen Soldaten des Ersten Weltkriegs hat zu dieser Einstellung sicher beigetragen.

Meinen Eltern schwebte als Lebensplan – sie haben das in Briefen, die sie sich während ihrer Verlobungszeit schrieben, dokumentiert – auch keineswegs allein die Gründung einer Familie und das Aufziehen von Kindern vor: Sie strebten es an, gemeinsam künstlerisch tätig zu werden, gemeinsam zu „schaffen"; denn meine Mutter war damals bereits voller kunstgewerblicher Ideen und eine vorzüglich ausgebildete Weberin. Sie haben dieses ihr Ideal lange zurückstellen müssen, weil ihnen das Leben über dreißig Jahre hinweg keinen Freiraum dazu ließ. Aber dann, im Alter, haben sie zwanzig Jahre lang dieses Ideal verwirklichen dürfen: Vater entwarf und malte die schönsten Wandteppiche, Mutter webte sie.

A. D. Es scheint, als seien die Jahre Ihrer Kindheit – trotz der heraufdrohenden Hitler-Ära – eine unbeschwerte Zeit in der Obhut solcher Eltern gewesen.

C. M. O ja, es war eine wunderschöne Kindheit. Erst im Nachhinein, besonders in meiner Berufsarbeit, habe ich zu verstehen gelernt, wie wenig selbstverständlich es war, dass meine Eltern sich kaum einmal stritten und ein so verlässliches Paar bildeten. Die Erziehung lag allerdings mit sanfter Hand und an langer Longe fast ausschließlich in der Hand meiner Mutter. Sie besaß ein außeror-

14

dentlich großes, sehr bewusstes, aber unverkrampft gehandhabtes erzieherisches Geschick. Es gab in unserer Erziehung keine Gewalt, keine Schläge, ja kaum einmal Schelte. Ich erinnere lediglich ein einziges Mal, dass meine Mutter zornig auf uns war: als wir beim Besuch einer ihrer Freundinnen in deren Garten ungefragt Erdbeeren gepflückt und gegessen hatten.

A. D. Das klingt alles nach großer Idylle ... Wie viele Konflikte und Schwierigkeiten, ja oft auch schreckliche Nöte haben dagegen heute Eltern mit ihren Kindern, besonders in der Jugendzeit!

C. M. Das war damals sicher durchgehend noch sehr anders. Aber darüber hinaus habe ich mit diesem Elternpaar sicher ein ganz besonderes Glück gehabt. Es gab bei uns Kindern jedenfalls einen ganz selbstverständlichen Gehorsam unseren Eltern gegenüber, nicht erzwungenermaßen, sondern freiwillig, weil wir spürten, dass sie uns liebten, weil wir wussten, wie wohl sie uns wollten. Wir wurden übrigens selbst zu Hilfeleistungen nicht „befohlen". Je älter ich wurde, umso lieber stellte ich mich meiner Mutter bei ihrer so vielfältigen häuslichen Arbeit zur Seite. Ich kletterte bei der Obsternte in die alten Apfel- und Birnbäume und half bei der Verarbeitung ebenso mit, wie ich mich von meiner Mutter in ihrer Handarbeitskunst anleiten ließ.

Meine Eltern erzogen uns wohl eher durch ihr beständiges Vorbild als mit Forderungen. Mein Vater mischte sich überhaupt kaum ein, war aber dennoch nachmittags fast immer gegenwärtig. Aber allein schon seine Liebe für meine Mutter, seine Achtung vor ihr wirkte auf uns Kinder als positives Vorbild. So pflegte er meiner Mutter regelmäßig nach der Mittagsmahlzeit mit einem Wort oder mit einer Geste zu danken – dafür, dass es so gut geschmeckt hatte –, und sie kochte, dadurch angespornt, immer besser.

Erst viel später habe ich begriffen, dass meine Mutter die tägliche Speisung ihrer Familie unter ungewöhnlichen Bemühungen zu höchster Könnerschaft ausgestaltete. Ohne dass der enorme Aufwand als Plage ins Blickfeld geriet, waren die Mahlzeiten sorgfältig auf eine gesunde, wohlschmeckende Kost ausgerichtet, es waren tägliche Feste, fast regelmäßig mit drei Gängen von variabler

Art. Und um wie viel anstrengender war damals allein dieser Teil der Hausfrauenarbeit!

Zwar hatten meine Eltern noch vor meiner Geburt eine geräumige Mietwohnung beziehen können, aber auch diese galt ihnen allein als Etappe. Sie strebten bei einem Leben in größter Sparsamkeit an, ein Haus mit einem Garten zu erwerben. Als ich fünf Jahre alt war, wurde das mit Hilfe der Aufnahme einer dicken Hypothek geschafft, und wir Kinder bekamen den ersehnten Auslauf mit dem Garten an der Schwale, die Neumünster durchfließt, einem kleinen Nebenfluss der Stör.

Lange Zeit konnte nichts dieses Kinderparadies trüben. Ich wuchs im Schlepp des Bruders auf, der von früh auf die einfallsreichsten lustigsten Spielideen hatte. Der Fluss wurde zu unserem biologischen Experimentierfeld; denn damals war er noch glasklar bis auf den Grund, bevölkert von Kleinfischen und Insekten, bis hin zu den Enten und Schwänen, die wir beobachteten, benannten und mit viel Bemühung um ihre Gelege umgaben. Wir richteten Terrarien und Aquarien ein und machten uns kundig: angefangen von der Aufzucht von Wasserflöhen bis zum Halten von Molchen, Fischen, Wasserschnecken, Eidechsen, Blindschleichen und Salamandern.

Man könnte zu diesem Geschwisterleben schon fast in leichter Abwandlung des Storm-Gedichts sagen: Kein Klang der aufgeregten Zeit drang je in diese Zweisamkeit ... Zwar hörten wir unsere Eltern mit den zu Besuch kommenden Verwandten über Politisches diskutieren; aber wir verstanden am Beginn der 30er Jahre das ohnehin noch nicht; es blieb für uns in ungewichtiger Ferne. Schließlich gab es kein Fernsehen und in unserer Familie lange – bis in den Zweiten Weltkrieg hinein – nicht einmal ein Rundfunkgerät oder ein Telefon. Es gab auf den Straßen kaum Autoverkehr. Der Milchmann brachte mit dem Pferdewagen die frische Kuhmilch. Sowohl Gemüse wie Obst wurden im Garten selbst gezogen. Die Lebenshaltungskosten waren sehr viel geringer. Ein Brötchen kostete beim Bäcker 2,5 Pf, ein Schwarzbrot 45 Pf. Ein Pfund grüner Heringe auf dem Wochenmarkt war für 30 Pf zu haben. Ein Brief ließ sich für 10 Pf befördern, eine Postkarte für 6 Pf. Dafür kam die Post zweimal am Tag, auch am Samstag, und ihr Telegrammdienst war bereits von präziser Schnelligkeit. Allerdings gab es kaum ein Beamtengehalt, das die 1000-Reichsmark-Grenze überschritt, und die meisten Pensionen und Renten reichten nicht zum Leben und Sterben.

A. D. War das Leben für diese glückliche Kleinfamilie so gesehen eher schwerer oder doch auch in vieler Hinsicht leichter als heute?

C. M. Es war für uns Kinder unbeschwert, aber allein dadurch, dass unsere Eltern uns von ihren Sorgen – den finanziellen nach der Inflation 1923 und der Weltwirtschaftskrise 1929 – ebenso wie zunächst von denen um die Entwicklung Deutschlands nach 1933 fern zu halten suchten. Ich weiß auch erst im Nachhinein, wie meinen sensiblen Vater der tägliche Schulunterricht erschöpfte und wie meine Mutter unter den täglichen Anstrengungen der Bewirtschaftung eines relativ großen, unpraktischen Hauses geächzt hat. Sparsamste, gewissenhafteste Lebensführung war angezeigt. Meine Mutter ölte in jedem Frühjahr auf den Knien liegend die schönen Pitchpinefußböden selbst und fertigte für uns alle vier (bis auf die Anzüge meines Vaters) jegliche Oberbekleidung, auch die Mäntel, selbst an. Ich besonders wurde dadurch zu einem Objekt ihrer kunsthandwerklichen Begabung. Aus oft selbst gewebten Stoffen zauberte sie mir bis weit über die Pubertät hinaus immer neu eine Fülle der schönsten Kleider; ich besaß eine Galerie von Mützen, nicht nur aus Wollresten neu gestrickt, sondern geschneidert und bestickt in farblich gekonnter Variabilität. Im Allgemeinen waren die Menschen in meiner Kindheit in ihrem Alltag nur sehr mäßig gekleidet. Die Verarmung Deutschlands durch die schweren Krisen der letzten Jahrzehnte prägte sich hier deutlich aus.

Das Leben in unserer Familie wurde von der mit großem Fleiß selbst produzierten Autarkie getragen, bis hinein in die umfänglichen Obst- und Gemüseernten mit der vielen sommerlichen Arbeit, sie in Weckgläsern und Saftflaschen für den Wintervorrat aufzubereiten.

Für die heutige Generation ist auch die Mühseligkeit der Waschvorgänge kaum vorstellbar. Im Keller gab es eine Waschküche mit einem Waschkessel, der sich mit einem Feuerloch beheizen ließ, um die Leinenwäsche darin zu kochen. Die Betten wurden nämlich mit weißen Leinenbezügen bezogen, die in den neu erstellten Tuchfabriken der Stadt immerhin meistens schon maschinell angefertigt wurden und zur Aussteuer der Bürgertöchter gehörten. Aber die vierwöchige „große Wäsche" war ein praktisch drei Tage beherrschendes Ereignis, bis in großen Bottichen alles Bunte, Feine und Weiße auf Waschbrettern geschrubbt, gespült, im Garten aufgehängt, gelegt, gemangelt und gebügelt war.

Mühselig und Schmutz erzeugend war auch die Beheizung der Räume: zunächst mit Kachelöfen, später durch Heizkörper, die durch einen Heizofen im Keller mit Steinkohle befeuert wurden. Die Wartung des Riesenmauls und seiner roten Glut mit Hilfe großer Kohleschaufeln allein war tägliche Schwerarbeit für meinen schmalgewichtigen Vater. Und dann erst der Kohlenherd in der Küche, der später durch einen Gasherd ersetzt wurde, und der mühselige Abwasch der Geschirrberge in Schüsseln mit mehreren Teekesseln heißen Wassers, das Abtrocknen und Wegräumen etc. nahmen viel Zeit in Anspruch. Aber ich habe auch erfahren, dass man dabei zu zweit die schönsten Gespräche führen konnte, vor allem als heranwachsende Tochter mit einer verständnisbereiten Mutter.

Eine gewissenhafte Hausfrau der damaligen Zeit konnte im Grunde gar nicht berufstätig sein, ohne Haus und Familie´zu vernachlässigen oder die Kinder in fremde Hände zu geben. Die Entscheidungen waren für die jungen Frauen damals viel endgültiger. Die Möglichkeiten einer Verbindung zwischen einer außerhäuslichen Berufstätigkeit und einer Familie mit kleinen Kindern waren allenfalls in der Gemeinschaft mit Großeltern durchführbar. Sie war allerdings wesentlich häufiger als heute. Viele junge Eltern bildeten mit den alten Familienmitgliedern damals noch Großfamilien mit einer Vielzahl von Kindern. Man hielt insgesamt wesentlich mehr zusammen als heute. Scheidungen waren selten, und allmählich erst reduzierte sich die Zahl der Kinder auf ein Durchschnittslevel von 2,6 Kindern pro Familie. Heute ist die Zahl mit 1,3 Kindern pro Familie auf einen Existenz gefährdenden Tiefstand zurückgegangen. Der Konflikt zwischen Beruf und Familie bewirkt heute – im Verhütungszeitalter, das damals noch nicht angebrochen war – allzu oft, dass die Entscheidung zuungunsten von Familie überhaupt und erst recht von Kinderreichtum fällt.

A. D. Lebte die vierköpfige Lehrerfamilie denn nicht auch in einem die Mutter gelegentlich entlastenden Familienclan?

C. M. Ja, wir waren eingebettet vor allem in die Verwandtschaft von Mutters Seite. Die Großeltern verzehrten in einem selbst erbauten Haus, 500 Meter entfernt, ihr durch die Inflation schmal gewordenes Altersbudget. Zu ihnen gab es täglichen Kontakt; die Großeltern nahmen regen Anteil an unserem Aufwachsen und halfen mit bei der Selbstversorgung durch Eier aus dem eigenen Hühnerstall und durch Blumen aus dem reich damit bestückten Garten für Vater, der sie – ein Kunstwerk schöner als das andere – aquarellierte.

Ohne Not nahm meine Mutter ihre Eltern darüber hinaus aber kaum in Anspruch. Das widerstand ihrem Bedürfnis nach einem eigenständigen Lebens- und Erziehungsstil.

Zu unserem familiären Umfeld gehörten darüber hinaus zwei unverheiratete Tanten, je eine aus jeder der Ursprungsfamilien; denn viele Frauen fanden durch den großen Männerverlust des Ersten Weltkrieges in den 20er Jahren eben keine Partner. Die Schwester meines Vaters, die nach dem frühen Tod ihrer entwurzelten Eltern mit dem Bruder in den Norden gezogen war, bildete ein typisches Exemplar jener Tanten, die die Soziologie als einen gewichtigen stabilisierenden Faktor bei der damaligen Kindererziehung festgeschrieben hat. Sie blieb – ohne jede Berufsausbildung – selbst in ihrer kleinen Zweizimmerwohnung das zarte Gutsfräulein, umgeben von den antiken Restbeständen der alten Gutsmöbel, die ihren Besuchern das hauchdünne Porzellan der Altvordern kredenzte, das ebenso dünn war wie ihre Haut; aber für sie waren wir Kinder ein geliebter Familienersatz. Sie umgab uns mit zärtlicher Liebe, bereit zu immer begeistertem Lob über jeden kleinsten Fortschritt in unserer Entwicklung. Sie war es auch, die uns immer wieder von der Posener Heimat, von ihrem

Leben auf dem Gut berichtete und ihre Erinnerungen später glücklicherweise niederschrieb. Sie war ein häufiger Gast in unserer Familie, besonders bei den Mahlzeiten; denn ihr Lebensunterhalt war nach der Inflation so schmal geworden, dass der Bruder in vielerlei Hinsicht einzuspringen hatte. Im Hintergrund schwang hier mancher Gegensatz zwischen den so unterschiedlichen Schwägerinnen mit. Mutter war gewissermaßen das fortschrittliche, moderne, aktive Modell, die Tante das konservative und in den Augen der Mutter zu wenig bewegliche Element. Im Geheimen mag sie ihr gegrollt haben, dass sie so zur zusätzlichen finanziellen Belastung wurde, statt selbst zum eigenen Unterhalt beizutragen. Feindschaften und Streit gab es dennoch nicht, und die mir zukommende besondere Zuwendung tat mir als der Zweitgeborenen besonders wohl.

A. D. An diesem Beispiel wird aber auch deutlich, dass die Subsidiarität in den Familien damals viel stärker ausgeprägt war als in unserem Sozialstaat heute.

C. M. Gewiss, der die Schwachen auffangende Wohlfahrtsstaat existierte in der Weimarer Republik nicht. Die Großfamilie war weitgehend auf sich selbst angewiesen. Wir zum Beispiel hatten noch eine weitere unverheiratete Tante, die Schwester meiner Mutter, die ebenfalls eine Funktion in unserem Kinderleben einnahm: Sie war Klavierlehrerin, und so wurde es zu unser beider Kinderplage, von den Czerny-Etüden bis zum Fröhlichen Landmann und den Sonaten der Klassiker voranschreiten zu müssen – mäßige Erfolge blieben das, vielleicht aus mangelnder Begabung für dieses Instrument oder auch eher, weil die musische Pädagogin allzu familiennah war und deshalb zu wenig Autorität zu entfalten vermochte …

Eine dritte Tante, nicht vor Ort, hatte ebenfalls einen gewichtigen Einfluss auf unseren Bildungsgang: eine Freundin meiner Mutter, Cousine von Gottfried Benn, meine Patentante in Breslau. Sie war dort als promovierte Bibliothekarin tätig. Sie sorgte von unserer Vorschulzeit an durch vielfältige briefliche Ratschläge dafür, dass wir altersentsprechend mit Lesestoff eingedeckt wurden. Vom ersten Lesealter ab wurden mein Bruder und ich mit einer geschickten Pädagogik, die unseren Reifeschritten entsprach, mit hoch qualifizierter Literatur versorgt, so dass wir beide zu bibliophilen Leseratten wurden und es bis heute blieben.

Aber auch auf künstlerischem Gebiet waren die Bemühungen unserer Eltern erheblich: Was auch an klassischer Musik im Konzerthaus der Stadt geboten wurde – von Elly Ney bis Karl Seemann –, wurde zum Ereignis, wie auch bald Besuche von Kunstausstellungen zum Programm gehörten. Besonders die Hamburger Kunsthalle wurde ein Ort, an der Vater uns für „seine" Maler begeisterte – besonders für die französischen Impressionisten. Aber auch Emil Nolde wurde uns durch viel Anschauungsunterricht zu einem vertrauten, von den Eltern hoch geehrten Künstler.

Das hört sich vielleicht ein wenig elitär an, war es aber mitnichten. Es gab auch schlicht Genüssliches: An den Winternachmittagen wurde am Sonntag gemeinsam gespielt, im Sommer gewandert oder die Umgebung Rad fahrend erkundet. In den Sommerferien fuhren wir bis in die Mitte der 30er Jahre hinein an die Nordsee, vor allem nach Sylt – eine damals noch von keinen Urlaubermassen heimgesuchte Insel. Am menschenleeren Strand im Süden von Westerland bauten wir uns eine Art Unterstand aus dem reichlich vorhandenen Strandholz, als Unterschlupf gegen Regenschauer, und warfen uns begeistert in die Brandung. Vater allerdings malte sie stattdessen, ebenso wie die mit Strandhafer bewachsenen Dünen und die Friesenhäuser mit den Stockrosen vor der Tür.

A. D.   Und die Schule? Es scheint nach Ihrer Erzählung so, als habe die in dem Haus am Max-Röer-Platz so gut wie keinen Raum eingenommen …

C. M.   Er blieb auch in den ersten Schuljahren relativ klein. 1931 in eine koedukative Grundschulklasse eingeschult, begleitet von einer tüchtigen liebevollen Grundschullehrerin, gab es hier keine Probleme. Ich lernte leicht und gewissenhaft – ebenso wie mein Bruder, der allerdings ein besseres Gedächtnis und eine schnellere Auffassungsgabe besaß, was mich auch auf diesem Sektor lange Jahre zu seinem Nachläufer machte.

21

Anders als heute waren die Kinder der Grundschule wesentlich ruhiger und konzentrationsfähiger. Ich erinnere noch, welche Lust mir vor allem das Schönschreiben in dem vorgegebenen Liniengerüst der damaligen Schulhefte machte. 90 Prozent der Schulkinder verfügten am Ende ihrer Grundschulzeit über eine wunderbar leserliche, allerdings streng genormte Handschrift in Sütterlin – ganz unvergleichlich mit dem heillosen Geschmiere, das unsere Schulkinder durch eine veränderte Pädagogik heute an den Tag legen. Trotz ihres erstaunlichen Leistungsniveaus blieb mehr als die Hälfte der Kinder nach dem vierten Schuljahr in der Hauptschule, damals Volksschule genannt. Die Mittelschule und die Gymnasien verlangten Schulgeld, das viele Eltern sich nicht leisten konnten. Auf diesem Feld gibt es heute also einen echten Fortschritt zur Chancengleichheit.

Der Schulunterricht meiner Grundschulzeit von 1931 bis 1935 war geprägt von der Reformpädagogik der 20er Jahre. Er war ebenso diszipliniert wie kindgerecht. Ich wurde in all diesen Jahren lediglich einmal wegen Schwatzens in die Ecke gestellt, was allerdings Tränenströme auslöste, weil das für mich eine schwer verwindbare Beschämung bedeutete. Zu ungewohnt war mir Bestrafung überhaupt.

Einen Einschnitt bedeutete für mich eine Mittelohrentzündung im dritten Grundschuljahr, die mich fast das Leben kostete. Es gab damals noch kein Penicillin, und so konnte ich nur durch eine Aufmeißelung des Kopfes, durch einen langen Krankenhausaufenthalt und einen fast ein Jahr dauernden, mit vielen Schmerzen verbundenen Heilungsprozess gerettet werden. Dennoch ist auch diese Episode für mich in der Erinnerung eine Lebenserfahrung, die mich lehrte, auch große und lang anhaltende Schmerzen klaglos zu ertragen, und die mir bewusst machte, was für eine wunderbare Mutter ich hatte: Sie ließ mich in den ersten Tagen und Nächten im Krankenhaus nicht allein; sie ließ sich mit einweisen (was damals absolut unüblich war und Kämpfe mit der Verwaltung kostete). Und als ich außer Lebensgefahr war, lief sie an jedem Tag die vier Kilometer zum Krankenhaus hin und wieder zurück, mehrere Wochen lang, täglich. Sich ein Taxi dafür zu nehmen wäre ihr sicher nicht einmal im Traum eingefallen.

A. D. War das Erleben von Krankheit damals nicht überhaupt erschreckender und beängstigender als heute?

C. M. Ja, gewiss. Die Säuglings- und Kindersterblichkeit war wesentlich höher als heute. Noch grassierte die Tuberkulose, und sogar eine Kinderlähmungsepidemie brach in unserer Stadt während meiner Schulzeit aus. Selbst an einer Furunkulose und an einer kleinen Sepsis konnte man unversehens zugrunde gehen! Meine Mutter verlor, wenn wir hoch fieberten, ihre sonstige heitere Gelassenheit. Und wir wurden mit einer Fülle von meist homöopathischen Hausmitteln so gut behandelt, dass es fast zur Versuchung werden konnte, bei Muttern krank zu sein ... Sie selbst erlaubte sich Krankenlager freilich nie. Bis ich erwachsen war, habe ich nie je meinen Vater den Unterricht versäumen und meine Mutter nie je bettlägerig gesehen. Sie waren von robuster, abgehärteter Gesundheit und haben infolgedessen beide ein hohes Lebensalter erreicht.

A. D. Aber es hat doch wohl die obligatorischen Geschwisterkämpfe beziehungsweise Sticheleien zwischen Ihnen und Ihrem Bruder gegeben?

C. M. Während der Kindheit kaum. Erst später im Jugendalter habe ich einige etwas schrille Ablösungsversuche von meinem Bruder unternommen. Rivalitätsgerangel unterband meine Mutter mit einer einfachen Parole: „Der Klügere gibt nach!" Und da mein Bruder ohnehin in meinen Augen immer der Klügere war, ich es aber gern sein wollte, gab ich damit so gut wie immer nach und erfüllte damit das mütterliche Harmoniebedürfnis. Das bedeutete nicht, dass ich grundsätzlich eine sanfte Taube war. Eine Zeit lang habe ich meinen Bruder im Grundschulalter sogar vom Unterricht abgeholt und ihn gegen prügelnde Klassenkameraden handgreiflich verteidigt, weil er grundsätzlich Klassenbester war und blieb und sich deshalb früh schon Neidhammel an seine Fersen hefteten, so dass es häufig nötig war, die bösen Buben zu vertreiben.

Unsere Liebe füreinander war groß. Es bedeutete deshalb für uns beide eine schmerzhafte Trennung, als den Eltern vom Hausarzt die Empfehlung gegeben wurde, dem Ausbruch einer Tuberkulose bei meinem Bruder vorzubeugen: mit einem mehrwöchigen Aufenthalt in einem Kinderheim an der Nordsee. Wir weinten beim Abschied alle vier, ich aber weinte darüber hinaus allabendlich in meinem Bett mit dem Stoffhund Peter im Arm, während er gleichzeitig mit dem Pendant Moppel in den Händen zur selben Zeit an mich zu denken versprochen hatte; denn mit diesen beiden Hunden hatten wir Serien von gemeinsamen Phantasiedialogen durchgeführt.

A. D. Die Intensität einer solchen Geschwistergemeinschaft ist heute wohl nur noch in den allerseltensten Fällen gegeben. Ich habe dergleichen nicht einmal in meiner Schulzeit in Österreich unter meinen Klassenkameradinnen erlebt und erst recht nicht als junge Lehrerin bei meinen Schülern von dergleichen gehört. Viele Kinder meiner Generation haben ja keine Geschwister mehr, und wenn sie welche haben, werden sie durch den frühen Kampf ums Dasein in den Kindergärten in ihrem Durchsetzungsbedürfnis so aufgeheizt, dass der Umgang von Geschwistern miteinander durch fortgesetzten Zank oft eher eine unerfreuliche Angelegenheit ist. Ausnahmen mag es auch jetzt noch geben – aber auch Freundschaften zwischen zwei Jungen oder zwei Mädchen scheinen bei uns aus der Mode gekommen zu sein. War das vor 60 Jahren anders?

C. M. O ja, ganz anders! Die Zentralisierung der Schulen und der Geburtenschwund bewirken heute oft, dass die Entfernungen zwischen den Wohnungen der Schulkinder viel größer geworden sind, so dass dadurch das Treffen am Nachmittag nicht mehr häufig, nicht mehr so regelmäßig stattfinden kann. Die Bindungsfähigkeit mancher Kinder ist darüber hinaus heute geringer; der Computer und die Videospiele lassen sie noch mehr zu Singles werden. Das ist eine beklagenswerte, aber kaum zu stoppende Entwicklung. In meiner Kindheit spielten die Freundschaften zu gleichaltrigen Mädchen unter den Mitschülerinnen eine große Rolle. Seit meinem zweiten Schuljahr hatte ich immer eine „dicke" Freundin, die nur durch äußere Trennungen einige Male wechselten. Diese gingen in unserem Elterhaus ein und aus, wurden nicht selten mit zum Essen eingeladen und einmal sogar in die Ferien mitgenommen. Unser Sommerleben am Fluss mit Boot- und Baumhausbauen, unser Winterleben mit viel Schlittschuhlaufen war eben auch für die Kinder der nahen Umgebung ein Anziehungspunkt.

Im Krieg dann, während der letzten Jahre meiner Schulzeit, gründeten mein Bruder und ich einen Viererclub, der sich von den heutigen Cliquen von Jugendlichen sehr unterschied. Zu uns Geschwistern gehörten dazu ein Freund meines Bruders und meine beste Freundin. Wir machten miteinander viele Radfahrten, besuchten miteinander kulturelle Veranstaltungen und diskutierten die immer bedenklicher werdende Situation. Wir schrieben Gedichte und lasen sie uns vor oder tauschten sie still untereinander aus. Antje war darin die am meisten Begabte – bereits eine richtige kleine Dichterin, was auch die Lehrer während ihrer Schulzeit immer neu in Staunen versetzte. Unser Viererclub war eine wunderbare Einrichtung, die wir uns da ausgedacht hatten, zumal es gleichzeitig Annäherung an das andere Geschlecht bedeutete. Meine Freundin Antje und mein Bruder waren längst in zarter Liebe zueinander entbrannt. Ich und unser gemeinsamer Freund Wolfgang standen dem nicht nach.

A. D.   Gab es in Ihrer Kindheit denn auch so etwas wie religiöse Erziehung?

C. M.   Jedenfalls keine sehr vordergründige. Meine Eltern waren beide von Haus aus evangelisch-lutherisch. Aber während mein Vater und seine Schwester regelmäßige getreue Kirchgänger waren, blieb meine Mutter mit uns gern daheim. Sie blieb lange, so lernte ich später, intensiv vom liberalistischen Pantheismus der ersten Jahrzehnte beeinflusst. Sie wollte uns eher zu lebensfroher Weite als zu kirchlicher Enge erziehen. Aber elterliche Konflikte entstanden daraus nicht. Zu den großen Festen wurden die Gottesdienste gemeinsam besucht, und darüber hinaus wurden sie auf das Wunderschönste in der Familie gefeiert. Besonders die Weihnachtsfeste mit viel Singen und herrlichen, meist von den Eltern selbst gebastelten Geschenken waren unauslöschliche Höhepunkte in dieser so glücklichen Kindheit. Natürlich gab es das Abendgebet, die Erlaubnis, in den Kindergottesdienst zu gehen und in einen Kirchenchor einzutreten. Einen starken Einfluss hatte auch die fromme Religionslehrerin in der Grundschulzeit. Sie vermittelte erzählend die biblischen Geschichten und berichtete vor Ostern so bewegt über die Passionsgeschichte, dass ich zu weinen begann, ohne wieder aufzuhören, so dass die erschütterte Pädagogin sich genötigt sah, mich vorzeitig nach Hause zu schicken.

Immerhin war ich von den Bemühungen der Klassenlehrerin, ihre Schäflein zu Christenmenschen zu erziehen, so angeregt, dass ich meine Einweisung ins Krankenhaus ausgerechnet an einem Bußtag als einen Anlass verstand, darüber nachzudenken, in welcher Hinsicht diese Katastrophe eine Strafe Gottes für etwaige Sünden sein könnte. Und ich entdeckte sie auch: Hatte ich mir doch heimlich gewünscht, endlich auch einmal richtig krank zu sein wie mein Bruder, der damals eine anfällige Phase hatte. Ich erkannte haarscharf die Sündhaftigkeit dieses Wunsches und versprach Gott noch im Krankenwagen, das ganze Religionsbuch durchzulesen, falls er mich überleben ließe … Und das habe ich während der lang währenden Rekonvaleszenz denn auch wacker durchgehalten.

A. D. Mich berührt von meiner Erfahrung mit Schulkindern her Ihre Erzählung geradezu schmerzlich. Wie schwer ist es doch bei der heutigen Kindergeneration, einen religiösen Zugang zu erwirken! Wie werden sie – durch die Medien, durch die Eltern, manchmal auch bereits durch die Schule selbst – negativ beeinflusst gegen religiöse Aufgeschlossenheit!

C. M. Das empfinde ich auch als ein geradezu halsbrecherisches Versäumnis. Die Schule leistete damals insgesamt wohl wesentlich mehr: Sie gab Orientierung für die persönliche Lebensführung. Dennoch meine ich, dass in den 20er Jahren eine viel zu geringe Verarbeitung der Tragödie des Ersten Weltkriegs erfolgte. Wer kam auf die Idee, dass er sich auf dem Boden einer in Konventionen erstarrten Gesellschaft ergeben hatte? Wie nötig wäre die Vertiefung des religiösen Bewusstseins als Konsequenz der Kriegs- und Nachkriegskatastrophe gewesen! Stattdessen bildeten sich die „wilden" 20er Jahre heraus, mit einer Lockerung der Moral und einem zwar verständlichen, aber doch oberflächlichen „Carpe-diem" im Zeitgeist, der lediglich durch die allgemeine schlechte wirtschaftliche Lage abgebremst wurde.

Die evangelische Kirche bei uns im Norden setzte jedenfalls nicht die notwendigen Gegenakzente, auch in meinem Konfir-mandenunterricht erhielt ich diese nicht. Jedenfalls gab es von der Kirche keinen argumentativ orientierenden Gegenpol gegen die massive Indoktrination ab 1933. Die Offenheit für alles Neue, be-sonders auch für soziale Verbesserungen waren die Folge der mächtig andrängenden liberalistischen Strömung des 19. Jahr-hunderts, auf dessen Boden die evangelische Kirche bei uns im Norden damals stand. Aber gerade sie bot zu wenig geistlichen Rückhalt, um der verführerischen Ideologie des Nationalsozialis-mus entschieden genug Widerstand entgegenzusetzen.

Der Beginn der Hitler-Ära

A. D. Hitler hatte am Ende Ihres zweiten Schuljahres die Macht ergriffen. So ganz ohne Eindruck ist das auf die Kinder vom Max-Röer-Platz also nicht geblieben?

C. M. Doch, zunächst noch eine ganze Weile. Ein erster Einbruch erfolgte dadurch, dass wir Schulkinder einige Male geschlossen zu Filmvorführungen ins Kino gebracht wurden. „Hitlerjunge Quex" und „Schlageter" wurden so zu den ersten Filmereignissen meines Lebens. Sie haben mich so geschockt, dass ich mehrere Nächte lang viele Nachtstunden wach lag und die schrecklichen Eindrücke in der Phantasie wieder und wieder an mir vorüberzogen.

Als ich Ostern 1935 ins Gymnasium überwechselte, begann – mit einem frisch importierten fanatischen Hitler-Anhänger als Direktor – ein anderer Wind in unser Leben hineinzublasen. Geschlossen wurden alle Kinder der Sexta den „Jungmädeln" zugeordnet. Meine Eltern zögerten, weigerten sich, aber ich konnte doch nicht als Einzige abseits stehen. Und überhaupt: Mit welcher Begründung hätte das geschehen sollen? Der Dienst bei den Jungmädeln war von vornherein obligatorisch. Unsere neue Klassenlehrerin wachte darüber, dass alle mitmachten. Seufzend machte sich meine Mutter also daran, eine so genannte „Kletterweste" selbst zu schneidern; der dunkle Rock und die weiße Bluse – als weitere Bestandteile meiner ersten Uniform – gingen ihren präzisen Händen schon eher von der Hand.

Und so arg, wie die Eltern zunächst fürchteten, schien es in der

Hitler-Jugend auch nicht zu sein. Da gab es zweimal pro Woche so genannte Heimabende, in denen die alten Volkslieder der bündischen Jugend aufgefrischt und vielstimmig gesungen wurden; da wurde gebastelt und Sport getrieben. Mit meinem Bruder, dem eher kränklich-zarten, taten sich die Eltern erst recht schwer. Was in ihrer Macht stand, taten sie, um ihn vom Jungvolkdienst zu dispensieren, was meistens auch dank ihres großen Geschicks zunächst über Jahre hinweg gelang. Aber was half das gegen die massive Indoktrination, die nun in den Schulfächern übergreifend einsetzte!

In der Schule wurden Werke von Alfred Rosenberg, Houston Steward Chamberlain und Hitlers „Mein Kampf" angepriesen und bereitgestellt. Mein Brüderchen las mir daraus vor, ohne dass es uns Grünschnäbeln möglich war, die verquaste Ideologie zu durchschauen. In den Film „Jud Süß" hatten wir auf schulische Anordnung klassenweise hinzutraben und wurden von der schönen jungen Kristina Söderbaum als Darstellerin, die – vom Juden vergewaltigt – ins Wasser ging, tief angerührt. Wir sollten davon überzeugt werden, wie schlimm Juden seien. Wir hatten keine Juden in unserem Umfeld. Dass der Film darauf angelegt war, das Gewissen zu manipulieren, dass die Regierung dazu ansetzen wollte, sich von ihnen „ethnisch zu säubern", dass es sich hier um eine böse geplante Verhetzung von Schulkindern handelte, vermittelte uns keiner der Lehrer.

Auch bei den alten Volksliedern blieb es nicht. Wir sangen Neues, das die Herzen schaudern ließ: „Denn die Fahne ist mehr als die Ewigkeit – unsere Fahne ist mehr als der Tod!"; oder: „Heilig Vaterland – in Gefahren deine Söhne sich um dich scharen…"; oder: „In den Ostwind hebt die Fahnen, denn im Ostwind steh'n sie gut!" – dies alles, in Großveranstaltungen von der tschechischen Musiklehrerin am Flügel intoniert, von markigen Reden des Herrn Direktor untermalt, bildete für die kleinen Gymnasiasten eine massive Indoktrination. Einhellige Begeisterung über die von Hitler anberaumte Überwindung von Not und Armut in der Bevölkerung schlug uns von allen Seiten entgegen, kein Lehrer wagte nach der brutalen Niederschlagung des „Röhm-Putsches" 1934 auch nur ein Wörtchen der Kritik an der neuen Regierung gegenüber den

Schülern zu äußern, ja, die meisten unserer Lehrerinnen gerieten mit in die unsägliche Faszination durch den dahergelaufenen Österreicher. Alle unsere Pädagoginnen gehörten schließlich in die Crew der tüchtigen jungen Frauen, die unverheiratet geblieben waren und sich ihre sie finanziell befreiende Berufsausbildung erarbeitet hatten. Sie waren sicher zu großen Teilen voll erotischer Sehnsüchte und brachten sie nun dem scheinbar „göttlichen Heilsbringer" – durch berauschte Verliebtheit unkritisch geworden – entgegen. Meine Klassenlehrerin besaß in ihrem Wohnzimmer, das ich einmal in Augenschein nehmen durfte, sieben Hitler-Darstellungen, als Büste, als Photos, gerahmt und umkränzt.

Entsprechend wurde in der Schule auch der Hitler-Geburtstag gefeiert: Wir hatten Frühlingssträußchen mitzubringen und als die Jüngsten durch den Mittelgang der Aula auf ein großes Führerbild zuzuschreiten und die Blumen mit einem Knicks zu seinen Füßen niederzulegen. Der Lehrkörper schien durchgängig von scheinreligiösem Wahn ergriffen. Solche Veranstaltungen wurden mit einem gebrüllten „Sieg Heil!", mit dem zum „Hitlergruß" erhobenen rechten Arm und dem geschmetterten Deutschlandlied, dem Horst-Wessel-Lied und dem Hitlerjugend-Lied beendet.

Allmählich erst, beim Zusammenbruch des voluminösen Zauberspuks, habe ich begriffen, dass das gesamte Szenario einen dämonischen Großangriff des Bösen auf das physisch und geistlich geschwächte Deutschland bedeutete. Hier wurde Ersatzreligion praktiziert. Hier wurden die christlichen Rituale, die Verehrung des Kreuzes (zum Hakenkreuz pervertiert), christliche Termini (das „Heil") und christliche Grundwerte umfunktioniert. Hier wurde den Deutschen eingebläut, sich für das auserwählte Volk einer neuen Weltmission zu halten, mit dem nordischen Herrenmenschen als Leviten vorneweg. Und selbst die straffe Hierarchie war kriminell, war böse nachäffend, war die Wahrheit um 180 Grad verdrehende Verführung – mit einem Verbrecher, der sich zum Götzen hochstilisierte, an der Spitze.

Im Unterricht wurde unsere Generation mit ausgeklügelter Strategie auf das Totalopfer für „Führer, Volk und Vaterland" eingeschworen. In Deutsch fertigten wir Dokumentationsmappen mit Photos von den Nürnberger Parteitagen an, in Geschichte lernten wir unter entsprechender Akzentsetzung mit zahlreichen Geschichtsfälschungen in den Schulbüchern den kriegerischen Ruhm unseres „heiligen Vaterlandes" kennen, in Geographie wurde das Unrecht der nicht zu Deutschland gehörenden, aber deutschstämmigen Regionen betont, in Biologie wurden wir mit Rassenlehre und dem Herrenanspruch unseres „auserwählten, elitären Volkes" und Heimatlandes zugeschüttet, und in Religion kam es zu einer grotesken Sonderregelung: Religionsunterricht wurde ab 1936 nur noch freiwillig angeboten, den infolgedessen nur zwei Pastorentöchter und ich – versehen mit der Unterschrift der Erziehungsberechtigten – wahrnahmen. Als aber die frommen Väter dieser drei kleinen Töchter am Mittagstisch zu hören bekamen, dass die Inhalte dieses Unterrichts aus germanischer Mythologie bestanden, meldeten sie uns ab: Die Schulbehörde konnte daraus den Schluss ziehen, dass an diesem holsteinischen Gymnasium für die Information in evangelisch-lutherischer Christenlehre kein Bedarf mehr bestand. Ab 1938 fiel der Religionsunterricht deshalb dort ganz aus. Der neue selbst ernannte „Messias" war an die Stelle des „veralteten jüdischen Märchens" getreten.

A. D. Wie verhielt sich dazu die Kirche?

C. M. Ich kann hier vom Aspekt meiner Kindheit her nur über die evangelisch-lutherische berichten. Schleswig-Holstein war zu meiner Zeit in großer Mehrheit protestantisch. Die evangelischlutherische Kirche setzte in unserer Stadt der Hitlerbegeisterung keinen Widerstand entgegen. Die örtliche Kirchenleitung bekannte sich zur Vereinigung der Hitlerhörigen, zu den so genannten „Deutschen Christen". Von irgendwelchem Widerstand war in unserer Region nirgends etwas zu spüren. Zwar wurden wir konfirmiert, zwar führten wir im Kirchenchor die herrlichsten Bach-Konzerte auf, aber letztlich geriet die kleine neue Stadt, die ohne einen tradierten Hintergrund der Urkirche nur ein Produkt der industriellen Revolution war – fasziniert wie vom Rattenfänger – in den Strudel einer diabolisch durchorganisierten Diktatur.

Wir Kinder sangen nicht nur, wir marschierten auch zu den ein-

hämmernden, neu gelernten Marschrhythmen mit großen Auf-
märschen zum 1. Mai, zur Sonnenwende und bei Sportfesten. Darüber hinaus wurden wir durch Sport körperlich in Höchstform
gebracht: An jedem Schultag hatten wir Sportunterricht – dazu
mindestens einen Spielnachmittag pro Woche bei den Jungmädeln.
Wir hatten dem von Hitler intonierten Ideal zuzustreben: „Zäh
wie Leder, hart wie Kruppstahl, flink wie Windhunde".

Wer begriff, dass das Nachäffen religiöser Wahrheit ein Kennzeichen von Diabolos ist? Dass diese zum Opfertod vorbereitete
Generation als Schlachtvieh eines größenwahnsinnigen, vom Bösen besessenen Imperators ausersehen war?

Die Großtäuschung der Deutschen war zwar vornehmlich auf
die Jugend, aber keineswegs auf sie allein gerichtet. Die Arbeiter
bekamen mehr Brot, die hohe Arbeitslosigkeit am Ende der 20er
Jahre ging zurück; denn Hitler baute Autobahnen und rüstete auf.
Wer fleißig war, konnte sich bald ein Siedlungshäuschen bauen.
Radio und elektrische Haushaltsgeräte samt billigen Gemein-
schaftsreisen, genannt „Kraft durch Freude", gehörten bald zum
Bestand der Arbeiterfamilien. Die Bauern als Garanten nationalis-
tischer Bodenständigkeit, der Ideologie von „Blut und Boden"
verhaftet, wurden ebenso achtungsvoll eingelullt wie die Mütter,
denen für Kinderreichtum ein Orden, das Mütterkreuz, verliehen
wurde – und keiner kam auf die Idee, dass es sich damit um einen
Trick der Bevölkerungspolitik handelte, um Hitler für seine
Kriegsabsichten so das Kanonenfutter zu liefern.

Zur Täuschung trug auch bei, dass die in den 20er Jahren zu-
genommene Kriminalität in den Jahren zwischen 1933 und
1939 auf ein Minimum absank; denn Rückfalltäter wurden mit
hohen Strafen belegt, mit Inhaftierung in Arbeitslagern, die den
Namen „KZ", „Konzentrationslager", erhielten. Dass hier auch
missliebige Querköpfe verschwanden, hatte von der Bevölkerung schaudernd hingenommen zu werden. Dass verbohrte
Anhänger des Regimes dabei gelegentlich sogar Freunde und
Verwandte an Hitlers Schergen auslieferten und schäbiger Be-
spitzelei so Vorschub geleistet wurde, flüsterte man sich gelegentlich entsetzt zu.

„Reiner, reifer, reicher werden – das ist die höchste Lebenskunst", war die scheinmoralische Tendenz. Deshalb wurden die Jugendlichen auch über Geschlechtskrankheiten aufgeklärt und davor gewarnt. Vorehelicher Sexualität, die in den 20er Jahren eingerissen war, wurde diese Doktrin erfolgreich entgegengestellt. Die Jugendlichen in meinem Umfeld blieben damals deshalb mehrheitlich bis zur Eheschließung unberührt. Das überpersönliche Ziel, der Einsatz für die Volksgemeinschaft, wurde mit Hilfe massiver politischer Schulung in den Jugendverbänden zu einem wesentlich höheren Wert erhoben als jegliches persönliche Interesse. Die Sexualität wurde erneut tabuiert, obgleich es bereits vielerlei Bestrebungen zur sexuellen Aufklärung der Schüler im Jugendalter gegeben hatte.

Im Zuge der „Reinigungstendenzen" tauchten aber bald auch ethisch-grenzüberschreitende Säuberungsaktionen auf, wie „das Gesetz zur Verhinderung erbkranken Nachwuchses", das zur Folge hatte, dass Geisteskranke und schwer Behinderte – allerdings noch heimlich und mit falschen Diagnosen auf den Totenscheinen – der Euthanasie preisgegeben wurden. „Zigeunerinnen" wurden zum Beispiel ohne ihr Wissen und ihre Einwilligung mit Hilfe von Röntgenstrahlen heimlich sterilisiert und große Pläne ethnischer Säuberungen ins Auge gefasst. Aber direkte Auswüchse dieser Art fanden unter dem Ausschluss der Öffentlichkeit statt und traten deshalb der Bevölkerung kaum ins Bewusstsein. Generell schien der so überaus gute Zweck die durch den großen Führer sanktionierten Mittel zu heiligen; denn „Einer für alle, alle für einen" hieß auch hier die Devise und persiflierte auf diese Weise einmal mehr wie auf der ganzen Linie die Wahrheit der christlichen Religion. Auch an dieser einheitlich vorangetriebenen Tendenz zeigte sich das Diabolische des „Dritten Reiches". Die religiöse Wahrheit des Christentums nachäffend, trat an die Stelle der Erlösung von Schuld die Befreiung zum Großreich, an die Stelle von Jesus Christus der Dämon Hitler, an die Stelle der Mission ein auf Expansion drängender Imperialismus.

A. D. Und wie sah das in Ihrer eigenen Familie aus? Machten Ihre Eltern ebenfalls ohne Widerstand in diesem Mainstream mit?

C. M. Nun, meinem Vater war der gesamte Gusto sicher von Herzen fremd, ja unheimlich. Aber er besaß eine Achillesferse: Auch er hatte als Folge des Versailler Vertrags, dessen Schmach Hitler zu beseitigen versprach, seine geliebte Heimat, den so tief verwurzelten Ursitz der Familie verloren. Und Hitler versprach in seinen in aberwitzig aggressiver Manier gehaltenen Reden, die „Schmach von Versailles" zu bereinigen. 1935 wurde unter Jubelstürmen der Bevölkerung das von Frankreich nach dem Ersten Weltkrieg annektierte Saarland mit Hilfe einer legalen Volksabstimmung „befreit". Danach brach Hitler in sein Heimatland Österreich ein, und im selben Jahr 1938 kehrte das Sudentenland „heim ins Reich". 1939 annektierte er den Freistaat Danzig. Er erklärte alles – bis an die Zähne bewaffnet – zu einem geeinten „Großdeutschen Reich".

Die „Revanche für Versailles" bewirkte, dass mein Vater schwieg. Und meine aller Diktatur ferne Mutter schloss sich ihm darin an. Sie setzte sich, wie gesagt, allerdings jahrelang immer wieder erfolgreich dafür ein, meinen Bruder vom Dienst im Jungvolk zu befreien.

In dem Jahr, in dem meine Jugendzeit hätte anfangen sollen, begann stattdessen der Krieg und prägte mir zunehmend das Bewusstsein eines unentrinnbaren Verderbens auf, das heißt keineswegs gleichsinnig mit der Allgemeinheit und keineswegs noch übereinstimmend mit der weiterhin stramm hitlertreuen Schule.

Nach Hitlers am 1. September 1939 seinem Volk offerierten Lügenrede hatten die Polen angeblich unsere Grenze verletzt – ein von ihm fingierter Grund, eine kriegerische Invasion in das Nachbarland zu starten. Aber diese Wahrheit wurde uns erst nach dem Zusammenbruch bekannt. Damals hörten wir (extra dazu die Tante heimsuchend, die einen so genannten „Volksempfänger", ein billig zu erwerbendes Radio, besaß) die Ansprache, in der Hitler unter Beifallsstürmen den in Berlin versammelten Massen mit seiner abgehackten grollenden Stimme erklärte, dass er den Rock, der „ihm von jeher der teuerste war", nicht eher wieder ausziehen würde, bis dieses Unrecht beseitigt wäre. Meine Eltern machten tief besorgte, bedrückte Gesichter, und selbst meines Bruders Bemerkung, mit der er zu prophezeien wusste, dass der Blitzkrieg bis Weihnachten beendet sein würde, wurde von der besorgt-verärgerten Entgegnung der Tante gedämpft: „Na, warte nur ab, da kommst du auch noch mit!" – Wie ein Schwert schnitten diese Worte und diese fürchterliche Vorstellung in mein Herz – und blieben mir bis heute in Erinnerung, zumal nicht er, sondern sie bitter Recht behalten sollte.

Der Zweite Weltkrieg

A. D. Das Bombardement in Jugoslawien mit all den Medienberichten und mit Fernsehbildern ließ neuerdings einiges ahnen von der Furchtbarkeit des Krieges. Gab es für Sie in den sechs Jahren von 1939 bis 1945 ein vergleichbares Erleben? Und wie wurde man als junges, 14- bis 20-jähriges Mädchen damit konfrontiert?

C. M. Zunächst noch lange nicht unmittelbar. Anfangs wurden wir lediglich, nachdem die westliche Allianz in den Krieg eingetreten war, recht häufig durch nächtlichen Fliegeralarm aus dem Schlaf gerissen. Aber die Luftangriffe galten zunächst noch nicht der kleinen Industriestadt, sondern dem 30 Kilometer entfernten Kriegshafen Kiel. Im Keller hörten wir schlaftrunken das bedrohliche Brummen der anfliegenden englischen Geschwader und sahen nach der Entwarnung den gespenstisch-roten Feuerschein am Horizont. Am Tag durchdröhnten hingegen Siegesfanfaren die Lande und lullten die Furcht ein, aber wie sollte das Entsetzen nicht hochkriechen angesichts der sich häufenden Todesanzeigen im Blättchen: Nun brachten sie das Opfer ihres Lebens, für das man sie aufbereitet hatte – die einige Jahre Älteren: unsere Tanzstundenfreunde. Die Lebenserwartung eines Leutnants an der Spitze des voranstürmenden Heeres betrug damals oft nur einige Wochen.

Lediglich scheinbar blieb unser Schulunterricht in den folgenden Jahren normal. Der Unterricht wurde durch immer längere Phasen von „Kriegseinsätzen" unterbrochen. Im Sommer 1940 wurden wir in lagermäßig aufgezogenen Kursen zu „Erzieherinnen" von so genannten „Erntekindergärten" ausgebildet. Acht Wochen lang hatte ich hier als 15-Jährige in einem holsteinischen Dorf allein fast 40 Kleinkinder zu betreuen.

Das Schuljahr 1941/42 fiel für unsere Klasse gänzlich aus: Wir wurden in die so genannte „Kinderlandverschickung" abtransportiert. Aber wir bekamen nicht die Chance, wenigstens als Klassengemeinschaft beisammenzubleiben, sondern hatten einzeln in verschiedenen Lagern jüngere Kieler Kinder zu betreuen. Die meisten von uns verschlug es in die Seebäder auf der Insel Rügen. Ich hatte als 16-Jährige drei Klassen mit 14-Jährigen zu beaufsichtigen, die gemeinsam mit einem Lehrer in einem Kurhotel in Sellin untergebracht waren. Ich war zum ersten Mal fort von zu Hause und wurde von Heimweh geradezu geschüttelt. Zwar fiel mir genug ein, um die 120 Kinder zu beschäftigen, mit viel Sport und viel Schwimmen; aber binnen kurzem tanzten mir die so wenig Jüngeren auf der Nase herum, und der leitende Erwachsene blieb bei all meinen vergeblichen Bemühungen um eine einigermaßen funktionierende Disziplin gänzlich ungerührt.

Nicht wie versprochen wurden wir im Herbst in die Heimat entlassen, nein, nun wurden wir in Winterquartiere nach Ostpreußen umgesiedelt, wo wir in einer Jugendherberge über dem Frischen Haff einen eiskalten Winter durchzustehen hatten. Hier wurden mir immerhin zwei weitere 16-Jährige zugeordnet, so dass es möglich wurde, dieses wunderbare Land zu durchstreifen und es von der Marienburg bis Elbing, von Königsberg bis Masuren kennen zu lernen. Die herbstliche Pracht der Seen zwischen den sorgsam beackerten Hügeln prägte sich mir ebenso tief ein wie die Kunstschätze in den Städten – immer in dem Gefühl, dass ich sie nicht noch einmal so wiedersehen würde.

Nach der Rückkehr wurde ich in einer Mittelschule für Jungen in einen „Schulhelferdienst" befohlen und hatte allein eine Klasse von gleichaltrigen Rüpeln zu unterrichten. Hitler frönte ja der pädagogisch geschickten Doktrin: Jugend soll von Jugend geführt werden. Und so wurden wir Gymnasiasten von Anfang an auf die frühe Übernahme von Verantwortung vorbereitet und bald dann auch eingesetzt. Das hat mich in diesen ersten Kriegsjahren oft in erschreckte Furcht versetzt, wenn über die Schule die Einsatzbefehle erteilt wurden, gegen die es kein Entrinnen gab. So verkündeten mir die alten, nicht mehr einberufbaren Lehrer an der Schule, in der ich Dienst tun sollte, bei meiner Vorstellung: Diese achte Jungenklasse sei so disziplinlos, dass dort niemand bisher einen ordentlichen Unterricht zustande bekommen habe. Wie bange schlich ich nach dieser Introduktion nach Hause! Wie fürchtete ich mich vor Mob und Meute, die ich schließlich in der Kinderlandverschickung reichlich kennen gelernt hatte!

Aber meine pädagogisch erfahrene Mutter tröstete mich. Sie riet: „Zieh hohe Hackenschuhe an, geh mit energisch laut klappernden Schritten auf die offene Tür des Klassenzimmers zu, lass dich nicht vom Lärmpegel dort drinnen abschrecken, knalle die Tür hinter dir zu und rufe unvermittelt: ‚Hefte raus!' Sei in der ersten Stunde unnachgiebig streng. Schicke den ersten Aufmüpfenden sofort zum Direktor. Die Zügel lockern kannst du dann immer noch."

Die Verblüffung gelang. Und da ich mich für das Weitere gut vorbereitet hatte, mit Inhalten, die jeden Jugendlichen interessieren mussten, schaffte ich es – trotz Gleichaltrigkeit im Dirndlkleid – die Jungen für mich zu gewinnen. Sie haben mir keine Schwierigkeiten gemacht. Das Eingreifen des Direktors erwies sich als überflüssig.

Die vielen Kriegseinsätze bedeuteten freilich nicht, dass uns im Abitur weniger abverlangt wurde. Nach dem verlorenen Jahr haben die Lehrer mit uns eine außerordentlich harte Gangart im Nachholen des Lehrplanes eingeschlagen, wobei sie allerdings keinerlei Druck auszuüben brauchten. Die vierzehn Schülerinnen unserer Klasse lernten mit Eifer und nicht nur in der Schule, sondern mit dem hilfreichen Klassenlehrer gemeinsam, oft sogar noch in den Abendstunden.

Das Abitur bestanden zu haben war ein befreiendes Glück – von allerdings nur kurzer Dauer. Wir wurden unmittelbar danach zum Pflichtarbeitsdienst einberufen, das heißt, wir wurden – wieder einmal, wie schon bei der Landverschickung – einzeln auf Arbeitsdienstlager in den holsteinischen Dörfern verteilt. Ich kann mir nicht vorstellen, dass es zu diesen kasernenmäßigen Barackenlagern heute bei den modernen Soldaten Ähnliches gibt. Abermals in Uniformen gesteckt – in blaue Arbeitskleider und braune Kostüme diesmal –, wurden wir in so genannten „Stuben" mit je sechs Etagenbetten untergebracht. Auf jeder dieser Kleingruppen durfte grundsätzlich nicht mehr als eine Abiturientin sein, in der gezielten Absicht, keinerlei Klassenunterschiede neu zu installieren.

Wir radelten nach „Fahnenweihe" und „Morgenbesinnung" (abermals ein diabolisches Gegenkonzept zur christlichen Morgenandacht, das täglicher „Glaubenserneuerung", sprich: Manipulation, diente) zu den Bauern in die Umgebung, deren erwachsene Söhne fehlten, und hatten ein schweres Tagewerk, meist mit Feldarbeit (selbstverständlich wie jeder Kriegseinsatz völlig unentgeltlich) zu absolvieren. Rübenziehen, Heu- und Kornernte wie auch Melken gehörten zum Programm, wobei wir von den Altbauern keineswegs immer entsprechend freundlich behandelt wurden. Das Lagerleben wurde mir zunehmend unerträglich, ohne dass es daraus ein Entrinnen gab.

A. D. Wie war es möglich, solche Dienste zur obligatorischen Pflicht zu machen? Warum konnte man sich nicht zur Wehr setzen? Das wäre mit der heutigen Jugendgeneration wohl kaum möglich, dagegen würde sofort revoltiert werden. Warum geschah das damals nicht?

C. M. Heute leben wir glücklicherweise wieder in einer Demokratie. Hitler aber machte solche Kriegseinsätze mit einem Federstrich zu Gesetzen. Er hatte sich ja die absolute Macht erzwungen und übte sie diktatorisch aus. Darüber hinaus wurde uns bereits vor dem Abitur mitgeteilt, dass die Ableistung des Arbeitsdienstes eine obligatorische Voraussetzung der Zulassung zum Universitätsstudium sei. Und studieren wollten wir Abiturientinnen alle. Außerdem hatte der konstant eingehämmerte Appell an unser Überich und die Identifikation mit dem religiös überhöhten Heimatbegriff („Deutschland, heiliges Wort, du voll Unendlichkeit...", sangen wir) Früchte getragen, besonders jetzt in der Kriegssituation. Jeder in der „Volksgemeinschaft" hatte das Seine, und zwar möglichst total, beizutragen, um gegen eine Welt von Feinden in Ost und West zusammenzustehen und sich „aufzuopfern" – ebenfalls eine Persiflage zum Opfergedanken in der Eucharistie der Urkirche.

Dieses Umfunktionieren, dieses Inanspruchnehmen der heiligsten Gefühle der Menschen vor allem bewirkte die enorme Bündelung emotionaler Energie, die letztlich an Besessenheit grenzte. Ihr Charakteristikum besteht schließlich auch in einer abrupten Steigerung geradezu übermenschlicher Kräfte. Diese dämonische Situation bewirkte generell, dass der Widerstand so gering blieb und auch nach dem Attentat auf Hitler am 20. Juli 1944 viele Menschen in Deutschland immer noch nicht aus dem Zauberberg seiner Verführung entließ.

A. D. Gewisse Parallelen zur Diktatur Milosevics heute und der einhelligen Treue der Serben zum Tyrannen lassen sich also durchaus ziehen. Anscheinend ist auch hier der Nationalismus in Verbindung mit dem Sozialismus zum Götzen erhoben worden. Aber wie wurde die doch gewiss auch bereits kritikfähige Abiturientin Christa Regina mit den schwielenharten Folgen einer solchen „Vasallentreue" fertig?

C. M. Um dieses Phänomen und die typischen Erscheinungsweisen des Bösen in der Geschichte zunächst noch ein wenig weiterzuführen, die Sie ansprachen: Es gehört wohl auch immer das Auftauchen eines falschen Messias dazu. Christus hat mit Recht davor gewarnt. Denn das Erscheinen des wahren Messias (und nach Christi Auferstehung seine Wiederkunft) gehört zu einer mächtigen Ursehnsucht des „auserwählten Volkes" und nach dem Wirken Christi auch zu einer berechtigten Hoffnung der zu Christen Gewordenen. Unsere Schafsnatur, die uns so gern mit der Menge konform auf dem gleichen Ton blöken lässt, enthält gleichzeitig ein Gespür dafür, dass wir des Hirten bedürfen, der – seinem göttlichen Durchblick gemäß – Gut und Böse jederzeit sicher zu unterscheiden und seine Herde zum Positiven, zum Besseren, zum Richtigen zu führen vermag.

Diese Sehnsucht nach dem Gottmenschen, nach dem weisen König zu selbstischer Manipulation umzufunktionieren, ist deshalb ein besonders typisches Merkmal für den direkten Zugriff des Bösen in den jeweiligen, lediglich ein wenig zeittypisch abgewandelten Geschehnissen. Die Manipulation zur Anbetung, die vergötzte Führerverehrung, war ein unmittelbarer Verstoß gegen das erste

Gebot. Sie stand im Mittelpunkt des Hitlerismus. Hitler gab vor, das verarmte Volk von Schmach und Armut zu „erlösen", er weckte den Anschein, durch die „Vorsehung" berufen zu sein. Wir sangen: „So gelte denn wieder Urväter Sitte, es wähle das Volk sich den Führer aus der Mitte. Führer des Volkes, wie wir dich meinen, bist du schon lange im Herzen der Deinen!" – Daraus erwuchs die scheinreligiöse Gefolgsbereitschaft im Slogan der Massen: „Führer befiehl, wir folgen dir!"

Nach der Befindlichkeit der Arbeitsmaid Christa Regina fragen Sie? Oh, gewiss, sie begann zu leiden. Zunächst einmal meuterte es in ihr gegen die eigentlich unwürdige Ausbeutung der jungen Lebenskräfte und gegen den oft widerlichen Befehlston der dümmlichen Arbeitsdienstführerinnen. Ich inszenierte deshalb heimlich singuläre Revolten: Ich schmiedete Komplotte mit meiner Bäuerin und ließ bei der Leitung Wochenenddienst beantragen, so dass es mir mit viel List und Tücke gelang, nach Hause oder zu meiner Freundin Antje zu fahren, die einige Kilometer entfernt „eingelagert" war. Einmal wäre ich bei einer solchen Eskapade fast umgekommen, weil ich in letzter Minute auf einen anfahrenden Zug zu springen suchte und mit zerrissener Uniform am Bahndamm landete. Aber Mutter flickte alles derart geschickt zusammen, dass meine Manöver unentdeckt blieben.

Darüber hinaus lastete auf mir die tägliche Sorge um das Leben des Bruders, um das des Freundes, die beide nach dem Abitur eingezogen worden waren.

Die Katastrophe brach über unsere kleine, mittlerweile verschworene Arbeitsgemeinschaft mit der Bombennacht von Hamburg im Sommer 1943 herein. Die meisten meiner Mitkameradinnen waren Hamburgerinnen. Fast alle verloren dadurch mindestens ihre elterliche Wohnung, viele auch Angehörige. Einige Tage blieb Näheres unklar. Entsetzen breitete sich aus. Weinend, schreiend lagen die Mädchen in ihren Kojen. Ich selbst, so zeigte sich, als der Telegrammdienst wieder funktionierte, war mit betroffen. „Haus zerstört", telegraphierten die Eltern, „bitte komm gleich!"

Das war ein trauriger Heimaturlaub, zu dem wir Arbeitsmaiden in der Tat „heulend und zähneklappernd" aufbrachen! Die verkohlten Balken des hohen Spitzgiebels meines Elternhauses ragten mir schon entgegen, als ich darauf zuging. Die Möbel standen ausgeräumt auf dem Platz davor. In den leeren Fensterhöhlen mit den zersprungenen Scheiben wohnte – ganz wie bei Friedrich Schiller gelernt – das Grauen. Traurig fand ich meine Eltern beim Zusammenkehren der Scherben. Aber der Schaden war nicht vollständig: Eine einzelne rotierende Brandbombe war ausgerechnet in mein Bett gestürzt und hatte allein den Dachstuhl und die Mansardenzimmer von uns Kindern in Brand gesetzt; dann war doch tatsächlich die Feuerwehr angerückt und hatte das Feuer in die Gewalt bekommen. Von dem heilsamen Wasser der Schwale durchweicht war nun allerdings das ganze Haus: vom Dach bis zum Keller.

Es war keine Zeit, über die verlorene Kemenate traurig zu sein. Es musste angepackt werden, und die Hilfsbereitschaft ringsum war riesengroß. Da über Neumünster nur einige aus Hamburg verirrten Bomber ihre zerstörerische Last abgeworfen hatten, wurde im Handumdrehen das Haus wieder instand gesetzt: mit einem neuen Giebel, mit neuen Fensterscheiben und manchen neuen Möbeln.

Ins Lager zurückgekehrt, kroch das Gefühl, unrettbar einem unaufhaltsamen Verhängnis entgegenzugehen, immer mehr hoch. Die russische Invasion war in einem mörderischen Winter 1942/43 ins Stocken geraten, in Stalingrad, so hörte ich bei meiner Bäuerin im Radio, hatte sich ein Kessel gebildet, in dem Hunderttausende deutsche Soldaten eingeschlossen waren. Die Engländer waren in Italien gelandet, dort, wo mein Freund Wolfgang Dienst tat. Wir hatten uns täglich geschrieben, solange es dort noch keine Kriegshandlungen gab. Nach der Invasion bei Salerno war der Briefstrom abgerissen. Die junge Liebe zu diesem um zwei Jahre älteren Jungen hatte sich intensiviert, besonders seit seinem letzten Heimaturlaub, gerade nachdem ich Abitur gemacht hatte. Er hatte es zwei Jahre zuvor bestanden, und mit einem überregionalen Schülerpreis für seine glänzenden Leistungen war ihm seine Genialität bescheinigt worden. Wir hatten bereits angefangen, Zukunftspläne zu schmieden: Architekt wollte er werden, und sechs Kinder mindestens wollten wir zusammen haben.

Ich begleitete ihn damals im Zug zu seinem Standort. Er stieg aus, und ich sah ihm nach, wie er in seiner kleidsamen Leutnantsuniform von mir fortging. Ich sehe dieses Bild der immer kleiner werdenden Gestalt noch heute vor mir; denn wie mit einer scharfen Klinge war es mir durchs Herz gefahren: Er geht endgültig fort – in den Tod!

Nun kamen plötzlich Tag für Tag meine Briefe an ihn zurück mit der lakonischen Aufschrift: „Gefallen für Großdeutschland". Ich bekam Urlaub, um zu seinen Eltern zu fahren, und sie überreichten mir seine letzten Briefe an mich mit vielen Gedichten – ebenso wunderschön wie die Goethes an Friederike. Das letzte hieß:

„Kamerad, verlierst du den Mut,
weil die Sonne nicht mehr scheint,
weil die Erde voll Staub und voll Blut
und der Himmel über uns weint,
sieh, Kamerad, über Straßen so weit
leuchtet von ferne die kommende Zeit..."

An einem Bauchschuß war Wolfgang – 20 Jahre jung, Spitzenschüler einer Eliteschule – auf dem „Feld der Ehre" verblutet.

A. D. Eines ist trotz Ihrer Erklärung über den „Zauberberg" doch erstaunlich: Wie wurden die Heere von Müttern, Ehefrauen und jungen Mädchen wie Sie, die ihr Liebstes verloren, mit dieser Trauer fertig? Hätte es damals nicht so etwas wie einen Frauenaufstand geben müssen?

C. M. Nein, das war ganz und gar undenkbar. Viele Mütter waren so sehr mit Hitler identifiziert, dass sie wirklich bereit waren, ihm alles zu opfern. In unserer Nachbarschaft lebte eine Mutter mit drei Söhnen mit Namen Gunter, Gernot und Giselher. Als dann alle drei gefallen waren, sagte sie bei der Todesnachricht des Jüngsten: „Nun ist mein Opfer für den Führer vollkommen!" – Der zum hohen Sinn erhobene Heldentod der Söhne erleichterte es ihnen sogar, den Schmerz zu ertragen. Auch hier geschah eben religiöse Perversion durch eine Gestimmtheit, wie sie im Opfertod Jesu Christi aufscheint. „Für uns hingegeben" heißt es deshalb in der Liturgie der katholischen Messe...

Eine Identifikation mit der Heldentod-Ideologie konnte bei mir nach Wolfgangs Tod allerdings nicht greifen. Ich ging eher in eine reaktive Depression, in eine mir bis dahin unbekannte Empfindung der Gefühlsversteinerung. Sie je empfunden zu haben ist mir später in der Praxisarbeit mit Menschen, die einen geliebten Angehörigen verloren hatten, sehr zugute gekommen.

Meine Niedergedrücktheit wurde zusätzlich dadurch verstärkt, dass wir nicht, wie versprochen, im Wintersemester 1943/44 auf die Universität entlassen wurden, sondern uns stattdessen ein weiteres halbes Jahr „Kriegshilfsdienst" verordnet wurde. Nun saß ich in einem Zwölf-Stunden-Tag unversehens in einer Rüstungsfabrik und wog Pulver für Kanonen ab. Nach einigen Wochen dort wurde ich an einen wesentlich gefährlicheren Ort versetzt: in eine Rüstungsfabrik am Rande Hamburgs, wo wir Zeitzünder für Bomben einzustellen hatten. Um den Hals trugen wir wie Soldaten eine Erkennungsmarke; denn dass wir durch die immer häufiger werdenden Bomben auf militärische Ziele stündlich in Lebensgefahr schwebten, war den Instanzen klar. Kurz nach meiner Umsiedlung detonierte denn auch meine erste Arbeitsstätte und kostete an die tausend jungen Mädchen das Leben. Sie waren zwischen den Tonnenladungen von Pulver so verkohlt, dass selbst von den Erkennungsmarken nichts mehr übrig blieb, so dass alle Identifikationsmöglichkeit geradezu ausgelöscht wurde, samt all der Wanzen, unter denen wir in diesem Lager hatten leiden müssen.

In meiner Hamburger Zeit war mir bei allem Barackenelend immerhin ein unverhofftes Glück beschieden: Ich traf hier meine Freundin Antje wieder, und sie verhalf mir dazu, dass wenigstens mein innerer Eispanzer aufbrach und ich trauern konnte. Aber mit den wieder erwachten Gefühlen brach auch massiv das Bewusstsein über den Wahnsinn durch, dem wir alle ausgeliefert waren. 1500mal an einem Tag machte ich hier die gleiche Handbewegung – im Dienst eines tausendfältigen Todes! Der Tag wurde lang wie eine Ewigkeit, zu der wir alle verdammt schienen. Ich rettete mich, indem ich heimlich während der Arbeit Protestgedichte schrieb – auch gegen die unwürdige Behandlung durch einen Aufseher, der uns wie Sträflinge anzutreiben suchte und nicht den kleinsten Pfusch durchgehen ließ, eine entsetzliche Zeit, der wir zu unserem eigenen Erstaunen im Frühjahr 1944 entrannen, um (es war kaum zu fassen) ins Studium – und vielleicht gar ins Leben hinein? – entlassen zu werden.

Das folgende Halbjahr in Breslau war für mich geradezu wie eine Wiedergeburt: Da lag diese Stadt unversehrt, ohne Bombenalarm und Bombennächte im frühlingshaften Sonnenglanz. Die Alma Mater mit ihrem grünen Licht altehrwürdiger Tradition, mit ihren kantigen, unverwesbaren Mauern tat sich vor mir auf, in sorgsamem Geleit durch die universitätskundige Patentante. Was für ein Neuanfang! Und doch blieb gleichzeitig das Gefühl von Unheimlichkeit. Ich wusste: Es konnte nur eine Episode sein – vielleicht in seiner Schönheit wie das letzte Aufleuchten eines Baumes in herbstlicher Pracht vor den winterlichen Eisnächten. Eine Stimme wurde in mir mächtig: „Halt's fest – es ist der letzte Sommer!"

In diesem Gefühl bestiegen wir die Schneekoppe wieder und wieder, durchwanderten das Glatzer Bergland und den Zoppten. Aber wenn wir von einer Bergkuppe aus in das schlesische Land nach Osten schauten und der Wind von dort kam, wehte er auch bereits leise und drohend das Grollen von Geschützen zu uns herüber. „Präg's dir ein – lass die Augen die Eindrücke einsaugen bis zur Neige!"

Nie wieder habe ich in dieser Intensität und miteinander verwoben Vergänglichkeit und Lebenstiefe so unmittelbar erfahren wie in meiner schlesischen Studienzeit im sechsten Kriegsjahr.

Eine zweite Freundin aus der Abiturklasse, Harka, war mit mir zum Studium in den fernen „Luftschutzkeller Deutschlands", wie man Breslau damals nannte, geflohen. Sie bangte hier täglich in ähnlich großer Sorge um ihren in Russland kämpfenden Freund, wie ich nach Jugoslawien hinlauschte, wo mein Bruder im Partisanenkrieg eingesetzt war.

Harka war eine nordfriesische Pastorentochter mit hellblauen Augen und einem geflochtenen Kranz von blondem Haar um den schmalen Kopf. Sie hatte ein unbändiges Temperament und den „siebten Sinn". Sie, die ebenso lebendig wie extravertiert war, war eine „Spökenkiekerin", was unter den Schleswig-Holsteinern gelegentlich vorkommem soll. Harka stürmte zum Beispiel an einem Sommermorgen, als ich mich gerade zu einer Exkursion des geographischen Seminars vorbereitete, in mein Zimmer und erklärte aufgeregt, dass sie nicht teilnehmen könne, ihr Günther sei zum Heimaturlaub nach Breslau unterwegs. Ob sie Nachricht davon bekommen habe, fragte ich irritiert. Nein, nein, das nicht, aber sie spüre das ... Ich bat sie, Vernunft anzunehmen, war doch gerade eine Urlaubssperre für die Soldaten in Russland bekannt geworden. Ich zog sie mit, und wir begaben uns zu unserem Treffpunkt im Breslauer Hauptbahnhof. Als wir ihn inmitten eines großen Stromes von Menschen durchschritten, stürzte sie plötzlich von mir weg, hinein in einen Pulk von Soldaten, und fiel unversehens einem von ihnen um den Hals. Es war tatsächlich ihr Günther! „Fahr allein!", rief sie mir noch zu ...

Im Herbst war dann das zauberhafte Intermezzo plötzlich wieder dahin: Wir wurden zu neuem „Kriegseinsatz" von der Universität weggeholt und in unserer schleswig-holsteinischen Heimat abermals dienstverpflichtet. Der Schrecken darüber wurde dadurch gemildert, dass mir diesmal neues Barackenleben mit dem Schlafen auf Strohsäcken und dem engen Gedrängel zwischen Etagenbetten und Blechspinden erspart blieb: Ich konnte abends heim, nachdem ich tagaus, tagein gemeinsam mit Fremdarbeitern abgeschossene Flugzeuge zu demontieren hatte. In einer von unerträglichem Lärm und Gestank erfüllten riesigen Halle lag ich in öligem Dreck auf dem Boden und löste unter den Rümpfen der zertrümmerten Flieger gemeinsam mit ausländischen Arbeitern Schrauben aus den Nieten. Der unsägliche Zustand wurde allein dadurch gemildert, dass meine freundlichen Mitarbeiter um meine Gunst buhlten – ja des Nachts vor unserem Haus feurigen Minnesang anstimmten und sogar ganz ernsthaft um meine Hand anhielten. Aber mir stand nicht der Sinn danach ...

Dieses Intervall meines Lebens versank im November 1944 buchstäblich in Asche und Rauch. Ein erster großer, direkter Bombenangriff auf die Stadt vernichtete das Rüstungswerk mit Stumpf und Stiel. Aber auch uns persönlich ging es dabei abermals an den Kragen. Wir saßen im Keller, als unter einem sausenden Zischen eine ohrenbetäubende Detonation erfolgte. Erde umwirbelte uns durch die vernagelten, nun eingedrückten Fenster hindurch, Schwärze umfing uns, dann gelähmte Stille. Aber die Decke hatte offenbar standgehalten: Wir tasteten uns die Treppe hinauf, und dann sahen wir es: Drei Meter neben dem Haus war eine Sprengbombe explodiert. Sie hatte einen riesigen Krater von zwölf Meter Durchmesser gerissen. Das Nachbarhaus war zum Teil in ihn hineingestürzt, und unsere Hausseite war in einen hoch aufgetürmten Erdberg verwandelt worden. Vater schrie vom Obergeschoss her nach mir und zeigte, als ich hinzueilte, zitternd auf das Dach: In ihm steckte eine Stabbrandbombe und begann gerade das schöne neue Holz zu schwärzen. Ich kletterte auf den Dachfirst und stieß sie hinab in den Vordergarten, wo sie wie eine riesige Fackel abbrannte. Von meinem Hochsitz her schaute ich auf die taghell erleuchtete Stadt. Sie brannte lichterloh.

Was in unserem Haus nicht niet- und nagelfest gewesen war, lag am Boden: Kein Ziegel mehr war auf dem Dach, keine Fensterscheibe noch heil, Schränke waren umgekippt, und Mutters gepflegtes Geschirr lag in Scherben. Wir richteten uns im Keller eine Notwohnung ein, holten auch die alten Nachbarn aus ihrem zerstörten Haus hinzu und machten uns daran, das Haus wieder bezugsfähig zu machen. Nun kam alles auf Selbsthilfe an. Aus einem zum Abbruch freigegebenen Haus durften wir uns immerhin Ziegel holen. Mit ihnen deckte ich drei Wochen lang unser großes, spitzes Giebeldach neu ein.

Das war Schwerstarbeit, die uns aber nicht davon abhielt, nach der Vollendung ein rauschendes Fest zu feiern. Meine Freundin Harka, ausgebombt wie auch meine Freundin Antje, hatten mit ihren Familien im Gemeindehaus Zuflucht gefunden, und Harka hatte beschlossen, uns zu ihrer Verlobungsfeier einzuladen – freilich ohne dass der dazugehörige Mann nun noch einmal von der Urlaubssperre an der russischen Front eine Ausnahme zu erwirken vermochte. Sie wollte offiziell verlobt sterben, beharrte sie, und ließ eine entsprechende Anzeige ins schon wieder funktionierende Blättchen setzen.

Am folgenden Morgen führte ich – glücklich über mein dem Regen standhaltendes Dach – noch einige Handgriffe durch, als es abermals Alarm gab. Der Rundfunk vermeldete feindliche Bomber im Anflug auf die deutsche Bucht, und dann wurde Neumünster – diesmal fast nur mit schweren Sprengbomben – in Grund

und Boden zerstört. 1500 Menschen kamen allein bei diesem Angriff ums Leben. Unser Haus bekam einen Volltreffer in die andere Seite, Hunderte meiner Dachziegel flogen in einem einzigen riesigen Hups aus dem Gebälk. Der Trümmerhaufen war komplett.

Ich rannte die Straße hinab zu den Großeltern. Gott sei Dank – sie waren unversehrt! Vor mir lag die Kirche in Trümmern, und ich stieß – Furchtbares ahnend – auf das Gemeindehaus zu: Es war wie ein Kartenhaus in sich zusammengebrochen. Ich bückte mich und legte mein Ohr an die Steine; ich rief nach den Freundinnen und hörte Klopfzeichen als Antwort. Ich raste zum Großvater, holte Schaufeln, schrie einem Trupp Soldaten zu, es gäbe Verschüttete. Sie kamen mit mir, wir begannen zu schaufeln… Irgendwann stießen wir auf die Gemeindeschwester und holten sie heraus. Sie war bei Bewusstsein: „Sie sind alle tot!", konnte sie uns, wie eine Mumie in Betonstaub gehüllt, mit schwacher Stimme zuflüstern.

Die Soldaten fanden sie. Sie legten sie auf den Rasen des alten Kirchhofs, eine Frau, einen Mann, Pastor von St. Ansgar, zwei Mädchen, ein Kind, einen Säugling. Sie legten sie nebeneinander nieder und zogen ab mit ihren Laternen. Alle zogen ab. Der Mond kam zwischen den Wolken hervor, schien erbarmungslos auf den zerfetzten Turm der Kirche, schien in die stummen, grauen Gesichter. Blut aus Nasen und Ohren war zur Schwärze geronnen. Des Kindes Zöpfe – eingeflochten in rosa Schleifen – baumelten über den erstarrten Kinderarmen. Ich hockte mich auf die Erde. Antje hatte eine Tasche um die Schulter, ein Buch guckte heraus. Was las sie im Keller, die 19-jährige Studentin der Biologie? „Vom Sinn des Todes, über die Auferstehung" entzifferte ich. Ein Gedicht fiel heraus – wenige Stunden zuvor, offenbar beim Wäscheaufhängen, geschrieben:

Der grau verhangenen Nebelnacht
Entsprang ein Herbsttag, so warm und so schön,
So voll Sonnengold und Windesweh'n.
Wolken so weich, Wolken so leicht,
Segeln dahin an des Himmels Blau –
Und mein Linnen schau –
Es flattert im Wind …

Harka hatte die Hände abwehrend über den Kopf gehoben, wohl bevor die Decke einbrach. Jetzt waren sie schon starr. Ich sah den Verlobungsring an ihrem Finger blitzen. Ich versprach ihr, ihn ihrem Günther ins Feld zu schicken; sie wusste eben, dass sie sterben würde. Lange wachte ich so bei meinen Toten. Von den großen, stummen, kahlen Bäumen fiel hie und da ein welkes Blatt. Dunkelheit lag in den Fenstern der ausgebrannten Häuser. Alter Kirchhof – Platz der Fröhlichkeit, des sprudelnden Lebens, des guten Wachsens – Haus meiner Freundschaften. Nässe, Blut, Gestank, Totenstarre. Mit ihnen tot sein. Die Sirenen heulten auf. Abermals setzte sich die Kriegsszenerie in Gang. Und auch ich heulte laut in die plötzlich lärmdurchzitterte Luft.

Die Nummer 14 am Alten Kirchhof zu Neumünster ist längst wieder aufgebaut, mit schmucken Fenstern und neuen Türen. Heute betreibt man dort feministische Theologie in Hochformat – eine andere Form von Götzendienst. Die jungen Pastorinnen, die dort heute wirken, sind nicht belehrt worden, sich davor zu bewahren und sich vor den Folgen zu fürchten …

A. D.   Aber ist das nicht eine erschütternde Bilanz? Was es nicht mit Händen zu greifen, was sich aus der religiösen Verführung eines ganzen Volkes durch Hitler lernen ließ? Dass es hier um mehr gegangen war als um die Auswüchse einer einzelnen psychisch kranken Person?

C. M.   Gewiss, aber Vergangenheitsbewältigung unter diesem Aspekt gibt es heute nicht. Und die rationalistische Entwicklung in der evangelischen Theologie tat dazu ein Übriges. Die so genannte Bewegung der Entmythologisierer durch die Theologen Bultmann und Käsemann verhinderten hier später eine tief schürfende Aufarbeitung des in die Katastrophe führenden Phänomens. Der Böse wurde zum „Mythos" degradiert und quasi „abgeschafft". Deshalb konnte es in dieser Konfession nicht möglich werden, warnende Schlussfolgerungen gegen die Inthronisation von neuen Götzen zu ziehen. Aber davon später.

A. D. Wie ging das Leben danach weiter? Schon äußerlich – in einer so zerbombten Stadt? Und wie erst innerlich, mit so viel Entsetzen und Trauer über die Toten?

C. M. Das ist eine Frage, deren Antwort unverständlich klingen muss und mir selbst im Nachhinein als ein Phänomen erscheint: Das Leben ging tatsächlich einfach weiter! In dieser Hinsicht hatten sich die Alliierten auf das Schrecklichste verrechnet. Sie glaubten, durch den jahrelangen, 1944 eskalierenden Bombenterror die Bevölkerung mürbe zu machen und für einen mehrheitlichen Widerstand gegen Hitler aufzubereiten. Aber das war nicht der Fall. Zäh und unermüdlich hielt das Volk, hielten die Soldaten durch, und weiter feuerte der demagogische Führer die Stimmung an, indem er wieder und wieder den „Endsieg" beschwor. „Der V2 (das war eine Rakete, die damals gerade erfunden wurde) wird die V3 folgen", schrie Propagandaminister Goebbels in die Mikrophone. „Damit werden wir England in die Knie zwingen!"

Wir vom Max-Röer-Platz waren nun vorerst obdachlos. Mit der letzten Habe im Gepäck flohen wir aufs Land zu einer bäuerlichen Verwandten im Umkreis. Von unseren Toten hatten wir tränenschwer Abschied genommen, und das Haus war für abbruchsreif erklärt worden. Zwar schwer verwundet, aber dennoch von nicht brechbarem Überlebenswillen getragen, werkte die kleine Stadt vor sich hin. Bald schon gab es wieder Strom, bald funktionierten neu Post und Bahn, bald gab es in Notunterkünften Unterricht für die Kinder, und wer arbeiten konnte, arbeitete – intensiver denn je. Und wer hier nun doch Anzeichen von Müdigkeit oder Verzweiflung zeigte oder sich gar zu verstecken suchte, wurde rasch zurückgeholt. Schließlich gab es kein Stückchen Brot ohne einen mit Ausweis festgeschriebenen Standort. Die Lebensmittel waren vom ersten Tag des Krieges an – wenn auch nicht allzu knapp – rationiert. Sich in die Krankheit zu begeben war moralisch als unwürdig verpönt, und wer es gar wagte, verrückt zu spielen, kam in die Gefahr, rasch in den Bannkreis der Euthanasie zu geraten. Offener Widerstand führte zum Standgericht. Der 20. Juli 1944 hatte das uns allen drohend und blutig vor Augen geführt.

Eine exakt organisierte Bürokratie holte jeden in die Dienst-

50

pflicht und in seinem Lebensalter entsprechende Kriegseinsätze. Für mich, die 19-jährige Studentin bedeutete das, Soldat zu werden: Ein amtliches Schreiben flatterte am 14. Dezember in unser ländliches Notquartier: „Sie werden hiermit gemäß § 1 der Notdienstverordnung vom 15. Oktober 1938 bis auf weiteres zum langfristigen Notdienst herangezogen und aufgrund des § 2 … zur Notdienstverordnung vom 15. September 1939 für den Truppeneinsatz in der Luftwaffe der Wehrmacht zur Dienstleistung zugewiesen. Sie haben sich im Laufe des 15. Dezember 1944 in der Kaserne in Pinneberg zu melden und so rechtzeitig abzureisen, dass sie spätestens am Abend des Tages an dem Bestimmungsort eintreffen. Die Notdienstverordnung ist nach Anhörung des Arbeitsamtes erfolgt. Die Nichtbefolgung dieser Beorderung wird mit Haft oder Gefängnis bestraft."

Die Drohung war gewiss nötig, um zu erreichen, dass dem Befehl unausweichlicher Nachdruck verliehen wurde; sonst wäre ich ihm gewiss nicht gefolgt. Denn aus dem Zauberberg der Faszination, aus dem Strudel der Begeisterung für einen Rattenfänger war ich mittlerweile längst heraus. Ich war aufgewacht und hatte durch unser Elendwerden erkannt: Dieser „große" Führer war nicht unser Retter, sondern unser Verderber. Er nahm uns das Leben, er nahm uns die Zukunft. Zuwiderhandeln wurde nicht nur mit Gefängnis, sondern mit dem Tode bestraft, so wussten wir. Tod als Soldatin oder Tod durch Standgericht – dies war die Alternative, eine andere gab es nicht.

A. D. Davon habe ich trotz meines ausführlichen Studiums über die Jahre 1933 bis 1945 in Deutschland noch niemals etwas gehört! Hitler holte zum Schluss die *Mädchen* zu den Waffen?

C. M. Ja, das ist auch bis heute leider weitgehend unbekannt geblieben. Hitler hat am Beginn 1945 eine Notstandsverordnung getroffen, derzufolge auch Mädchen der Jahrgänge 1924 und 1925 zum Militärdienst einzuziehen seien. Diese Verordnung ist wohl von Land zu Land unterschiedlich gehandhabt worden; denn – wie ich 50 Jahre später als Reaktion auf Zeitungsberichte über meinen Kriegseinsatz erfuhr – es wurden offensichtlich nicht alle Mädchen dieser Jahrgänge in Deutschland durchgängig zum Militärdienst verpflichtet. In Schleswig-Holstein war das der Fall, und zwar in „vorauseilendem Gehorsam" bereits einige Wochen früher, als diese Hitler-Verordnung tatsächlich in Kraft trat. Und das war in der damaligen Situation – mit den vorrückenden Russen auf die Ostgrenze Deutschlands zu und nach der Invasion der Engländer und Amerikaner im Westen – so etwas wie ein Himmelfahrtskommando. Wir ahnten, dass Soldatinnen ein noch viel furchtbareres Schicksal bevorsteht als Männern, wenn sie in die Hand einer brutalen feindlichen Soldateska geraten. Und diese Befürchtung hat sich nach der Kapitulation an ungezählten Mädchen, die in russische Gefangenschaft gerieten, auf das Fürchterlichste bestätigt.

A. D.   Wäre es nicht notwendig, diese Erfahrungen nachhaltig zu dokumentieren? Denn heute streben doch abermals viele junge Frauen in den Militärdienst!

C. M.   Hier drängt sich uns Alten in der Tat der Satz auf: „Denn sie wissen nicht, was sie tun!" Ich will deshalb ausführlich berichten, wie meine Militärzeit im Winter 1944/45 ausgesehen hat.

Wie gesagt, der Einberufungsbefehl löste verzweifeltes Entsetzen aus. Freilich haben meine Eltern sich auch nicht so ohne weiteres kampflos ergeben. Ärzte wurden zu Rate gezogen: Ließ sich nicht doch irgendein Leiden bescheinigen? Ämter wurden besucht und nach Auswegen gefragt; aber die hektischen Bemühungen in den wenigen Tagen, die wiederholten Misserfolge bei den Versuchen, ein Schlupfloch des Entkommens zu finden, schnürten die Kehle zu, ließen den Pegel der Verzweiflung von Stunde zu Stunde ansteigen. Die Befehlsbefolgung wurde unausweichlich.

Ich sehe das alles noch wie heute vor mir: das Packen eines zerbeulten Pappkoffers in der Mansarde des Bauernhofes, den Leiterwagen vor der Tür mit dem polnischen Landarbeiter als Kutscher, der von der hilfreichen Bäuerin den Auftrag bekommen hatte, mich zur Bahnstation zu fahren, der Abschied von Mutter, einer der zahllosen ähnlichen vor dem Beginn eines Befehls zum Lagerleben, nun aber doch anders: getragen von stummem Entsetzen, von hoffnungsloser Verzweiflung mit den erstickten Tränen in der Kehle, im Wissen um ein unaufhaltsames, unwiderrufliches Verderben. Abschied ohne Wiederkehr? Ende? Das Ende nun auch für mich, wie für die anderen, die alle schon tot waren? 20 Minuten dauerte das Klappern der vier Pferdehufe vor dem Wagen, 20 Minuten lasse ich den Tränen ihren Lauf.

In Pinneberg, dem Vorort Hamburgs, spuckt der Zug jede Menge einberufener Mädchen aus. Der Weg in die Kaserne ist lang, keine kennt die andere, stumm schleppt jede ihren meist noch ziemlich schweren Koffer vor sich hin.

Hinter der Schranke werden wir in einen großen Warteraum geführt. Hunderte von Mädchen sitzen dort auf ihren Koffern. Dennoch verwandelt sich das Entsetzen unversehens in Freude: Zwei meiner ehemaligen Mitabiturientinnen befinden sich in diesem Schub. Was für eine Erlösung! Wir fallen uns lachend und weinend in die Arme. Wir sind nicht mehr allein!

Bevor noch irgendetwas mit uns geschieht, sind wir bereits erneut am Pläneschmieden. Gibt es vielleicht doch noch ein Entrinnen? Wir halten fest zusammen, als wir je zu zwölfen in die Mannschaftsstuben eingeteilt werden; wir schlafen nicht wie die anderen, nachdem man uns mitgeteilt hat, dass morgen die Musterung durch einen Militärarzt erfolgen wird, wir suchen krampfhaft nach Gebrechen, um vielleicht doch noch untauglich geschrieben zu werden. Aber Thomas Mann war als Lektüre verboten – den Felix Krull hatten wir alle nicht gelesen …

Plötzlich empfinden wir es als ein Manko, dass wir so abgehärtet, so sportlich trainiert, dass wir so gesund sind. Gibt es nicht doch irgendeinen Defekt? Imke hat als Kind einmal Asthma gehabt, sie hofft dem Arzt noch so etwas wie einen bedrängten Atem vormachen zu können. Ich hoffe, dass meine Operation und Wundfistel nach der Mittelohroperation zu Buche schlagen könnten. Nur Getrud findet auch nicht das kleinste Gebrechen, sosehr wir beratschlagen.

Die Untersuchung ist Massenabfertigung: einmal das Stethoskop an die Brust, einmal mit dem Spatel in den Hals; müde winkt der Arzt ab, als wir von unseren chronischen Behinderungen zu sprechen suchen: „K. v.", das heißt kriegsverwendungsfähig. Wir kennen dieses Wort längst von Brüdern und Freunden. Wir hocken gemeinsam auf unserer Pritsche und weinen uns erst einmal aus. Aber ein Trost ist uns geblieben: Uns trifft alle drei das gleiche Schicksal. Wir sind eine Dreiergemeinschaft. Wir schaffen uns ein neues Teilziel. Wir wollen nicht auseinander gerissen werden, und wir wollen versuchen unsere Fähigkeiten einzubringen. Vielleicht lässt sich bei der Flak (Fliegerabwehrkanonen) unsere Kenntnis der sphärischen Trigonometrie verwenden? Vielleicht brauchen die sogar Leute mit mathematischen Kenntnissen? Schließlich haben wir alle drei das Abitur mit einer respektablen Note in diesem Fach abgeschlossen. Wir haben uns eine neue Hoffnung aufgebaut. In dieser Nacht schlafen wir immerhin schon auf den harten Strohsäcken mit den rauhen Decken.

Am nächsten Morgen werden wir in verschiedene Trupps eingeteilt und zur Ausbildung in die umliegenden Kasernen transportiert. Wir haben Glück: Alle drei sollen wir in der Flakwaffenkaserne Rendsburg der militärischen Blitzausbildung zugeführt werden. Man registriert uns in einer Schreibstube. Jede von uns erzählt das Verslein von der höheren Mathematik. Ein Feldwebel mit einem rosigen Kommandiergesicht hört sich unsere Reden stumm-belustigt an.

Abermals werden wir auf Stuben zu je zwölf Mädchen verteilt. Wir kennen das alles ja längst: Einen Spind haben, einen Strohsack, am besten in einem Oberbett, das ist schon so etwas wie ein Lebenserfolg, wie eine Beruhigung, wie ein Sichanhalten an einen Platz mit einem Anhauch von Geborgenheit.

Morgens um sechs Uhr schrillt eine Trillerpfeife durch die Gänge. In der Dreierstaffel haben wir auf den Fluren anzutreten. Insgesamt sind wir in unserem Kasernengebäude zu einem „Zug" mit 500 Mädchen zusammengefasst. Der gesamte Kasernenkomplex hat fünf solcher Züge. 2500 Hamburger und schleswig-holsteinische Mädchen sollen hier zu Soldatinnen ausgebildet werden.

Unser Empfangschef, der Spieß, vor der versammelten Manschaft stehend, brüllt etwas. Wir verstehen ihn nicht. Schließlich läuft er an den Reihen entlang, bis er uns entdeckt hat, und wiederholt: „Habt Ihr keine Ohren? Die Sahne auf der Magermilch vortreten!"

„Ihr seid doch die Studentinnen mit den Extras? Her zu mir!",
befiehlt er.

Und dann stellt er uns den anderen als so genannte „Unteroffi-
ziere vom Dienst" vor. Unseren Anweisungen sei Folge zu leisten,
erklärt er. Dann erfolgt in barschem Ton die Anweisung für die
schichtweise geplante Einkleidung und für erste Instruktionsstunden. Wir drei haben in ein Zimmer mit nur vier Betten umzuzie-
hen und bekommen einen Dienstplan ausgehändigt: Wir haben
rund um die Uhr Schichtdienst – eine zweifelhafte Auszeichnung.
Aber immerhin: Wir sind zusammen. Eine vierte Studentin, eine
baumlange Schlesierin, ist dem Spieß als vierte im Bunde ins Netz
gegangen.

Ein wenig besser geht's uns nun schon, und das Eingekleidet-
werden macht uns sogar Vergnügen. Eine Fülle herrlicher neuer
taubengrauer Uniformstücke, Hosen, Lumberjacks, blaue Hem-
den, dunkle Schlipse, ein Kostüm, ein Mantel, Regencape, Stiefel,
Handschuhe, Umhängetaschen, aber auch Stahlhelm, Gasmaske
und Kochgeschirr werden uns in der Kleiderkammer ausgehändigt. Wir sind viel zu sehr Frauen, als dass uns diese herrlichen
neuen Sachen (man kann dergleichen schon lange nicht mehr kaufen) nicht einfach Freude machen. Sie passen auch; selbst für mich,
die 181 Zentimeter misst, haben sie Uniformhosen, eigentlich für
männliche Rekruten vorgesehen, in die meine langen Beine hin-
eingehen. Galgenhumor kommt auf. Wir spielen mit Gasmaske
und Käppi Pantomime, wir versuchen zu lernen, den Schlips zu
knoten, wir erproben die Ausgehuniform.

Aber dann beginnt die Ausbildung, um sechs Uhr vor dem Kaffee mit einem Marsch auf dem Kasernengelände, sie wird mit
einem mehrstündigen theoretischen Unterricht in kleinen Trupps
fortgesetzt, sie besteht aus Exerzierstunden auf dem verschneiten
Hof, aus Schießübungen mit dem Gewehr 98 und der Pistole 7,63
und mit Einübung in Nachrichtentechnik. Wir vier haben vor allem die Funktion von Schäferhunden, die die Herde auf den Fluren und in den vorgesehenen Örtlichkeiten zusammentreiben.

Wir jagen Pfeifen trillernd durch die Flure, wir erscheinen in den
Unterrichtsräumen, stehen mit zusammenknallenden Haken vor
dem Unterrichtenden stramm und haben, die Hand am Käppi, zu

erklären: „Melde gehorsamst, Herr Stabsfeldwebel, die Unterrichtsstunde ist um." – Umdrehen auf dem Absatz um 180 Grad ist der nächste Akt, Abmarsch durch die Tür der dritte. Lächerliche Farce! Immerhin haben wir einen unschätzbaren Vorteil: Wir sind weniger in die stramme Ausbildung eingeteilt als die anderen. Wir versuchen es erfolgreich mit heimlichem Widerstand: Bis zum Ende der Ausbildung hat keine von uns an den aktiven Schießübungen teilgenommen.

In den Instruktionsstunden setzen wir uns jeweils in die hinterste Bankreihe, während der Mann da vorne zum zigsten Mal seine Schießeisen auseinander nimmt und wieder zusammensetzt. Wir lesen in Minibüchern, die sich, ohne aufzufallen, in den Uhrtaschen unserer Uniformhosen verstecken lassen. Diese Büchlein mit Klassikerdramen wie Don Carlos, Kabale und Liebe, Tasso, lphigenie, Faust, Emilia Galotti, Nathan der Weise, Hamlet, Macbeth, dem Prinzen von Homburg, dem Zerbrochenen Krug, Maria Magdalena, der Wildente und Baumeister Solness und viele andere habe ich eingeschleppt und verteilt. Wir lesen umschichtig in den Freistunden, auch mit verteilten Rollen; wir hängen an unsere kahlen, weiß getünchten Wände schöne, große Reproduktionen der Michelangelo-Fresken aus der Sixtinischen Kapelle, die Imke, die Kunststudentin, mitgebracht hat; wir gründen einen vierstimmigen Chor, den Gertrud leitet, wir versuchen uns mit Schöngeistigem über Wasser zu halten.

Zwischendurch gibt es auch manche groteske Situationen von so herrlicher Komik, dass wir Anlass zu nicht enden wollendem Gelächter bekommen. So hat die aufmerksame Marlies im Dienstzimmer des U. v. D. eine spezielle Vorschrift für das Exerzieren von Frauen entdeckt: Der Ausbilder hat bei den Mädchen lediglich das Recht, den Befehl „Auf, marsch, zurück, marsch, vorwärts, marsch!" zu erteilen. Die Mädchen dürfen beim Exerzieren nicht zum Laufschritt gezwungen werden. So steht's zwar geduldig auf dem Papier, aber die Praxis sieht anders aus: Jeden Morgen, oft mit Gasmaske, Stahlhelm und Gewehr, werden die Mädchen durch den Schnee gejagt. Sie können das auch alle. Hitlers radikal durchgeführtes Sportprogramm hat diese Jugend vorzüglich auf den Expansionskrieg vorbereitet. Dennoch empfinden wir das soldatische Training in diesen Dezemberwochen 1944 im frühen Schnee des Kasernenhofes als unangemessen, als demütigend, als eine Vorbereitung zu einem Kampf, den keiner von uns will. Wir fürchten den Tag des Einsatzes. Wir versuchen ihn zu verdrängen. Wir hoffen einfach, dass es den niemals geben wird.

„Vorwärts, marsch, marsch!", brüllt ein Ausbilder. 40 Mädchenbeine setzen sich in Galopp. Ich gehe langsamen Schrittes. „Zurück, marsch, marsch!", kommt das zweite Kommando. Ich kehre um. Die Gruppe holt mich ein, rennt vorüber. Der Unteroffizier, zornrot im Gesicht, befiehlt mich zu sich. „Was fällt Ihnen ein, nicht zu laufen?", herrscht er mich an.

„Es steht in der Dienstvorschrift, dass die Anordnung ‚Marsch, marsch' bei Flakwaffenhelferinnen verboten ist", kontere ich.

„Das weiß ich nicht", schnauzt er zurück. – „Gewiss", gebe ich zurück, „das ist erkennbar. Aber ich habe mich an die Dienstvorschrift zu halten, so ist mir als U. v. D. eingebläut worden. Ihnen doch wohl auch, nicht wahr?"

Der Ausbilder ist verdutzt. Er lässt antreten und bis zum Schluss marschieren. Keine von uns hat je wieder auf dem Kasernenhof rennen müssen.

Wie in jeder streng gehaltenen Schulklasse hecken wir Streiche aus, um die grobschlächtigen Männer irgendwie zu blamieren. An einem der immer dunkler werdenden Morgen ist, wie üblich, der gesamte Zug vor der Kaserne angetreten. Über Nacht ist frischer, tauig-backender Schnee gefallen. Wie auf Verabredung hat binnen kurzem ein großer Teil der 500 19-Jährigen je zwei Schneebälle in den Fäusten. Aus der Tür des Gebäudes tritt der Spieß, in der Dunkelheit nur an der am Koppelschloss befestigten Taschenlampe erkennbar, und wie auf Kommando strecken sich 500 im Zielen eingeübte Arme und schmettern ihren Schneeball auf den Lichtschein – einen, noch einen, den dritten, 1000 Schneebälle mindestens! Das Licht schwankt, verschwindet, der Spieß geht hinter der Tür in Deckung. Ein Jauchzen bricht aus den Mädchenkehlen, eine Art Urgeschrei mit verzücktem Hohngelächter untermischt, walpurgisnachtähnlich. Die Eingangstreppe hat sich in einen Schneeberg verwandelt, sie ist unpassierbar.

Ich weiß nicht mehr, wie die Geschichte endete, bestraft wurde jedenfalls niemand, es sei denn alle zusammen durch harten Dienst an einem harten Tag.

Hübsch war auch Marlies' kühne Tat, als U. v. D. an dem lang gefürchteten Besuchstag des Herrn Kommandeurs diesen statt in einen seit Tagen dafür geputzten und hergerichteten Unterrichtsraum im Parterre mit dreißig gedrillten Mädchen in Galauniform samt dem umfangreichen Stab hoher Offiziere auf den Dachboden zu führen, wo angeblich die Instruktionsstunde mit den Soldatinnen stattfände. Vierzig Stufen hat er hinaufzusteigen und kommt dabei beträchtlich ins Schnaufen. Und erst als er ganz oben ist, meldet Marlies ihm todernst-gehorsamst, dass sie sich geirrt habe. Sie muss hinterher diesen angeblichen Irrtum mit einer gebrüllten Schimpfkanonade vom Spieß im Dienst bezahlen. Sie nimmt sie mit gespielter Beschämung, aber innerlich mit fröhlicher Gelassenheit auf, stürzt dann zu uns auf die Stube und erzählt uns unter backfischartigem Begeisterungsgeschrei von ihrem gelungenen Streich.

„Aber wie bist du denn so plötzlich auf diese geniale Idee gekommen?", fragt Imke. „Oh", meint Marlies, „dieses Etappenschwein schnaufte bereits nach den paar Stufen am Eingang. Der hat einen Bauch wie ein Mastochse. Warum sollen wir immer allein trainieren, dachte ich, Treppensteigen kann dem nur gut tun!"

Eindrucksvoll war übrigens, dass es irgendwelche Erotik oder gar sexuelle Beziehungen zwischen den Mädchen und ihren Ausbildern in diesem Grundkurs weit und breit nicht gab. Mühsam schaffte der eine oder andere Ausbilder, einmal so etwas Ähnliches wie einen schlüpfrigen Witz zu reißen, den wir heute im Zeitalter der Sexdiktatur kaum als einen solchen bezeichnen würden. Hier gab es vermutlich spezielle Instruktionen vom prüden Herrn Reichskanzler und Truppenbefehlshaber selber. Diese Männer gebärdeten sich wie geschlechtslose Zinnsoldaten, was sicher dadurch erleichtert wurde, dass der Großteil der Mädchen des Jahrgangs 1925 aus ebenso urgesunden wie ungeweckten Jungfrauen bestand. Auch im späteren engen Gruppenleben des Fronteinsatzes ließ sich das in den vielen intimen Nachtgesprächen ausmachen. 19-jährige Mädchen mit sexuellen Erfahrungen waren selbst gegen Kriegsende noch eine verschwindende Minderheit.

Im Hinblick auf so etwas Ähnliches wie ein wenig Unordnung als ein wenig kränkelnde Disziplin ist mir allein mein Dienst als U. v. D. in der Silvesternacht zum Jahre 1945 in der Erinnerung geblieben, eine gespenstische Nacht, in der mir das ganze Elend und die Aussichtslosigkeit unserer Situation in der Einsamkeit meines Postenstehens wieder einmal ganz deutlich ins Bewusstsein trat: Am Abend ist den sonst absolut unalkoholisch gehaltenen Soldatinnen reichlich Bier und nach einem gut schmeckenden Grünkohlfestessen bei fortbestehender Urlaubssperre Dienstfreiheit auf den Stuben gewährt worden. Man strickt, redet miteinander, schreibt Briefe und trinkt dazu die beiden Fläschchen Bier.

Man öffnet die Türen, als schließlich aus den Lautsprechern im Flur die obligatorische Neujahrsrede des Herrn Reichskanzlers übertragen wird. Dass es die letzte Rede an sein Volk ist, ahnt man; es ist das dumpfkehlige Jammern eines gebrochenen Verlierers. Er beklagt, was für Glück, was für eine Zukunft er seinem geliebten Volk habe schenken wollen, und er beklagt, dass die bösen Neider und das internationale „Juddentumm" ihn daran aktiv gehindert hätten.

Ich kann die Rede nicht zu Ende hören, denn ein Trupp angetrunkener Ausbilder zieht mit dem gröhlenden Gesang „Glücklich iiist, wer vergiiisst, was nicht mehr zu ähändern ist" über die Flure; die angeheiterten Mädchen stürzen kreischend hinzu, man prostet, jault, tatscht, ein fröhliches Höllenspektakel bricht aus und übertönt den Abgesang des „großen Führers". Man lässt die leeren Flaschen rollen. Man tanzt schließlich nach der Lautsprechermusik mit Bocksberggekreische über die Gänge.

Der Zugführer stürzt schließlich nach geraumer Zeit hinzu und entschließt sich, nachdem er mich in meinem Dienstzimmer „zur Schnecke" gemacht hat, zum den Krawall beendenden Kommandogebrüll. Die Kaserne versinkt in düsteres Schweigen. 500 Soldatinnen schlafen bierbetäubt einem für viele tödlichen neuen Jahr entgegen.

Der Tag X mit dem Marschbefehl zum Fronteinsatz kommt trotz aller Verdrängung auf uns zu, bringt uns vier aber vorher noch in eine kaum zu bewältigende Entscheidungsnot; denn eines Tages holt man uns einzeln in das Allerheiligste der Kommandeursuite und bietet uns die Befreiung vom Fronteinsatz an – unter der Bedingung, weibliche Offiziersposten zu übernehmen.

Wir bitten uns Bedenkzeit aus. Wir liegen zersorgt und zerheult auf unseren Betten und starren die Zimmerdecke an. Was tun? Unsere Eltern können wir nicht fragen. Wir wissen, dass sie uns anflehen würden, das geringere Risiko, die größere Überlebenschance zu wählen.

Aber wir hatten die weiblichen Vorgesetzten in der Kaserne als abstoßend erlebt, als scharf, falsch, intrigant; wir hatten viel bessere Erfahrungen mit männlichen militärischen Vorgesetzten gemacht. Sie waren rau, aber meistens doch fair. Wir hatten allen Respekt vor diesen unseren „Führerinnen" eingebüßt. Sie verursachten uns bereits eine Gänsehaut, wenn sie mit ihrem so gekünstelten militärischen Gehabe nur in Erscheinung traten.

Nein, es war unmöglich, zu dieser Zunft gehören zu sollen. Außerdem hatte man uns unentwegt, schon als Elfjährige genötigt, die Zutreiberinnen zu machen. Wir waren, durch die Erfahrungen der letzten Wochen bestärkt, das Elend des Kommandierens leid. Wir wollten überhaupt nicht mehr in irgendeiner Form, wenn auch nur scheinbar freiwillig, aktiv sein. Wir waren gegen unseren Willen zu den Waffen gerufen worden. Wir beschlossen einhellig, das Angebot auf Verschonung auszuschlagen. Lieber tot als Flintenkommandeuse! Wir täuschten uns nicht über den Preis dieser Entscheidung und waren dennoch innerlich befreit, unsere Seele nicht aus Angst vor dem Tod verkauft zu haben.

An einem kalten Januartag wird zum Aufbruch geblasen. In endlosen Reihen geht der Marsch in gekonntem Gleichschritt durch die Stadt Rendsburg zum Bahnhof. Eine Musikkapelle soll dem Auszug das Makabre nehmen. Mit Tschingderassabumm fassen wir Tritt, wir haben vollkehlig zu singen, was sie uns vorbläst. Wir haben ein stattliches Repertoire an Marschliedern noch in der Ausbildung hinzugelernt: „Mit frohem Mut und leichtem Sinn, Flakwaffenhelferin", lautet ein Refrain.

Zu acht Mädchen pro Abteil mit den elend harten Holzbänken der damaligen Reichsbahn werden wir verladen, wir alle vier glücklicherweise weiterhin miteinander. Ich habe nur eine Sorge: Ist die Nachricht an meine Eltern, dass wir gen Süden rollen werden, bei ihnen eingetroffen, und werden sie wohl so findig sein, unseren Halt auszumachen? In der bereits anbrechenden Dämmerung erreichen wir den Güterbahnhof unserer Heimatstadt, öffnen die Türen, starren an den Geleisen entlang. Da, in der Ferne kommen ein Mann und eine Frau über die Schienen gelaufen: meine Eltern. Wir fallen uns in die Arme. Mutter hat eine große Futtertüte für alle Mädchen des Abteils herbeigeschafft: Eier und Kochkäse, Haferflockenplätzchen und Rübensirup.

Das Signal zur Weiterfahrt wird gegeben, Winken, der Versuch, tapfer zu sein. Um Fassung ringend schaut Mutter zu uns herauf. Aus Vaters Augen quellen unaufhörlich, lautlos Tränen und laufen in seinen Bart. „Wir werden wiederkommen, Vater, wir kommen doch wieder!" Die Gestalten werden klein, versinken in der dämmerigen Ferne. Wir fressen den Schmerz mit Mutters Futterpaket tot. Der mühsame Zug rumpelt durch die Nacht. Oft hält er lange, rangiert vor sich hin, rollt wieder los. An Schlafen ist bei der Enge nicht zu denken. Erschöpft liegen wir Schulter an Schulter gepresst. Wir fahren – eine Nacht, einen Tag, eine Nacht.

Als der nächste Morgen dämmert, hat sich über alle eine apathische Erschöpftheit gelegt. Es gibt keine Möglichkeit, zu den Toiletten vorzustoßen. Jede Lücke ist mit Bergen von Seesäcken verstellt. Wir sind darauf angewiesen, dass der Zug irgendwann im Dunkeln lange genug anhält. So viel Notdurft! Ein längerer Halt macht es uns möglich, vor dem Zug ein wenig herumzulaufen und die steifen Glieder zu vertreten. Wohin, um Himmels willen, geht diese endlose Reise? Noch sind wir in Deutschland, irgendwo in Sachsen. Aber unzweifelhaft geht es nach Osten – der Ostfront, den Russen entgegen? Uns schaudert im hart-kalten Januarmorgen.

An unsere Wagen sind Viehwagen angehängt worden. Durch die Schlitze in Kopfhöhe sieht man ausgemergelte Gesichter mit geschorenen Köpfen. Eine Klappe wird geöffnet und mehrere Tote in einen Karren geladen, skelettierte, verhungerte Leiber in blauweißer Sträflingskleidung.

„Das sind Juden", sagt Marlies. – „Was für Juden?", fragen wir die Schlesierin.

„Ach, wisst Ihr denn das nicht, dass Hitler die Juden in Lager einsperrt und verhungern lässt?", fragt sie uns.

Wir schütteln die Köpfe und kriechen in den Waggon zurück. Gertrud beginnt laut zu schluchzen. Nun weinen alle.

A. D. Sie wussten also wirklich nichts vom Holocaust?

C. M. Nein, von uns drei Schleswig-Holsteinerinnen keine. Mir hatte lediglich während meiner Kinderlandverschickung eine Cousine meines Vaters, die in Königsberg Studienrätin war, erzählt, dass man nächtlicherweise die dort zahlreich ansässigen Juden in Lager abholte. Ich war entsetzt und mit ihr darüber erschüttert. Als ich, damals 15 Jahre alt, wieder heimkam, erzählte ich am Familientisch die Schauergeschichte, fand aber keinen Glauben. Mein Bruder meinte, dann müsse es sich eben um solche Verbrecher wie den „Jud Süß" gehandelt haben und eine Ausnahme sein.

A. D. Es ist schwer vorstellbar, dass das durchgängig so gewesen sein soll!

C. M. Ich kann dabei natürlich nur von meinem persönlichen Erleben sprechen. Andere Menschen, die damit in Berührung kamen (schon ganz und gar die KZ-Häscher der SS), waren durch die Hitler'sche Gehirnwäsche vermutlich einer massiven Pervertierung ihres Gewissens anheim gefallen. Sie glaubten zum Teil wohl wirklich, bei ihrem mörderischen Dienst das Richtige für „die große Sache des Führers" zu tun. Alteingesessener Antisemitismus und eine Gewaltbereitschaft, die durch rigorose Erziehungspraktiken vorbereitet wurden, mögen die in den KZs passierten Ungeheuerlichkeiten ermöglicht haben. Ich bin glücklicherweise in meinem Leben in keinerlei Hinsicht damit in Berührung gekommen. Ich glaube aber, dass der Holocaust eine entsetzliche Schande für die Deutschen meiner Generation ist, und es tut mir heute für meine Enkel immer neu Leid, dass das alte Kulturvolk der Deutschen in Zukunft mit diesem bleibenden, nie wieder löschbaren Makel wird leben müssen.

A. D. Sind Sie also eine Anhängerin der Kollektivschuld? Sind Sie gegen die modernen Schlussstrichbestrebungen?

C. M. Natürlich ist es notwendig, dass hier jahrzehntelang Wiedergutmachungsmaßnahmen durchgeführt worden sind und weiter erfolgen müssen. Natürlich ist es gut, dass es von Israel aus so viele versöhnlich ausgestreckte Hände gibt. Natürlich möchte ich meinen unschuldigen Enkeln keine Schuld anlasten. Aber der Makel, die Anmaßung, ein ganzes Volk ausrotten zu wollen – und dazu ausgerechnet noch das von Gott auserwählte Volk! – wird immer auf den Deutschen lasten. Das ist in der Geschichte der Menschen nicht wieder löschbar, sondern lediglich durch die Vergebung des sich den reuigen Sündern erbarmenden Gottes. Aber wir jungen Menschen damals auf unserem Militärtransport, wir wurden hier einmal – blitzartig nur – mit einer Grauen erregenden Wahrheit konfrontiert, und so auch damit, was dieser Krieg spätestens ab 1944 eigentlich war: ein nun nicht mehr aufhaltbares furchtbares Strafgericht für die Sünde aller Sünden, einem Ausrottungsversuch von Gottes „Siegelring" – den Juden.

A. D. Bewusst ist dieser Zusammenhang wohl nur wenigen. Aber wo endete der Reisezug mit Ihnen und den anderen Mädchen?

C. M. Nun, die Reise ging weiter. Sie endet für uns zwischen Braunkohle- und Kalihalden in Sachsen, in einem Barackenlager, das in die Erde eingelassen ist und nur einen halben Meter herausragt. Wir sind mit einem Trupp von zirka 20 Mädchen einer Flakbatterie 12,8 zugeteilt.

Wir haben gerade den kleinen Ess- und Gemeinschaftsraum betreten, der in den nächsten Wochen unsere Herberge sein soll, als plötzlich die Geschütze, die sich in unmittelbarer Nähe befinden, zu donnern beginnen. Das Getöse ist ohrenbetäubend. „Mund auf!", schreit die Führerin, die uns hereingeführt hat. Imke fällt bei jedem Feuerstoß mit dem Oberkörper vornüber auf den Tisch. Wir sind bleich vor Schreck. So viel haben wir schon erlebt, auch den Bombenkrieg in ungeschützten Kellern, aber von so lang dauerndem höllischem Lärm waren wir bisher verschont geblieben.

„Das halte ich nicht aus!", stöhnt Imke.

Schließlich scheint der Angriff vorüber zu sein. Wir finden in engen Etagenbetten einen Strohsack zum Ausruhen. Einen Trost basteln wir uns dennoch zurecht: Wir haben Glück gehabt, in Deutschland eingesetzt zu werden.

Dass dieses nicht unbedingt Überlebenschance bedeutet, übersehen wir erst, als wir einigermaßen ausgeschlafen die Gelegenheit bekommen, uns umzuschauen. Vor uns heben sich, Schornstein an Schornstein, die Leunawerke vom endlos kahlen, ebenen Horizont ab, in der Ferne sieht man das zweite Benzinwerk Buna emporragen. Dass die Alliierten beschlossen haben, sie ab sofort zu ihren geballten Angriffszielen zu machen, um das zerschlagene Deutschland endgültig und so rasch wie möglich in die Knie zu zwingen, das wissen wir freilich nicht. Doch wir sollen es bald erfahren.

Glück im Unglück haben wir dennoch auch hier: Obgleich keiner von uns weiter auf die Idee kommt, auf unsere Kenntnisse in sphärischer Trigonometrie hinzuweisen, bekommen wir keinen Posten am Geschütz selbst, sondern werden abermals schichtweise für den Bereitschaftsdienst eingeteilt. Wir haben in einem ebenfalls in die Erde eingebauten, aber zementierten Befehlsstand die Bewegungen der feindlichen und der eigenen Luftwaffe per Funk in Empfang zu nehmen und als „rote Ente" oder „blaue Ente" mit kleinen Holzflugzeugen auf eine Deutschlandkarte mit Planquadraten einzutragen. Unsere Eintragungen werden durch eine Klappe vom Befehlshaber der Batterie beobachtet, um bei entsprechender Annäherung der Feindflugzeuge Alarm für die Mannschaften auszulösen. Sie bestehen nur noch aus etwa zehn Veteranen, alten, aber immer noch kräftigen Kanonieren, einer Schar 16-jähriger Schüler, Gymnasiasten aus Halle, und nun von uns 20 Mädchen.

Wenn es nicht so bitterernst wäre, wenn wir Holsteinerinnen nicht schon jahrelang die Schrecken des Bombenkrieges kennten, es könnte ganz lustig sein, dieses sensationelle Spiel zwischen Kopfhörer und Landkarte. Aber wir wissen eben, was das heißt, wenn nun, fast Nacht für Nacht, die „roten Enten" in endlosen Geschwadern zunächst über der deutschen Bucht auftauchen, um dann immer häufiger Kurs nach Südosten zu nehmen.

Eine Weile ist es noch spannend: Wenden sie sich stärker nach Osten oder Norden, meinen sie vielleicht Hamburg, Holstein oder Berlin? Aber allzu oft in den folgenden Wochen müssen wir mit zunehmender Beklemmung feststellen: Nein, gemeint sind wir, wieder einmal wir in Sachsen, gemeint sind Leuna und Buna. Näher, näher und immer näher. Die Alarmglocken in den Mannschaftsstuben haben die übernächtigten Helfer längst aus dem Schlaf getrommelt, und nach einer kurzen Zeit gespannter Erwartung kommt von der Kommandobrücke für die Riesengeschütze der Befehl und lautet immer häufiger: „Adler frei!" Und das heißt: ungezieltes Sperrfeuer aus allen Rohren.

Der Donner der Kanonen mischt sich mit dem dumpfen Motorengeräusch der Angreifer aus der Luft, dem orgelnden Pfeifen der fallenden Bomben. Der Himmel ist von Scheinwerfern, feindlichen Leuchtbäumen, den platzenden Schrapnells und schließlich den auflodernden Feuern der getroffenen Tanks taghell in unheiliges, böses Licht getaucht. Leuna ist von einem breiten Flakgürtel mit den schwersten Geschützen umgeben. Nacht für Nacht dienen hier kleine Jungen, übermüdete Mädchen und ein paar Großväter dem Krieg. Es braucht in Leuna nur ein einziger Schornstein wieder zu rauchen – das ist geradezu ein Fanal für den nächsten Angriff, meist schon in der kommenden Nacht.

Erstaunlich gut funktioniert dennoch die Versorgung. Fast immer noch gibt es einen zwar scheußlich schmeckenden Eintopf, genannt „Wehrmachtssuppe", ja, einmal in der Woche dürfen wir sogar mit einer Milchsuppe rechnen und uns sehnsuchtsvoll auf sie freuen. Abends rösten wir uns das nur ein wenig nasse Schwarzbrot auf der Platte des eisernen Kanonenofens unserer Baracke, und unser Wasser beziehen wir aus den sprudelnden Quellen der Kaligruben in unserer unmittelbaren Nähe. Jede von uns besitzt eine Steingutschale (eigentlich wohl zum Kuchenbacken gedacht), um Reinlichkeit zu pflegen, und wir gehen diesem Geschäft mit der Gründlichkeit von Wasservögeln nach. Sind wir nicht im Einsatz, so sind wir meist am Waschen, so als gelte es, den ganzen Schmutz dieser fürchterlichen Wirklichkeit von unseren Seelen abzuwaschen.

Das Kämmen wird zu einer kollektiven Prozedur: Es sind Kopfläuse aufgetreten, und wir trachten danach, unseren neuen Kameradinnen misstrauisch unter die Locken zu greifen. Eine hat die Viecher eingeschleppt, und wir finden auch schließlich die Übeltäterin, eine schmuddelige Hamburgerin, die ins Revier abgeschoben wird. Auch die Flöhe in den Strohsäcken und die Mäuselöcher in den Fußleisten werden mit Akribie, Ausdauer und Erfolg bekämpft, und die Kleiderlaus hat unter den säuberlichen Töchtern supersauberer holsteinischer Mütter nicht die leiseste Chance.

Ärgerlich werden wir in zunehmendem Maße über die Schikanen der so genannten Führerinnen, die weitab vom Schuss ein ungefährdetes und ungestörtes Nachtleben im bombensicheren Bunker verbringen können und uns am Tage mit Fortbildungs- und Unterhaltungsprogrammen quälen. Es gehört bis in die letzten Tage des Dritten Reiches zum Programm des Führers, mit „Truppenbetreuung" die Soldaten durch Ablenkung bei guter Laune und vom Nachdenken über das Elend ihrer Situation abzuhalten. Es besteht allerorten ein voll durchorganisiertes Programm, das eisern durchgehalten wird, um Freizeitdepressionen gar nicht erst aufkommen zu lassen. Dabei sind wir häufig so übermüdet, so zerlärmt von den nächtlichen Einsätzen, dass wir im Sitzen einschlafen.

Unsere Gemeinschaft ist ausgesprochen gut. Wir kennen das längst aus Arbeitsmaiden- und Kriegsdiensten: In einem meist mit zwölf Betten belegten Barackenschlafraum befindet sich allenfalls eine Abiturientin. Die Entstehung von törichtem Intellektualistenhochmut, aber auch Zellen möglicher Rebellion werden so erfolgreich verhindert. Allein dieser letzte militärische Einsatz belässt uns vier eng miteinander liierte Studentinnen in einer Gemeinschaft.

A. D. Ich fürchte, dass das mit Schülern heute kaum zu schaffen wäre. Schon auf Klassenfahrten kommt es doch schon oft zu Problemen mit dem Zusammenhalt!

C. M. Ich habe in diesen Jahren von sehr einfachen Mädchen viel gelernt. Wir haben in unbekümmerter, achtungsvoller Kameradschaft durch Dick und Dünn zusammengehalten. Wir waren eben von unserer Zehnjährigkeit ab intensiv zur Gemeinschaftlichkeit erzogen worden. Dass sie besser funktionierte als heute, lag sicher daran, dass alle auf ein überpersönliches Ziel ausgerichtet waren –

eben auf das „Vaterland" und seinen „göttlichen" Führer. Auch in dieser Tendenz kam einmal mehr die Perversion religiöser Struktur zum Ausdruck: die Gemeinschaft der Gott hingegeben Dienenden. Aber der Auftraggeber des Nationalsozialismus war hier eben nicht der Schöpfer, sondern sein ihn nachäffender Widersacher. Doch weil die Struktur der Gemeinschaft einem Eigentlichen entlehnt und nachgemacht war, deshalb funktionierte sie so ausgezeichnet – besonders wie damals im Krieg, in Zeiten von Not und Verfolgung also. Deshalb auch wurde der Slogan „Einer für alle, alle für einen" so wirksam.

Probleme zwischen einzelnen und der Gruppe waren deshalb eine Seltenheit und ließen sich rasch beseitigen. Die große Not, die ständige Sorge um die Angehörigen, das Miteinander-Durchtrauern und -Durchtrösten, wenn die Hiobsbotschaften eintrafen: der Bruder, der Vater, der Freund gefallen, obdachlos geworden, die Mutter, die Geschwister im Angriff auf Hamburg, Kiel, Lübeck oder Neumünster umgekommen, schufen Nähe und Schicksalsverschworenheit.

Dass jemand egoistisch aus der Reihe tanzte, habe ich nicht in Erinnerung. Es wird geteilt: von der Seife bis zum Socken. Ein Paket aus der Heimat ist Freude und Geschenk für alle. Allenfalls als die Essrationen schmaler wurden, gab es so etwas wie ein drängelndes Schnappen nach der Ration mit dem größten Wurststück.

Problematischer wird schließlich doch die Gemeinschaft von Frauen und Männern auf dem so isolierten und umgrenzten Lebensraum der Flakbatterie. Immer mehr Mädchen verliebten sich in einen der Männer: die einen in die wenigen Ausbilder, die anderen in die viel zu jungen Schüler – schmalschultrige 16-Jährige, deren Bärte erst mühsam zu sprießen beginnen … Aber sie sind aufgerückt in die heldische Aufgabe, das Vaterland gegen den Feind zu verteidigen, die Aufgabe von Männern. Und die viel zu weiten Uniformröcke werden zum Rollenkleid, das sie vor sich selbst und den Mädchen erwachsener erscheinen lässt, als sie sind.

Manches Lustige ergibt sich durch die viele hauchzarte Erotik, die in dem barbarischen Zerstörungsklima wie unverwüstlicher Lebenstrotz erblüht. Einer der Jungen stammt aus österreichischem Adelsgeblüt, sieht aus wie ein kleiner Prinz und feilt in der

Freizeit über seinem Steingutbottich die schön geschwungenen Fingernägel seiner feingliedrigen Hände. Grund genug für eine von uns, zur Unruhe der bombenzerfetzten Nächte die Unruhe des Herzens hinzuzufügen. Eine andere kann schon seit Tagen nicht mehr essen (und beschenkt uns mit ihren Suppenmarken), zu radikal blockiert der Liebestrieb den Futterdrang. Noch eine andere ist in eine heftige Faszination zu einem Unteroffizier gefallen, der den Auftrag hat, uns theoretisch gezieltes Schießen mit der Flakkanone 12,8 beizubringen.

Dieser Unterricht ist im Grunde sinnlos, weil überholt, denn die neuen Jagdbomber der alliierten Streitkräfte kommen mit einer Geschwindigkeit von mehr als 200 km/h dahergebraust. Die Vorhaltemöglichkeit unserer Geschütze ist aber auf eine Höchstgeschwindigkeit von 120 km/h berechnet. Wir haben deshalb de facto keine Chance mehr zu gezielten Treffern. Wir können nur noch ein blindes Geballer, unser „Sperrfeuer", loslassen. (In der Erinnerung ist es mir eine Erleichterung zu wissen, dass wir auch nicht ein einziges feindliches Flugzeug zum Absturz gebracht haben.)

Dennoch sind diese überholten Lehrstunden für uns so attraktiv, dass uns sogar der erholsame Morgenschlaf flieht; denn es gilt, den Fortgang der bisher einseitigen Liebe zu verfolgen. Die Verliebte gibt sich, bisher erfolglos, alle Mühe, den tumben Redner auf sich aufmerksam zu machen. Sie versucht zum Beispiel Interesse für den Unterrichtsstoff zu mimen, meldet sich und fragt zart mit schief gelegtem Krauskopf: „Bitte, Herr Unteroffizier, können Sie uns wohl noch einmal das Annäherungsverfahren erklären?"

Es kommt nicht dazu, er steht rätselnd und verwirrt vor dem nicht enden wollenden Gelächter einer Schar alberner Backfische.

Die Obrigkeit in Gestalt eines jugendlichen Oberleutnants wacht trotz täglicher Todesnot mit Argusaugen darüber, dass die absolute Sittenstrenge durchgehalten wird. So werde ich eines schönen Morgens zu ihm zitiert, und er fragt mich streng mit durchbohrendem Blick: „Wie kommen Sie dazu, den Flakwaffenhelfer Peter Möller zu duzen?" – Und als ich erstaunt aufblicke, herrscht er mich an: „Lügen Sie nicht, ich habe Sie gestern beobachtet."

„Bitte", frage ich belustigt zurück, „was haben Sie beobachtet?" – „Sie haben während des Bereitschaftsdienstes mit dem Gefreiten Schach gespielt und unüberhörbar gesagt: ‚Peter, du bist dran'!"

„Unüberhörbar!", triumphiert der Sittenwächter.

Mir gluckst der Spaß in der Kehle: „Herr Oberleutnant", erwidere ich, „vom ersten Anblick dieser Kinder an ist keine von uns auf die Idee gekommen, ihnen das ‚Sie' anzubieten!" – Der Chef wahrt sein Gesicht. „Ich warne Sie", droht er, aber immerhin mit einem verschmitzten wohlwollenden Lächeln.

Aber von Tag zu Nacht mühsamer ist Romantisches in der Lage, ein wachsendes Gespenst schrecklicher Bedrückung zu verdrängen. Zwar: Die täglichen Angriffe haben uns gegen die Todesangst mit einer Elefantenhaut sturer Gleichgültigkeit überzogen; was aber kommt auf uns zu? Ich habe in meinem Bereitschaftsdienst die Möglichkeit, die Frontberichte ungehübscht zu erfahren: Die Russen stehen bereits auf deutschem Boden, und die Alliierten nähern sich von Westen an. Bei uns in Sachsen werden sie sich die Hand reichen, so sieht es aus. Was wird mit uns? Wie und durch was werden wir sterben? Müssen wir wirklich sterben, gibt es nicht vielleicht doch einen Ausweg? Gibt es so etwas wie Gefangenschaft für Soldatinnen? Bei den Russen? Bei der US-Army? Was werden sie mit uns machen? Besser doch wohl tot, als sich von feindlichen Männern misshandeln zu lassen?

Ich fühle mich mit diesen Fragen allein und zerdrückt. Selbst meine drei Freundinnen wollen nicht darüber nachdenken. „Was soll das für einen Sinn haben, wir können ja doch nichts machen", sagt Marlies, „komm mit, es gibt einen Film mit Zarah Leander!" Ich ziehe mir die Decke über den Kopf.

Ein paar Tage später hält unser Batteriechef, auf seinem Feldherrnhügel stehend, der versammelten Mannschaft eine Rede: „Kameraden", sagt er, „der Feind rückt näher. Damit verändern sich auch unsere Aufgaben. Wir werden nicht mehr den Luftraum, sondern unsere Stellung zu verteidigen haben. Wir werden sie bis zum letzten Mann verteidigen. Der deutsche Soldat kapituliert nicht. Wir haben genug Munition, ja, wir haben ein großes Repertoire an Panzerfäusten. Wir werden in den nächsten Tagen die Bedienung der Panzerfaust üben. Es gilt lediglich, den Feind aufzuhalten. Der Sieg ist uns gewiss. Unser Führer hat den Einsatz einer gerade noch rechtzeitig fertig gewordenen Wunderwaffe, der V3, angekündigt. Sie wird den Feind zerschmettern. Es lebe der Führer!"

Nach dem Wegtreten streiten wir uns darum, ob der Herr Oberleutnant wohl selbst glaubt, was er da sagt. Doch, er glaubt es, anders geht das gar nicht. Er sitzt noch tief im Venusberg religiöser Faszination, in die der diabolische Zauberer Hitler ein ganzes Volk hineinzog.

Aber was wird wirklich werden? Sorgenschwer, deprimiert hocke ich mit meinen Kopfhörern im Bereitschaftsraum. Plötzlich eine Meldung für die Großbatterien um Frankleben: Allen Mädchen sei ab sofort Heimaturlaub zu erteilen. Ich kann es nicht fassen. Ich kneife in meinen Arm. Habe ich vielleicht eine Halluzination? Nein, die Meldung wird wiederholt, deutlich vernehmbar. Ich habe gerade noch Zeit, sie für den Chef zu notieren, als der nächste Anflug von „rote Ente" gemeldet wird – eines der furchtbarsten Infernos bricht herein. Der Himmel färbt sich blutrot: Nun brennen nicht nur unsere Benzinlager, in dieser Nacht geht Leipzig zugrunde.

Aber beim nächsten Appell kommt kein Sterbenswörtchen über den empfangenen Funkspruch über die Lippen unseres Kommandeurs. Wieso nicht? Ich lasse mich bei ihm zur Audienz melden. „Herr Oberleutnant", sage ich, „ich hatte Dienst, als der Funkspruch über den Heimaturlaub der Flakwaffenhelferinnen durchgegeben wurde. Ich bitte Sie, uns die Nachricht bekannt zu geben." – „Aber ich bitte Sie", kontert der, „was ist denn ein solcher Befehl in unserer Situation wert? Er ist doch gar nicht durchführbar!" – „Wieso nicht?", frage ich. – „Hier", sagt er und zeigt mir den Frontverlauf. „Die Russen sind bereits an der Elbe. Nach Hamburg und Schleswig-Holstein kommt von euch niemand mehr durch. Außerdem brauchen wir euch hier. Hier seid ihr auch beschützt, hier haben wir noch genug Verpflegung, auch für eine längere Belagerung. Aber als Marschverpflegung können wir die jetzt nicht einfach verteilen." – „Aber ich bitte Sie doch, die Nachricht mitzuteilen", beharre ich. – „Nun gut", sagt er, „veranlassen Sie, dass die Helferinnen antreten. Ich werde ihnen die Sache schon erklären."

Der Oberleutnant hält uns eine weitere zündende Rede. Sie endet mit den Worten: „Natürlich kann ich keine von euch hindern, sich einen Urlaubsschein zu holen und abzuhauen. Aber was ich von einer solchen Haltung halte, brauche ich euch wohl nicht zu erzählen – abgesehen davon, dass es purer Selbstmord ist!"

Wir sitzen in unserem Gemeinschaftsraum. Die meisten weinen, sie sind ratlos. „Wie kommt man denn von hier aus überhaupt nach Hamburg?", fragt eine. Gertrud und ich beginnen schon zu packen. „Irgendwie", sage ich, „am besten zuerst nach Leipzig. Vielleicht gibt es doch noch irgendwelche Züge, die nach Norden fahren." – „Hast du denn so 'ne ungefähre Ahnung, wo's langgeht?", fragt eine Pinnebergerin. Ich nicke. Acht Mädchen schließen sich uns an. Imke will bleiben. „Ich kann das vor meinem Vater und meinem Bruder, die beide draußen sind, nicht verantworten", sagt sie. Auch Marlies bleibt. Rasch den Urlaubsschein, die Reste der Essensration von gestern, vier Schalkartoffeln und ein Stück Brot in das Kochgeschirr. Wir begeben uns auf den Marsch.

Sehr bald merke ich voller Bedrückung, dass ich zwar keinerlei Dienstgrad besitze, dass aber meine Truppe von mir erwartet, dass ich sie durchbringe. Jede von uns schleppt an einem schweren Rucksack. Keine hat die schönen Klamotten zurücklassen wollen. Nach wenigen Kilometern fangen die ersten an, schlappzumachen. Ich schwenke auf den Bahnhof des nächsten Dorfes ein. Vielleicht gibt es doch noch so etwas wie eine Fahrgelegenheit nach Leipzig? Richtig, ein Vorortzug steht dort. Die meisten seiner Fensterscheiben sind zersprungen oder herausgefallen. Doch, wir könnten einsteigen, wird uns gesagt, der Zug führe bis an einen Vorort von Leipzig. Nein, weiter nicht, die Stadt sei total zerstört. Aber von einem Vorort im Norden aus könnten wir es versuchen nach Halle zu kommen, oder nach Bitterfeld.

Wir wickeln uns in unsere Decken und harren der Dinge, die da kommen sollen. Irgendwann im Morgengrauen rumpelt unser Gespensterzug tatsächlich los und spuckt uns vor Leipzig aus. Weiter auf Schusters Rappen, hinein in die zerstörte Stadt. Auch in der letzten Nacht ist sie weiter auf das Furchtbarste bombardiert worden. Brand- und Mörtelgeruch auf den menschenleeren Straßen. Eine ältere Frau hat sich vor einen großen leeren Handwagen gespannt und müht sich damit ab. „Ich muss die Kinder holen", sagt sie, „sie haben's überstanden, aber es ist ihnen kaum etwas geblieben. Sie sollen raus aus der Stadt, zu uns." –

Wir fragen, ob wir ziehen helfen und unsere Rucksäcke auf den Karren abladen durften. Wir dürfen. Nun kommen wir fabelhaft voran. Die Frau ist ortskundig, sie kann uns die Ausfallstraße nach Norden zeigen und weiß, wie wir uns dann dem Bahngelände annähern können. Jeder Schritt aus der zerstörten Stadt heraus ist ein Schritt zu neuer Hoffnung. Dennoch ist der Marsch elend lang. Das Gepäck ist für einen Marsch durch halb Deutschland zu schwer. Wir machen Pause am Straßenrand. Einige haben keinen Mut mehr, können nicht mehr. Ich werde ein wenig energisch. „Begreift doch", sage ich, „dass es jetzt um Spitz und Knopf geht: Entweder wir kommen vor den Russen über die Elbe oder nie. Ihr müsst Ballast abwerfen. Steckt euch nur das Nötigste ein!" Weinend trennen sich all die ausgebrannten Hamburgerinnen von der hübschen Ausgehuniform, von Röcken und Halbschuhen. Nur das Nötigste: Dazu gehört leider auch der schwere Stahlhelm. Die Gasmasken überlassen wir dem sächsischen Straßenrand.

Nach einem endlosen Nachtmarsch gibt es in Bitterfeld wirklich einen Zug nach Magdeburg. Natürlich keinen richtigen Zug, sondern eine Fahrgelegenheit auf Schienen, in die Menschen, Leib an Leib eingepfercht, ihre vielleicht noch rechtzeitige Flucht begonnen haben. Furchtbare Stunden im Bahnhof Magdeburg. Mit endlosen Menschenmassen hocken wir auf dem Boden der Aufgänge zu den Bahnsteigen, während ein Angriff über die Stadt hintobt. Wir haben unsere Stahlhelme aufgesetzt; dass sie uns nicht retten, wenn die Decke einstürzt, wissen wir. Aber sie bricht nicht.

Wir kommen auch hier noch heraus, in einem so genannten Personenzug nach Stendal. Knapp einem Tieffliegerangriff entkommen, gibt es dort so etwas wie die Ankündigung eines Wunders: Es wird ein Zug nach Hagenowland fahren. Während meine Schützlinge zusammengesunken auf ihren schmal gewordenen Rucksäcklein dösen, starre ich aufgeregt in die Nacht. Ist die Elbbrücke bei Wittenberge noch passierbar? Werden wir es schaffen? Und wenn ja – rumpeln und pumpeln wir mit unserem Zügle den Russen dann direkt in die Arme? Nein, es geht gut; es ist überhaupt nicht zu fassen! In Hagenow werden wir ausgeladen. Hoffnung glimmt auf. Ich erkläre unseren acht Hamburgerinnen, nach mancherlei mühsamen Erkundigungen, dass wir alle Hoffnung haben, einen Zug nach Kiel zu erwischen. Ungefähr auf der achten Station müssten sie versuchen herauszukommen, in Schwarzenbek. Den meisten klingt das heimatlich. Obgleich keine von ihnen die Topographie von Deutschland im Kopf hat, meinen sie, es schaffen zu können.

Irgendwo zwischen den unendlichen Menschenmassen taucht plötzlich so etwas wie eine Gulaschkanone auf. Es riecht nach Wehrmachtssuppe. Seit drei Tagen haben wir nichts gegessen, aber wir haben das gar nicht gemerkt. Diesmal war es der Fluchttrieb, der den Hungertrieb blockierte. Auf einmal spüren wir, dass wir barbarischen Hunger haben. Es gibt Wehrmachtssuppe in den Deckel des Kochgeschirrs – fast schon bürgerliche Verhältnisse.

Die Reise hinein ins Holsteinische wird freilich noch eine große Strapaze. Nur Gertrud und ich sind noch übrig geblieben. Wir hängen mehr, als wir stehen, in den eng aneinander gepressten Flüchtlingsmassen. Eigentlich müssten wir in Bad Oldesloe aussteigen, um unsere Heimatstadt zu erreichen. Aber es geht einfach nicht. Es gibt keine Möglichkeit, den Ausgang zu erreichen. Wo fahren wir hin? In die Hölle von Kiel mit den täglichen Angriffen?

Irgendwann ruft eine Männerstimme: „Alles aussteigen! Der Zug fährt nicht weiter." Allmählich leert sich der Zug von seiner stumm-erschöpften Fracht. Wo sind wir? Irgendwo steht ein Schild: Elmschenhagen. Gertrud und ich fallen uns um den Hals, das ist doch schon fast so etwas wie Heimat, dieser Vorort von Kiel! Allmählich haben wir nun schon Routine im Umwandern von Städten, die Todeszonen sind und keine intakten Bahnhöfe mehr besitzen.

Wir umwandern die Stadt, um auf die Straße nach Neumünster zu gelangen. Dabei passieren wir das Bahngelände nach Süden. Ein Eisenbahnwaggon steht auf dem Geleise. „Heimatbahnhof Neumünster" steht darauf. Das ist auch unser Heimatbahnhof. Wir öffnen die Tür. Ein verdutzter Bahnarbeiter kommt uns entgegen. „Können wir mit Ihnen vielleicht irgendwie nach Neumünster fahren?", fragen wir. – „Was wollt ihr denn da?", sagt der im

Holsteiner Tonfall, der uns wie die lieblichste Musik klingt, „Neumünster ist hin, die beiden letzten Nächte schwere Angriffe, total hin."

Wir fragen nach den Straßen, in denen die Eltern wohnen (auch die meinen sind in die Stadt zurückgegangen, wie ich weiß, um das zerbombte Haus unter die Lupe zu nehmen). „Alles hin", sagt der Arbeiter. – „Fahren Sie nicht mehr zurück?", fragen wir. „Doch", sagt er, „morgen früh."

Aber als er sieht, wie erschöpft wir sind, dürfen wir bleiben. Wir können uns auf einer langen Abteilbank ausstrecken, die wir allein in Anspruch nehmen dürfen. Ja, es gibt sogar ein Stück Brot und einen Teller Wehrmachtssuppe. Gertrud schluchzt leise vor sich hin. Aber dann schlafen wir eben doch, schlafen, schlafen, schlafen. Als wir aufwachen, ist es noch stockfinster. Aber unser Waggon hat nun eine Lokomotive, und die fährt, fährt wirklich ganz direkt auf unsere Heimat zu.

A. D. War denn mit dieser lebensrettenden Rückkehr vom „Fronteinsatz" nun eine Hoffnung aufgetaucht, das Inferno zu überleben?

C. M. O nein, keineswegs! Zwar hatten wir nach langen bangen Stunden unsere in Notunterkünften untergebrachten Eltern wieder gefunden und waren ihnen in unbeschreiblicher Wiedersehensfreude in die Arme gefallen, aber mitnichten war damit der Bombenkrieg vorbei!

Jeder Alarm traf seit der Phase der direkten Angriffe gegen die Stadt auf eine um ihr Leben in höchstem Maße bangende Bevölkerung; denn im Gegensatz zu den großen Städten waren hier keine Bunker gebaut worden. Und so begannen sich – kaum dass die Sirenen aufheulten – auf den Ausfahrtstraßen der Stadt lange Züge von schweigend flüchtenden Menschen zu bilden – zu Fuß und auf Fahrrädern hinab in die von Gräben umzogenen Felder im Umkreis der Stadt. Meine Mutter nahm ich bei diesen Ausfällen auf den Gepäckträger meines Fahrrads, um sie in all der tiefschwarzen Dunkelheit (jegliche Beleuchtung war natürlich strengstens verboten) nicht zu verlieren. Was für Schweigemärsche! Nur das eilige Schlurfen Tausender Füße fiel in die unheilgeschwängerte Stille und Düsternis dieser Nächte.

A. D.   Sie haben auf diese Weise kurz hintereinander Krieg aus der Sicht der Soldatin und aus der Sicht der Zivilbevölkerung erlebt. Der Krieg auf dem Balkan wirft für uns die Frage auf: Ist das vergleichbar? Welche der Furchtbarkeiten ist Hölle pur?

C. M.   Generell, so denke ich, strapaziert der Fronteinsatz die Seele weniger als der Bombenkrieg. Im Militäreinsatz gerät man immerhin während des Angriffs in eine verteidigende Aktivität. Auf sie ist man konzentriert ausgerichtet. Das absolut schutzlose Ausgeliefertsein im Bombenkrieg, die Angst auch, nahe Angehörige und das Dach über dem Kopf, das eigene Heim zu verlieren, ist noch wesentlich quälender.

Aber Sie fragen nach dem Vergleich zum Krieg in Jugoslawien. Ich denke schon, dass es da Parallelen gibt. Jedenfalls hat es bei den Serben nach dem Zusammenbruch der marxistischen Klammer durch Tito hier eine Neubelebung des alten starken Nationalismus gegeben. Schließlich hat ihr Kampf gegen das Vordringen der Moslems auf dem Balkan eine uralte Geschichte. Auch hier gab es eine Tendenz zur „Säuberung", zwar nicht von Juden, aber eben von der Infiltration mit moslemischen Volksscharen. Dafür ist Milosevic sicher eine Symbolfigur, und zwar mit einem ähnlichen Timbre wie Hitler. Nur besaß Hitler einen viel machtvolleren Apparat, eine Durchorganisiertheit, wie sie sich vielleicht überhaupt nur mit den Deutschen durchführen ließ; dennoch lassen sich auch die Serben durch die Bomben der NATO nicht aus der Identifikation mit ihrem „Führer" herausreißen. Auch sie fühlen sich als „Opfer" gegenüber einer Welt von Feinden.

Es wird daran sichtbar, wie leicht sich der Nationalismus zu menschenfeindlichen Grausamkeiten missbrauchen lässt. Andererseits meine ich, dass auch die NATO-Bosse an dem misslingenden Versuch, die Deutschen durch Bomben zur Rebellion gegen Hitler zu bringen, hätten lernen müssen. Rasche Kapitulation kann in solchen Fällen, dem grausamen Wüten gegen die Menschenrechte durch einen diabolischen Diktator, nicht erhofft werden.

A. D. Und wie verliefen die letzten Wochen des Zweiten Weltkriegs aus der Sicht Ihres persönlichen Erlebens?

C. M. Schließlich erfolgten die Angriffe auf unsere Stadt sogar am helllichten Tag und machten deutlich, dass nun auch der Luftraum von den Alliierten gänzlich beherrscht wurde. Wir lagen in den Knicks und sahen, wie die Vorhut der niedrig heranbrummenden Phalanx ihre Rauch- oder Lichtzeichen setzte, ein sicheres Merkmal dafür, dass erneut unsere Stadt ihr Ziel bildete. Dann hieß es den Kopf einziehen – mit Beklommenheit im Herzen. Eines Nachts setzte die Royal Airforce sogar Luftminen ein, die die Kasernen und Industrieanlagen von Neumünster gänzlich zerstörten.

Dann begannen die Ereignisse sich zu überschlagen. Die Heere der Sowjetunion und der Alliierten hatten sich in der Mitte Deutschlands die Hände gereicht. Die Luftangriffe hörten schlagartig auf. Wir Überlebenden fielen erst einmal in einen Tiefschlaf der Erschöpfung in unserem mühselig wieder hergerichteten Haus, mit einer Plane statt Ziegeln auf dem Dach gegen den Regen und Brettern vor den Fenstern gegen den Wind. Einen alten kleinen Ofen hatten wir in der Küche aufgestellt, mit einem Ofenrohr durchs Fensterloch. Auf dem kochten wir mit Holz aus Garten und Wald.

Am 30. April 1945 nahmen wir in großer Erleichterung den Selbstmord des Diktators zur Kenntnis. Mit dem Gefühl von Befreitsein war es allerdings bald schlagartig wieder vorbei. Da war nun die quälende Frage: Welche Siegermacht wird Schleswig-Holstein besetzen? Es schien so, als seien die Russen uns näher. Fluchtpläne kamen auf. Selbsttötung wurde erwogen, für den Fall, dass man der Soldateska in die Hände fiele. Am 7. Mai 1945 erfolgte die bedingungslose Kapitulation. Die Engländer zogen in Neumünster ein. Flucht- und Suizidpläne wurden ad acta gelegt, nicht aber die Frage nach unserem Fortleben.

Als Erstes begann eine erbarmungslose „Säuberung": Alle überlebenden Männer mit irgendwelchen Funktionen im NS-Staat wurden in Camps unter freiem Himmel zusammengetrieben. Jetzt kam es meinen Eltern zugute, dass sie sich nie hatten involvieren lassen, und dem „Jungvolk" der 10- bis 15-jährigen Kinder stellten die Sieger nicht nach. Allein in dieser Zeit war ich organisiert gewesen. Nach der Kinderlandverschickung waren wir „freigestellt" worden. Wir wurden – so ergab sich bald – als „unbelastet" eingestuft.

Dennoch waren wir zunächst sorgenschwer: Würde man die Deutschen nicht einfach verhungern lassen? Erst viel später erfuhren wir, dass diese Gefahr wirklich bestanden hatte und dass lediglich die zu unserem Glück aufbrechenden großen Kontroversen zwischen den Russen und den Amerikanern uns zu subventionierten Satelliten des Westens und zum Bollwerk gegen den im Osten wütenden Stalin und dessen ungebrochenen Imperialismus machten.

Zum zweiten: Gertrud und ich besaßen lediglich einen Urlaubsschein von unserer Flakeinheit. Wir fürchteten, dass die an den Litfasssäulen klebenden Aufrufe, dass sich die Wehrmachtsangehörigen bei den Konquistadoren zu melden hätten, auch für uns gemeint sein könnten. Gertrud und ich hielten es für angezeigt, eher ein wenig aus dem Blickfeld zu sein, diesmal als Erntehelferinnen auf einem Bauernhof. Damit kam abermals ein harter 14-Stunden-Tag auf uns zu; denn die Bauern brauchten dringend Hilfe, um ihre Ernte einzubringen, nachdem ihre polnischen und russischen Zwangsarbeiterinnen (oft nach reichlicher Plünderung) heimgefahren waren. Aber dieser Dienst hatte ein wenig persönlichen Sinn: Wir brachten Nahrung heim und bekamen sogar zum ersten Mal ein Gehalt: 30 Reichsmark pro Monat für eine 100-Stunden-Woche!

Auch von meinem Bruder kam endlich Nachricht: Er war zwar als Infanterieleutnant gefangen genommen worden, kam aber unverhofft bald frei. Und so schlossen wir ihn bereits im Sommer 1945 in die Arme. Mutter steckte die zerschlissene Uniform in den heil gebliebenen Waschkessel im Keller und befreite sie von Tausenden Kleiderläusen, denen keiner der Soldaten der geschlagenen Armee entkam. Da war Säuberung nötig – nicht nur von kleinen Ungeziefern in den einst so schmucken Uniformen … Die Brutalität allerdings, mit der das in den Gefangenenlagern in Ost und West geschah, war dennoch extrem unmenschlich und kostete noch weitere Millionen deutscher Soldaten in der Nachkriegszeit das Leben. Wir Kinder vom Max-Röer-Platz – inzwischen 22 und 20 Jahre alt – kamen stattdessen mit heiler Haut davon, ohn' all Verdienst und Würdigkeit.

Später habe ich zwischen einem Karton mit Christbaumschmuck, der im Keller erhalten geblieben war, einen Zettel gefunden, auf dem mein Vater in seiner so gestochenen Handschrift einen Spruch geschrieben hatte, aus dem hervorging, wie tief, wie unablässig er um unser Überleben gebetet hatte ...

Die ersten Jahre nach dem Krieg

A. D. Fiel die Bevölkerung nicht in eine gelähmte Depression angesichts des Verlustes jeglicher staatlicher Souveränität? Gab es denn so etwas wie Hoffnung auf ein neues Leben?

C. M. Harte Zeiten wie die Jahre nach dem Zusammenbruch haben grundsätzlich ein Gutes: Man ist gezwungen, kleine Schritte zu tun, einen vor den anderen. Wenn das Überleben in Frage steht, wird Alltag zwar trivial, aber enorm gegenwartsbezogen. Wie komme ich heute, zwischen Sonnenaufgang und Sonnenuntergang, zurecht? Das ist die dominante Frage. Im Hintergrund nur spielt sich die Weltgeschichte ab. Jetzt erst wurde uns die Massenvergasung der Juden in den Vernichtungslagern bekannt gemacht. Jetzt erst erfuhren wir von Hitlers Lügen über den Angriff der Polen. Jetzt erst trat die Invasionsabsicht Hitlers in unser Bewusstsein. Selbst von seiner Lebensgefährtin Eva Braun, mit der er erst in der Stunde des Todes die Ehe schloss, wussten wir nichts. Wenig kam uns zunächst zu Ohren über die furchtbaren Schicksale der Menschen, die den Russen in die Hände gefallen waren, wenig von der Vertreibung der Deutschen aus dem Polen zugeschlagenen Schlesien, dem wieder der Tschecheslowakei zugefallenen Sudetenland und dem grausamen Schicksal der Ostpreußen. Wir nahmen es geduckt nur global zur Kenntnis: Mit Deutschland, mit dem „großdeutschen Reich", mit dem germanischen Elitestaat war es endgültig vorbei; belogen und betrogen, so fühlten wir uns.

In der neu installierten Presse erschienen Meldungen über den sich anbahnenden Nürnberger Prozess, in dem die meisten der Parteibonzen, der Minister und ranghohen Offiziere zum Tode verurteilt wurden. Alles blieb letztlich dennoch fern. Das Haus wieder aufzubauen, wieder instand zu setzen und bewohnbar zu machen, Nahrung für den Tag und auch für den kommenden Winter herbeizuschaffen, das waren die vordringlichen Aufgaben.

Im Herbst 1945 drang die Nachricht zu uns herüber, dass die Universität Kiel im Wintersemester ihre Tore wieder öffnen würde; und so begannen wir uns intensiv um eine Immatrikulation zu bemühen. Jetzt kam es uns zugute, dass wir nach der „Kinderlandverschickung" für das Nachholen des verlorenen Schuljahres vom Pflichtdienst im BDM (Bund Deutscher Mädel) freigestellt worden waren. Und auch der Kampf meiner Mutter um die Freistellung ihres kränklichen Sohnes von Hitlers Jugenddienst trug späte Früchte. Wir wurden problemlos für die Fortsetzung unseres Studiums zugelassen. Die Nachricht, weiterstudieren zu dürfen, war für die Familie vom Max-Röer-Platz der eigentliche Tag der Befreiung, ein Jubeltag, den wir mit einem herrlichen Gericht frisch auf den Felder gepflückten Rosenkohls und den dort selbst gesammelten Kartoffeln in Hochstimmung feierten; denn auch der Gasherd funktionierte wieder im Spätherbst. Nun erst, mit unserer Rückkehr an die Universität, hatte dieses Jahr 1945 mit all seiner Not und Todesangst seinen Schrecken verloren.

Das erste Wintersemester in Kiel bedeutete also großes Glück, obgleich die Bedingungen so hart waren, wie die heutige Akademikergeneration sich das gewiss kaum vorstellen kann. Wir rumpelten in einem Zug, dessen Fenster zuerst nur mit Pappe verklebt waren, morgens um sechs Uhr im Finstern nach Kiel, um dort in meist noch ungeheizten und mühsam aufgeräumten Hörsälen Vorlesungen zu lauschen, die zum Teil sogar nur mit Taschenlampenbeleuchtung der Professoren gehalten wurden. Aber es war ein starker Lebenswille in diesen Überlebenden der Katastrophe. Wir schauten nicht nach rechts oder links, sondern freuten uns, dass das Leben mit einer neuen Hoffnung weiterging. Wir waren darauf angewiesen, in den Kollegs minutiös mitzuschreiben, denn Bücher ließen sich nicht erwerben. In den Bibliotheken allein, die den Krieg überlebt hatten, hingen sie quasi an eisernen, streng gehüteten Ketten.

Ein alter Schiffskahn wurde in Kiel aus dem Hafen gehoben und als Studentenbleibe eingerichtet, die wir dann zum Beginn des

Sommersemesters bezogen – denn irgendwelche Wohnungen gab es nirgendwo in dem total zerstörten Kiel. Zwischendurch war es darüber hinaus nötig, für das tägliche Brot zu sorgen, das so nicht hin und nicht her reichte. Für Geld war gar nichts mehr zu kaufen, es wurde einfach alles vertauscht. Wir handelten – die Bauernhöfe der Umgebung abklappernd – vor allem mit Gegenständen, die ich durch den nun sehr nötig werdenden Englischunterricht erwarb. Ich ließ mich mit Materialien dafür bezahlen, zum Beispiel mit Porzellan-Nachttöpfen, die ich mir dadurch verdiente, dass ich der Tochter eines Porzellanhändlers Unterricht erteilte. Sie waren mein Renner; denn da die Bauern keine Kanalisation hatten, waren sie sehr willkommen, und so boten wir sie auf dem Land feil und bekamen dafür Nahrungsmittel. Betätigungen dieser Art waren nach den anstrengenden Fahrten zur Universität sehr mühsam; und es war auch verboten. Es gab auf den Chausseen Kontrollen, denen man nicht in die Fänge gehen durfte. Aber es war andererseits ebenso abenteuerlich wie zwischendurch sogar immer einmal wieder humorig.

Darüber hinaus erlebten wir in dieser Zeit auch einige Wunder: Plötzlich meldeten sich Verwandte aus Amerika, zwei Cousinen von Vater, die begannen, so genannte „Carepakete" aus New York zu schicken; es meldete sich ein Onkel von Mutter aus Südafrika – ein unverheirateter reicher Mann, der Goldminen in seinem Besitz hatte und der uns jetzt monatlich mit Nudeln, Haferflocken und Dosenpaketen bestückte, die wie Geschenke vom Himmel fielen, von Menschen, die wir doch nie ein einziges Mal gesehen hatten, von denen wir auch keinerlei Vorstellung hatten.

Im Sommersemester 1946 lernte ich auf einem kleinen Studentenfest meinen Mann kennen. Er schwätzte mit seiner sympathischen Stimme hochintelligent daher, forderte mich zum Tanzen auf, tanzte, indem er mit seinen großen Füßen auf meinen unzureichenden Sommerschuhen herumtrat, war aber für mich ungemein anziehend, sympathisch, geistreich-kultiviert im Verhältnis zu den noch ganz unausgegorenen Mitstudenten. Das waren sehr aufregende Wochen, in denen ich mich bis über beide Ohren in den Doktor der Medizin, der bereits als gestandener Facharzt für Augenheilkunde an der Universität Dienst tat, verliebte und er sich in mich.

Wir verlobten uns noch im Sommer und beschlossen, im selben Jahr zu heiraten. Denn er war damals bereits habilitiert und auf dem Weg zur Universitätslaufbahn. Er war, wie ich, total ausgebombt und lebte in einer Art Bruchbude, aber er war ebenso tatkräftig wie unternehmungslustig.

A. D. Sie beschlossen also zu heiraten, ohne auch nur andeutungsweise so etwas wie eine Wohnung oder eine Ausstattung zu haben – woher nahmen Sie den Mut?

C. M. Erstens aus der sehr bald auftauchenden Vorstellung, füreinander bestimmt zu sein, und zweitens aus unserer neu erblühten Zukunftshoffnung. Es ging doch ganz offensichtlich wieder aufwärts! Irgendwie würden wir zurechtkommen.

Das war vielleicht eine merkwürdige Hochzeit, am 18. Dezember des Jahres 1946! Das Essen hatten wir uns zwar auf dem Lande zusammengetauscht, aber wir hatten in der Wohnung in Neumünster noch nicht einmal wieder Fensterscheiben, nur notdürftige Ersatzöfen, die wir zum großen Teil mit selbst gesammeltem Holz heizten. Die Kerzen für das Festbankett hatten wir mit unzureichendem Stearin selbst gegossen. Die Trauung fand in einer eiskalten Kirche statt, und zwei kleine Mädchen streuten – weil es nichts anderes gab – Strohblumen (!).

Trotzdem war es ein wunderbares Fest. Der Vater meiner erschlagenen Freundin Antje traute uns in der einzig heil gebliebenen Kirche der Stadt, und unser Trauspruch lautete: „Siehe, ich habe dir geboten, dass du getrost und freudig seist; denn der Herr, dein Gott, ist mit dir in allem, was du tun wirst." – Natürlich hatte ich nur ein geliehenes Brautkleid, einen geliehenen Schleier und geliehene Schuhe; natürlich aßen wir nur aus geliehenen Tellern, und irgendeine Wohnung hatten wir ohnehin nicht. Dennoch war unser Glück vollkommen.

Es gab trotz der Misere ein königliches Essen, wie es sich die hinzugereisten Verwandten überhaupt nicht mehr vorstellen und denken konnten – das hatte meine wunderbare Mutter mit unendlichem Fleiß dennoch gezaubert. Und danach machten wir eine Hochzeitsreise nach Ostholstein in eine Klinik, die der Universität

Kiel angegliedert war und die zum Dienstbereich meines Mannes gehörte.

A. D. Aber sicher haben Sie sich doch Kinder gewünscht. Wie sollte das denn gehen?

C. M. Merkwürdigerweise hat uns das überhaupt nicht geschert, dass wir gar nicht wussten, wie wir je zu so etwas wie einem Nest kommen könnten – wir waren nur darauf aus, unseren Bund fürs Leben festzumachen. Mein Mann wechselte übrigens bald nach der Hochzeit von Kiel in die Augenklinik Hamburg über, und ich tauschte ab 1947 meinen Kieler Studienplatz gegen einen anderen an der Universität Hamburg ein.

A. D. So weit, so gut, so weit wunderbar und unwahrscheinlich – aber nun die Realität: Wo konnten Sie wohnen?

C. M. Das ist eine gute Frage. Hamburg war eine zerstörte Stadt, Nichteinheimische hatten keinerlei Chance, so etwas Ähnliches wie eine „Zuzugsgenehmigung" und damit das Anrecht auf einen Schlafplatz zu bekommen. Die Ärzte der Klinik freilich hatten, soweit sie von auswärts kamen, Anrecht auf ein Dienstzimmerchen, vier Meter mal drei Meter, mit einer wackeligen Chaise, einem Tisch, einem Stuhl und – freilich fast königlich – einem Waschbecken. Für ein glücklich liebendes Paar war das Raum genug.
Aber dieses verlockende Eldorado war dennoch für mich mit einem Zerberus versehen; denn von den so genannten „Wissenschaftlichen Assistenten" wurde in der damaligen Hochburg der Medizin erwartet, dass sie ungebunden seien, damit sie durch ihre Angetrauten nicht vom asketischen Geschäft des Forschens und Denkens abgehalten würden. Frauen waren also out of bounds. Aber diese oft keineswegs mehr ganz jungen Assistenzärzte – alle froh, dass sie den Krieg überlebt hatten, dass das entbehrungsreiche Jahrzehnt des Landsknechtslebens endlich vorüber war – heirateten trotzdem, kaum dass die Anstellung gesichert war. Wo sollten die Ehefrauen hin, außer ins Dienstzimmerchen, das zudem heizbar und mit fließendem Wasser ausgestattet war – Segnungen, die es sonst damals in Hamburg erst selten wieder gab?

Natürlich wohnten wir Arztfrauen bei unseren Angetrauten, nur machte das ein tägliches, heimliches Manövrieren nötig. Es wurde so zu einer Art lustigem Spiel von der Art eines immer neue Heiterkeit hervorrufenden, lang währenden Schulstreiches; denn dieses „illegale" Dasein der jungen legalen Arztfrauen bewirkte natürlich eine besonders feste Gemeinschaft, eine Solidarität fröhlicher Unrechtmäßigkeit. Wir hatten unsere kleine, verschwiegene Wendeltreppe, unseren Kellerausgang, unsere Pirschzeiten und solche, in denen die heiligen Hallen, wegen der Nähe des Amtsgewaltigen, nur von Weißkitteln bevölkert waren.

Wir haben in diesen Jahren unsere schönsten Feste gefeiert auf dem Klinikboden und dem Flur davor, und natürlich nur, wenn der Chef auf einem fernen Kongress weilte. Wir feierten ähnlich ausgelassen, wie es angeblich die Mäuse tun, wenn die Katzen nicht zu Hause sind – und es war keine weinselige Hochstimmung (weil es keinen Alkohol gab) und keine Fressorgie, weil Salzstangen und Ami-Weißbrot die einzigen Hochgenüsse waren; aber getanzt haben wir, Scherzgedichte und Witze erfunden und uns unseres neu erstandenen Lebens mit einem unwiederholbaren Hochgenuss erfreut.

Auf die Dauer ließ es sich aber vor dem gestrengen Chef doch nicht geheim halten, was alles sich unter dem weiten Dach der Augenklinik tummelte; und da die jungen Herren sich sogar trotz ihres Verheiratetseins als wissenschaftlich brauchbar erwiesen, fand sich der Allgewaltige schließlich – beide Augen zudrückend – mit der ihm misslichen Situation ab; aber auf einer Konferenz verkündete er mit hoch gezogenen Augenbrauen drohend: „Aber Kinder – das gibt's nun wirklich net! Damit kommen S' mir nimmer!"

Der Schreck wird damals den meisten Herren, die verschämt nickend die Augen senkten, in die Glieder gefahren sein; denn schwanger waren die Arztfrauen nun fast alle – samt der des Herrn Oberarztes. Ja, ja, wie's so oft geht in der Weltgeschichte: ein wenig Lockerung der strengen Sitten – gleich sind weitere Enttabuierungen die Folge!

Wir jedenfalls bekamen neu erheiternde Gelegenheit zum Komplottieren, die unseren Zusammenhalt nur stärkte; denn waren schon die Zimmerchen allenfalls jene bekannte kleinste Hütte gewesen, die einem glücklich liebenden Paar genug Raum gibt – für die zu erwartenden Kinder mit Bettchen und Wickeltisch reichten sie nun wirklich nicht aus! Der Oberarzt fasste also den Entschluss, auf der Kinderstation ein Babyzimmer für den eigenen Nachwuchs abzuzweigen, natürlich unter heftigem Umschmeicheln der Stationsschwester, die in ihrem gütigen Herzen Erbarmen und Verständnis für den Notstand der Ärzte zeigte.

Dort wohnte ich nun also, wenn auch verbotenerweise. Ich studierte mit großem Eifer, hatte aber im Grunde doch eigentlich nur einen Wunsch: Die Sache so schnell wie möglich hinter mich zu bringen. 1949 machte ich deshalb, so schnell es ging, Staatsexamen. Die Studienzeit war schön gewesen. Mit den meisten meiner Professoren hatte ich persönlichen Kontakt gewonnen und habe diesen auch bis zu ihrem Tode behalten: mit dem Psychologen Prof. Wenke, dem Theologen Prof. Leese und dem Geographen Prof. Brünger. Es war damals zwar nicht selbstverständlich, dass es zu persönlichen Kontakten zwischen Studenten und ihren Professoren kam, aber doch auch nicht gänzlich unmöglich. Ich gehörte in den höheren Semestern zum engeren Kreis dieser Professoren, die Freude an unserer aufgeschlossenen, nachdenklichen, lernbereiten Generation hatten.

Außerdem nahm ich während meiner Studienzeit die Gelegenheit wahr, mich neben meinem Studienfach Psychologie auch in die Psychiatrie, die durch die Koryphäe Prof. Bürger-Prinz in der Eppendorfer Universitätsklinik fulminant vertreten war, einzufühlen und fortzubilden. Ohnehin war mein Interesse an der Seelenkunde durch die Rückkehr der Psychoanalytiker unter den emigrierten Professoren sehr gewachsen. Bürger-Prinz und seine Seminare in Psychiatrie haben mir ein Grundgerüst für meine spätere Arbeit geliefert.

Mein Studium in der Nachkriegszeit hat mir überhaupt eine brauchbare Grundlage für meine spätere praktische wie auch meine schriftstellerische Arbeit vermittelt. So hatte ich es mir für meine Examensarbeit in pädagogischer Psychologie zur Aufgabe gemacht, das geschlechtsspezifische Leseinteresse der Kinder und Jugendlichen herauszufinden, und frequentierte dazu einen Großteil der Hamburger Büchereien, deren Ausleihe – weil es noch kaum

Bücher zu kaufen gab – eine große Anzahl von Kindern benutzten. Hier machte ich meine erste Statistik mit dem Ergebnis, dass die Leseinteressen der Mädchen von denen der Knaben erheblich unterschiedlich ausfielen.

Da ich im Zuge dieser Arbeit genötigt war, mich durch die in großer Zahl vorliegenden Ergebnisse wissenschaftlicher Geschlechterpsychologie durchzuarbeiten, hatte die Gleichheitsideologie, die in den 70er Jahren zu grassieren begann, keine Chancen, mich zu infizieren. Ich konnte widerstehen und erfolgreich dagegen argumentieren, als plötzlich in fast allen Schulen der Bundesrepublik den Schülern und Schülerinnen die falsche Vorstellung aufgenötigt wurde, dass die Kinder am Lebensanfang eine Art gleichförmiger Kuchenteig seien, den der Bäcker „Gesellschaft" zu dem machen kann, was gerade „in" ist. Vor diesem horrenden und doch so tief in unsere Gesellschaft eingreifenden Unsinn wurde ich glücklicherweise durch mein Studium bewahrt, bevor in den Universitäten die scheinwissenschaftliche Gleichheitsideologie zu grassieren begann.

Als ich schließlich das Examen in der Tasche hatte, tanzte mein erstes Kind schon ganz fröhlich bei all den aufregenden Prüfungen in meinem Bauch. Zum Schluss war es immer schwieriger geworden, dem Chef der Augenklinik meinen zunehmenden Leibesumfang zu verbergen. Das war viel komplizierter als heute, weil es eben einfach nichts zu kaufen gab. Mutter nähte mir einen voluminös weiten Mantel aus einer grauen Wolldecke, sie verarbeitete alte Vorhänge und ergatterte noch ein altes Wehrmachtscape. Ich schlich in den letzten Monaten vor der Geburt meines Kindes wieder durch die Hintereingänge, obgleich ich ohne Bauch nun bereits doch erhobenen Hauptes hätte durch das Hauptportal schreiten dürfen … Das Babyzimmer war schon mit munteren, gesunden Ärztekindern belegt, während ich als Letzte meinem Geburtstermin entgegenwartete.

A. D.   Ich habe gelesen, dass die Geburt Ihrer ältesten Tochter und Ihre Erlebnisse als Wöchnerin in der hehren Universitätsfrauenklinik den ersten Anstoß gegeben haben zu Ihrem späteren Engagement zur Verbesserung der Lage der Säuglinge. Empfanden

Sie die Umgangsform des Klinikpersonals mit den Neugeborenen damals als so unangemessen?

C. M. Ja, durchaus! Da hatte ich es nun geboren, dieses süße Kind, auf das ich mich so sehr gefreut, mit dem ich durch all sein Strampeln schon eine so innige Verbindung hatte, das nun wirklich ganz gesund und schier dalag – da wurde es weggetragen und irgendwo anders in einem ganz fernen Raum untergebracht, obgleich es doch keinerlei Komplikationen bei der Geburt gegeben hatte!

„Bitte", sagte ich zu der Schwester, die mich versorgte, „kann ich meine kleine Tochter nicht noch einmal sehen, einmal eine Weile haben?"

Die Schwester stemmte die Arme in die Seite und guckte mich von oben herab an, schlimmer als die Feldwebel im Krieg, und erklärte barsch: „Jetzt sehen? Das kommt überhaupt nicht in Frage! Die können Sie noch ein ganzes Leben lang sehen, frühestens in zwölf Stunden; schließlich haben Sie dann ja auch noch nicht mal Milch!" Da lag ich nun, tief glücklich zwar, sehr glücklich, wie wohl kaum je vorher in meinem Leben; aber doch auch irgendwie unruhig, ärgerlich. Ich fühlte ja, dass meine kleine Tochter zu mir gehörte. Und wo war sie jetzt? War sie wirklich gut versorgt? Ich schlief nicht in dieser Nacht und kam zu dem Schluss: Diesen Blödsinn, die Mutter und ihr Neugeborenes zu trennen, das konnten sich nur Männer ausgedacht haben!

Auch die weiteren Tage in der Klinik überzeugten mich nicht davon, dass die dortige Gepflogenheit ein wirklich befriedigendes Arrangement sei: Als man mir endlich mein Baby brachte, hatte es eine Mütze auf, und die Pflegerin erklärte, das Kind habe sich erkältet und einen Schnupfen. Diese Reaktion meiner kleinen Tochter schien mir verständlich, wenn sie mich auch beunruhigte: Sie hatte die Nase eben voll von dem kalten Empfang in der Superklinik medizinischer Wissenschaft.

Auch was ich nun als fachkompetente Stillanleitung zu erdulden hatte, hat mein Nachdenken und mein Interesse für die Erforschung der Stillvorgänge angeregt; denn meine kleine verschnupfte Antje hatte mit ihrer verstopften Nase keine Chance, bei mir etwas zu ersaugen, und so hatte ich an meinem Körper bereits am dritten Tag zwei mir gänzlich fremd gewordene, eisenharte, sich schmerzhaft ausdehnende Riesenklötze, die früher einmal Körperteile gewesen waren. Ich bekam wegen des Milchstaus hohes Fieber, und der Dragoner von Kinderpflegerin stand mit in die Seite gestemmten Armen vor meinem Bett und behauptete streng, dies könne nur Arztfrauen passieren. Antje und ich begannen daraufhin zu weinen; denn wir hatten das deutliche Gefühl, dass das weniger etwas mit unserem hier missachteten Stand, sondern viel eher etwas mit skandalös ignorierter Behandlung eines gesunden Säuglings und einer gesunden Erstgebärenden zu tun hatte.

A. D. Das war also wirklich der Anstoß zu Ihrer späteren Öffentlichkeitsarbeit? Aus dem Wunsch, die Situation der Neugeborenen zu verbessern, entstand der Impuls zu wissenschaftlicher Vertiefung?

C. M. Ja, zumal damals nicht im Entferntesten irgendeine Vorstellung darüber bestand, wie wichtig positive Eindrücke in dieser Phase für die Hirnentwicklung und für eine spätere positive Lebenseinstellung sind. Aus diesem Grund floh ich, sobald man uns das erlaubte, aus der Klinik von Weltrang. Ich packte mein Kind in ein schönes, großes Federkissen, das die amerikanischen Verwandten samt Windeln und Höschen in einem Carepaket zugeschickt hatten, und begab mich auf den verschlungenen Pfaden des Eppendorfer Klinikgeländes nach Hause, das heißt ins Augenklinik-Zimmerchen.

Aber weil mir unterwegs etwas flau wurde mit Baby und Köfferchen (unsere Männer waren nie anwesend, weil sie immer Dienst hatten), fasste ich den Entschluss, heute einmal den Haupteingang und den Aufzug in den zweiten Stock zu nehmen. Aber ich hatte kaum auf den Knopf gedrückt, als sich plötzlich das Portal der Chefsuite öffnete und – mir wurden die Knie weich – der Chef sich mir wie eine Samuel-Erscheinung näherte. Ich drückte Kissen und Kind an mich, grüßte scheu und betrat – gemeinsam mit ihm – den sich öffnenden Fahrstuhl. Wir schwebten hoch. Der Chef musterte mich und mein Paket forschend und stieß noch vor Erreichen des ersten Stockwerks hervor: „Nanu, was ham S' denn da?"

Ich, erbleichend, aber tapfer: „Das ist mein Kind!"

Der Chef, atemlos-verblüfft: „No – wie heißt's denn?"

Ich: „Antje."

Er, kopfschüttelnd: „A Nom is' das net!"

Der Fahrstuhl hielt.

Der Chef entrauschte. Ich entfloh in die Gegenrichtung.

Hier freilich wurde es dann bald gemütlich – mit herzlichem Empfang, fachkundiger Kindesbeäugung und fröhlichen Ratschlägen. Ein Bettchen für den Neuankömmling hatte der Oberarzt schon reserviert und gab mir nach vielem Lachen über mein Aufzugerlebnis mit erhobenem Zeigefinger die Anweisung, dass sämtliche Babys am Dienstag und am Freitag zwischen neun und elf Uhr samt allen Spuren aus dem Zimmer zu entfernen und hinter verschlossenen Türen still zu halten seien. Wir befolgten mit Präzision diese Anweisung, und die Sache ging praktisch über lange Zeit ungeschoren gut.

Aber eines Tages war die Gattin des Oberarztes auf irgendeine mir nicht mehr erinnerliche Weise davon abgehalten worden, ihr Baby zu holen; und so kam es zu der peinlichen Situation, dass plötzlich der Chef mit der ganzen Parade seiner Weißkittelgefolgschaft die Tür zu dem kleinen Zimmer aufriss und den vor einigen Wochen hinzugekommenen Zweitling des Oberarztes, der artig mit seinen Fingerchen spielend im Bettchen lag, vorfand.

„Was ist denn dös?", richtete er die Frage an seine rechte Hand, eben den Vater des besagten Kindes. Die Situation war deshalb besonders prekär, weil natürlich die gesamte Crew den Kronprinz der Klinik kannte, der zudem seinem Vater wie aus dem Gesicht geschnitten war, so dass die so streng autoritär gegängelte Gefolgschaft nur mit äußerster Anstrengung ihre eisernen, amtlichen Mienen zu wahren vermochten. Der Oberarzt aber blieb trotz augenweitender Schrecksekunde souverän.

„Um den Fall brauchen Sie sich nicht zu kümmern, Herr Professor", sagte er geistesgegenwärtig, „die Tränenwegsverlegung ist bereits behandelt, und wir haben ihn nur ein wenig isoliert, weil ein Verdacht auf Scharlach bestand."

Gravitätisch entfernte sich der visitierende Chef – von einem feixenden Assistenten- und Schwesternschwarm gefolgt.

Inzwischen hatten die Deutschen ja abermals eine Inflation, diesmal „Währungsreform" genannt, über sich ergehen lassen müssen. Im Jahr 1948 war plötzlich unser gesamtes Geld kaum noch etwas wert, und wir bekamen jeder 40 DM in die Tasche, um damit neu zu beginnen. Allmählich war daraufhin der schwarze Markt in der Curschmann Straße verschwunden. Plötzlich gab es wieder Geschäfte, in denen man Ware kaufen konnte. Ich erwarb mir voll Glück ein Kopftuch und eine Tasche für mein Baby. Es schienen Himmelsgeschenke zu sein.

A. D. Das Jahr 1949 mit dem Studienabschluss und der Gründung einer Familie – wenn auch ohne Wohnung – stand offenbar nicht nur für Sie persönlich unter einem hoffnungsvollen Zeichen, sondern auch für das ganze Land ...

C. M. 1949 war gleichzeitig das Geburtsjahr der Bundesrepublik Deutschland. Zwar waren für uns damals allein die nun mächtig emporstrebenden Zeitungen noch unsere einzige Informationsquelle; immerhin hatten Axel Springer und Rudolf Augstein die Grundsteine ihrer später so mächtigen Imperien gelegt. Hieraus ließ sich vernehmen, mit wie viel Geschick der greise einstige Oberbürgermeister von Köln, Konrad Adenauer, mit den Siegermächten verhandelte und wie klug er – auch nur die leisesten nationalen Töne vermeidend – die Angst des Westens vor dem Osten auszunutzen wusste, um eigene Verwaltungs- und Verfassungsformen zu installieren; denn mittlerweile war nicht nur die Atombombe auf Hiroshima gefallen und hatte die Japaner zur Kapitulation gezwungen, auch die Sowjetunion war zur Atommacht avanciert und bedrohte – mehr noch nach dem Tod von Stalin – weiterhin den Westen Europas und die USA.

Die sowjetisch besetzte Zone war von der neu gegründeten Bundesrepublik fest abgeschottet und die Teilung Deutschlands damit vollzogen worden. Durch die Schließung der Grenzen hatten die Sowjets versucht, auch Berlin in ihren Bereich einzuverleiben, was die Alliierten mit einer Versorgung Berlins durch Flugzeuge, die so genannte Luftbrücke, abzuwenden suchten. 1948/49 stand dadurch erneut die Gefahr eines Krieges zwischen Ost und West drohend am Horizont. Die Angst der Siegermächte voreinander erwirkte den so genannten „Kalten Krieg", mit einer Aufrüstung ihrer Atombomben und -raketen, was uns schaudern und sich nur verdrängen ließ.

Das politische Interesse der Deutschen war begreiflicherweise dennoch gering. Die Wahlbeteiligung bei der ersten Wahl in der neu errichteten Bundesrepublik war sehr mäßig. Ich war im Hitler-Reich zu jung gewesen, um mich an den schließlich zur Farce abgesunkenen Wahlen der Scheindemokratie beteiligen zu müssen, und beteiligte mich auch jetzt nicht daran, sondern überließ es meinem Mann, als neu ernannter Staatsbürger darin eine Notwendigkeit zu erblicken. Dieser entwickelte ein intensives Interesse, die wahren politischen Zusammenhänge zwischen 1933 und 1945 zu erfahren, die man uns in der Diktatur vorenthalten hatte. Von ihm lernte ich, mich für historische Zusammenhänge zu interessieren, und erhielt durch ihn einen vorzüglichen Nachhilfeunterricht; denn mein Mann – bei Hitlers Machtergreifung ein 23-jähriger Student – hatte sich niemals vom Nationalsozialismus einfangen lassen.

Dass das keine Beschönigung war, konnte er mit Briefen und vor allem mit aufbewahrten Zeitungsaufsätzen aus der Weimarer Republik vor 1933 beweisen. Einer davon zeigte Hitler als Metzger, der mit dem Messer in der Hand Vieh in ein Schlachthaus treibt, mit der Unterschrift: „Nur die allerdümmsten Kälber wählen ihren Schlächter selber." Im Krieg war ihm als Bonus zugute gekommen, sein Medizinstudium bereits abgeschlossen zu haben und in der Etappe in Lazaretten eingesetzt zu werden. Auf diese Weise hatten ihn die Feldzüge Hitlers nicht mit in den Strudel gerissen und erst recht nicht geistig in den Bann geschlagen.

A. D. Aber wie kam man ab 1949 zu so etwas wie einer Wohnung?

C. M. Die Frage ist in der Tat berechtigt. Hamburg war so tief greifend zerstört, dass daran überhaupt nicht zu denken war. Wir

91

fingen deshalb an, darüber zu sinnieren, ob der Aufbau oder die Übernahme einer augenärztlichen Praxis im Umfeld die Alternative sein könnte. Aber die Bemühungen meines Mannes in dieser Richtung blieben lange erfolglos. Aus der Behörde in Hamburg kam die Nachricht, dass wir keine Hamburger seien, sondern Schleswig-Holsteiner, die in Hamburg nicht gemeldet seien. Kein Land hatte damals Bedürfnis nach inländischem Zuwachs – taten die Behörden sich doch schwer genug, dem Zustrom der Flüchtlinge aus dem Osten Herr zu werden. Schließlich entdeckte mein Mann in seiner Ahnenreihe einen Großvater, der in Niedersachsen Welfen gegen die Preußen verteidigt hatte. So skurril es anmutet: Dieser Nachweis ermöglichte es ihm, eine augenärztliche Praxis in Niedersachsen zu eröffnen, und zwar im Heidestädtchen Uelzen.

Ein klappriger Kastenwagen transportierte uns im Sommer 1949 dorthin. Ich saß im Fond auf unserem einzigen, von einem guten Onkel geschenkten Sessel und klopfte dem Fahrer, wenn ich meiner Antje einmal wieder einen schönen Zuschlag Muttermilch vermitteln wollte, ans Führerhausfensterchen. Denn der Wagen rumpelte so, dass das im Fahren nicht möglich war.

Alles blieb zunächst außerordentlich mühsam: Auch die kleine Stadt Uelzen war erst im Wiederaufbau; Wohnungen gab es nicht. Einen einzigen Praxisraum mit einem gemeinsamen Wartezimmer mit einem anderen Arzt konnten wir in der Ringstraße mieten. Diesen nahmen wir sofort in Anspruch und zogen zunächst in ein schäbiges Hotel. Jeden Tag aßen wir ein Fischfilet; denn das kostete nur 75 Pf pro Person. Mehr Geld konnten wir auf keinen Fall erübrigen, da wir demnächst darauf aus sein mussten, die Geräte für die ärztliche Praxis zu erwerben.

Kurz darauf ergatterten wir – o großes Glück – ein möbliertes Zimmerchen (zwei Meter mal drei Meter), diesmal freilich nur mit Porzellan-Waschschüssel und Karaffe. Dort stillte ich und wusch Windeln, hängte sie in einem lichtlosen Hof, wo ich gnädiglich eine Wäscheleine benutzen durfte, auf und wieder ab, stillte, wusch Windeln, stillte – und war unendlich glücklich.

Zwischendurch bedrängten wir die Ämter, uns eine Wohnung zu genehmigen. Nach einigen Monaten gelang es uns sogar, in einem Einfamilienhaus zwei Räume zu ergattern. Wir durften zwei winzige Zimmerchen und ein winziges Klo, das zur Küche umgearbeitet war, und einen Balkon beziehen. Das war zwar auch wieder ein wenig eppendorferisch, weil man bei der großen Wohnungsnot diesen Hauswirt zum Abgeben von Räumen gezwungen hatte, so dass uns praktisch jeder Atemzug und jeder Fußtritt in seinem Eigentum verübelt wurde; aber wir hatten nun immerhin erstmalig eine Herdplatte und so viel Wasser aus der Leitung, dass ich mein Baby richtig in einer Zinkwanne baden konnte! An ein Bad mit eigener Toilette war weiterhin noch lange nicht zu denken. Immerhin wurde unser Leben andeutungsweise wieder bürgerlich und bald auch durch die Geburt unserer zweiten Tochter so richtig familiär!

Als unsere Kinder erwachsen waren und uns die Technik inzwischen mit all den herrlichen, arbeitsparenden Haushaltsgeräten beschenkt hatte, habe ich mir oft heimlich gewünscht, noch einmal in der Wohlstandszeit junge Mutter sein zu dürfen. Diesen Wunsch erfüllten stellvertretend für mich meine Töchter, und dabei habe ich entdeckt: Auch der Mutteralltag im Wohlstand hat seine Mühsal, und das technisierte Leben gebiert neue spezifische Plagen und Sorgen; denn die ersparte Zeit führt zu mehr freier Zeit und damit zu neuen Stressmöglichkeiten.

Es waren gute Tage – nach der Auferstehung aus dem Inferno. Sie haben uns mit trotziger Lebensfröhlichkeit, mit Dankbarkeit gegen das Schicksal, mit vielen Freundschaften und innigem Zusammenhalt beschenkt.

Die Praxis meines Mannes begann zu blühen, aber umso mehr bekam er Arbeit, und so drängte er mich immer mehr, ihm in der Praxis zu helfen, weil wir uns eine Sprechstundenhilfe nicht leisten konnten. Als Antje eineinhalb Jahre alt war, stillte ich sie ab, nahm mir ein kleines Tagesmädchen und fuhr morgens auf dem Fahrrad los, um in der Stoßzeit für zwei Stunden in der augenärztlichen Praxis auszuhelfen.

Glücklicherweise konnten wir mit der Praxis bald umziehen und hatten nun zum ersten Mal ein eigenes Wartezimmer, einen richtig schönen, großen Praxisraum und ein kleines Bestrahlungszimmer. Unser Aufstieg war eine Wucht: Wir feierten mit den Ärzten, die wir nun in Uelzen kennen lernten, mit den einfachsten Mitteln in den neu installierten Praxisräumen ein rauschendes Eröffnungsfest. Aber im Alltag arbeiteten wir wie die Pferde und hatten große Freude an unseren süßen Kindern.

Mittlerweile war die Miniwohnung viel zu eng geworden. Wir fassten deshalb den Entschluss, von dem nun schon ein wenig reichlicher fließenden Geld ein Haus zu bauen. Wir wählten nach vielem Hin und Her einen damals noch außerordentlich billigen Bauplatz am Wald in einer noch unausgebauten Straße. Unser Haus kostete als ein stattliches Gemäuer mit zwei Etagen und einer ausbaubaren Wohnung im Dachgeschoss 56.000 DM. Das war damals unser ganzes mühsam erarbeitetes Vermögen. Heute lässt sich wohl knapp eine anständige Garage für diesen Preis bauen.

A. D. Fiel Ihnen als einer Frau mit einem abgeschlossenen Hochschulstudium im Dasein als Nurhausfrau und Mutter nicht die Decke auf den Kopf?

C. M. O nein, nicht im Mindesten! Denken Sie doch nur, in wie vielen Baracken, in wie vielen Unterständen und Kellern sie uns jahrelang de facto fast auf den Kopf gefallen wäre! Ich weiß nicht, wie ich Ihnen das unbeschreibliche Glücksgefühl verdeutlichen soll, das mich nach dem Einzug in unser Haus ergriffen hat. Es war leer, aber es war groß, mit schönen, glatten, neuen Fußböden, mit heilen Scheiben, mit einem richtigen Bad, zwei Toiletten und einer geräumigen Küche mit hübschen Kacheln, mit einem Elektroherd und einer anständigen Spüle … Ich habe in der ersten Nacht in diesem neuen Haus vor Glück gar nicht schlafen können. Ich bin von Raum zu Raum gewandert, habe die Wasserhähne an- und abgestellt, die schönen Fensterbänke berührt, Türen auf und zu gemacht und Licht an- und ausgeschaltet. Obgleich die Bauzeit mühevoll gewesen war: Ich konnte es nicht fassen, nun in einem so schönen, weiträumigen Haus leben zu dürfen!

Zwar hatten wir noch keine Gardinen, geschweige denn irgendwelche Teppiche oder gar Stühle und Sessel, ja noch nicht einmal Ehebetten. Ausgestattet waren allein die Wände mit den Bildern der Eltern, die ausgelagert den Krieg überstanden hatten;

auch ein Nolde, ein Rolfs und ein Arp waren unter anderem darunter. In der Mitte des Wohnzimmers thronte zunächst ein alter Liegestuhl, den wir mit einer handgewebten Decke aus Mutters Produktionen belegten. In den kommenden Jahren haben wir uns dann allmählich die einfachsten Möbel kaufen können und waren über jedes Stück, das wir uns erwarben, sehr glücklich.

Im Hintergrund standen in eiserner Treue immer noch die Eltern. Mutter webte und strickte und stickte sämtliche Kleider, Mäntel, Jacken, Röcke, Mützen für die von ihr tief geliebten Enkelinnen, und so waren sie – genauso wie ich durch die ganze Kindheit hindurch – auf das entzückendste und kunstgewerblichste gekleidet.

Im Folgenden begannen wir auch, den wüsten Lehm, der um das Haus herum lagerte, in einen Garten zu verwandeln. Wir pflanzten Obstbäume, und mein Mann legte einen mächtigen Wall zur Straße hin an, auf die er in mühseliger Freizeitbeschäftigung eine dichte Taxushecke pflanzte. Irgendwann war dann auch endlich der heiß ersehnte Rasen gesät und von den Kindern in Besitz genommen.

Das Leben war außerordentlich arbeitsreich und wohl immer auch arbeitsschwer, aber für mich dennoch nicht überfordernd. Nach der Geburt unserer zweiten Tochter hatten wir uns auch eine erste Sprechstundenhilfe leisten können. Die Arbeitskräfte für den Dienst im Haus waren damals noch billig, und ich holte mir bald ein Mädchen ins Haus, das bei uns wohnte und mir gute Dienste leistete.

A. D. Die Mutter von kleinen Kindern und außerhäusliche Berufstätigkeit – das ist in Ihren Schriften später ein dominantes Thema geworden. Hatten Sie selbst damit keine Probleme?

C. M. Doch, Sie sehen, als ich nach einigen Monaten entbehrlich wurde, habe ich von meiner zweieinhalbstündigen täglichen Aushilfezeit in der Praxis sofort wieder Abstand genommen. Zwar war meine junge Hilfskraft im zweiten Lebensjahr unserer Ältesten liebevoll und zuverlässig. Aber ich habe doch erlebt, dass unser Kind mich nur schwer losließ und zunächst noch eine geraume

Zeit später ängstlicher war als unsere zweite Tochter, die tägliche Trennungen dieser Art nicht erlebte. Ich habe allein schon durch diese nur sehr kurze Zeit täglicher Trennungen von meiner kleinen Tochter erlebt, wie schwer das für Mutter und Kind ist. Das begründete später meine Überzeugung, dass der Staat die jungen Mütter subventionieren müsse, damit nicht finanzielle Not sie zwingen könnte, außerhäuslich berufstätig zu sein, solange die Kinder klein sind.

In meiner späteren Arbeit gewann ich bald noch die Erfahrung hinzu, wie gefährlich allzu frühe Trennungen der Kinder von ihren Müttern für die seelische Gesundheit sein können, besonders in der Säuglingszeit. Ich habe mich sehr gezielt darum bemühen müssen, dass meine zarte Älteste allmählich ihre anfängliche Ängstlichkeit überwand.

Die Zeit des Aufbaus

A. D. Waren Sie denn wirklich mit der Betreuung Ihrer beiden kleinen Töchter und dem Hausfrau- und Ehefrausein ganz ausgefüllt?

C. M. Ganz ohne Frage eine lange Zeit. Die Unzufriedenheit der jungen Frauen heute, die Abneigung, sich mit ihren kleinen Kindern zu beschäftigen, ist mir gänzlich fremd geblieben. Wie schnell ist doch diese Zeit, in der die Kinder sich entfalten, vorüber; wie spannend ist es, ihr seelisches und geistiges Wachsen zu beobachten, anzuregen und zu begleiten! Wir haben so viel Freude miteinander gehabt, erst recht, nachdem der Garten angelegt war und manches Getier hinzukam: Kanarienvögel erst, danach Kater Troll und schließlich Dackel Toxi. Unsere Kinder entwickelten bald auch viel Lust, miteinander zu spielen, besonders mit ihren Puppen, aber auch mit Kaufhausläden und Kasperletheater, mit Basteln und Malen auf dem herrlich großen, leeren Dachboden des Hauses. Auch der nahe Wald gehörte zu unserem Leben, mit Blaubeerenpflücken, Pilzesuchen und Radwanderungen.

A. D. Bestimmt gab es in Ihrem Umfeld doch auch einen Kindergarten.

C. M. Ja doch, aber ich kam gar nicht auf die Idee, die Kinder dorthin zu schicken. Ich hatte ja genug Zeit für sie und Freude an ihnen. Ich holte, um sie an andere Kinder zu gewöhnen, Kinder aus der Nachbarschaft hinzu und ließ sie sich an unseren Spielen beteiligen. Bald schon begannen die Geburtstage Höhepunkte zu werden. Ich dachte sie genau durch und entwarf Programme mit Wettspielen, Basteleien und Aufführungen … Das waren unvergessliche Tage für die Kinder.

A. D. Sicher machten sich die Kinder – in dieser Weise angeregt – doch auch beim Spielen schon bald selbständig. Was machten Sie mit der dadurch gewonnenen Zeit?

C. M. Ach, wirklich viel Zeit an einem Stück hat man als Mutter von kleinen Kindern nicht. Bedenken Sie, was es für eine sorgsame Betreuerin bedeutet, auch nur zwei Sprösslinge durch die Kinderkrankheiten etc. durchzubringen. Masern, Windpocken, Röteln – all das musste doch in den ersten Jahren absolviert werden, von den Infekten und Erkältungen ganz abgesehen. Unsere Älteste war ein ungemein zartes Pflänzchen, während die Zweite von robuster Gesundheit war. Zwar war jetzt glücklicherweise das Penicillin erfunden, waren Impfungen (vor allem gegen Kinderlähmung und Keuchhusten) entwickelt worden; aber dennoch ist das Leben mit kleinen Kindern oft doch auch Besorgnis erregend und fordert den ganzen Einsatz der Mütter. Wie viele Nächte allein mit Erbrechen oder Dauerhusten müssen durchgestanden werden!

Außerdem ist man schließlich nicht nur Mutter! Da ist der um den Aufbau seines „Unternehmens" hart rackernde Ehemann, der erschöpft nach Hause kommt und keine Kraft mehr hat, sich von Kinderlärm umgeben und mit Gesundheitssorgen plagen zu lassen. Ich habe, um diesem Faktum gerecht zu werden, mit den Kindern zu den Hauptmahlzeiten vorgegessen, um meinen Mann abzuschirmen und um ihm in der kargen Mittagspause die Möglichkeit zu geben, eine Weile abzuschalten und in Ruhe mit mir zusammenzusein.

A. D. Das machen aber meine Freundinnen, sofern sie Familien haben, sehr anders! Da wird der Vater, kaum dass er heimkommt, eher noch voll mit eingespannt …

C. M. Aber läuft das denn gut?

A. D. Nein, zwei sind bereits wieder geschieden.

C. M. Eben. Ich habe Bedenken dagegen, die Familienväter überzustrapazieren. Insofern hat mir die kurze Zeit als Sprechstundenhilfe meines Mannes sehr geholfen, die riesige Anspannung zu verstehen, der er in der Aufbauphase ausgesetzt war.

A. D. Aber ist es nicht auch eine sehr berechtigte Forderung der Frau, dass der Mann einen kräftigen Teil der Familienarbeit mit übernimmt? Viele Frauen sind schließlich ebenfalls berufstätig und haben einen harten Arbeitsalltag hinter sich, wenn sie nach Hause kommen!

C. M. Ja, wenn beide berufstätig sind, sollten wohl oder übel auch beide am Feierabend gemeinsam die Familientätigkeiten verrichten. Allerdings gibt es hier viel neue Spannungen, wenn einer (meist der Mann) sich zu drücken sucht. Oft sind beide überfordert, und das trägt zur Zerstörung der Familie bei. Denken Sie nur: In Deutschland werden pro Jahr 187.000 Ehen geschieden (das ist jede dritte!), und jährlich werden dadurch 150.000 unmündige Kinder neu zu Scheidungswaisen. Da stimmt etwas von Grund auf nicht!

Das Modell, beide Eltern sind außerhäuslich berufstätig, holen ihre Kinder abends aus den Krippen beziehungsweise Tagesstätten und machen dann gemeinsam den Haushalt, enthält zu viel Stress, zumal die Kinder durch zu frühe Kollektivierung unzufriedene, schwierige Kinder mit Riesenansprüchen werden, weil sie ein emotionales Defizit haben. Es ist ein gefährliches Modell, weil es die natürlichen Vorgaben für das Gedeihen einer gesunden Familie nicht erfüllt.

A. D. Wie meinen Sie das?

C. M. Nun, die Arbeit mit Kindern ist einer gesunden Frau gewissermaßen auf den Leib geschrieben. Sie wird damit nicht gegen den Strich gebürstet. Schon hormonell wird sie von der Stillphase her mit einem starken Pflegetrieb unterstützt. Viele Frauen würden als junge Mütter deshalb sogar gern daheim bleiben. Sie spüren: Ich gehöre zu meinem Kind. Aber wenn sie das praktizieren, fallen sie eher der Verachtung ihrer Mitmenschen anheim. Berufstätigkeit der jungen Mütter gilt hingegen als anerkennenswert. Und so gehen sie häufig sogar dann arbeiten, wenn es finanziell gar nicht nötig wäre.

Gleichzeitig fordert der Trend von den jungen Vätern unerbittlich, dass sie sich bei der Betreuung der Kinder intensiv mit einsetzen. Das ist aber nicht jedermanns Sache. Nach dem Heimkommen voll in die häusliche Arbeit mit einzusteigen, dazu ist der Mann oft nicht fähig, jedenfalls nicht ohne eine Erholphase mit einem lieb vorbereiteten Essen und einer Phase der Abschirmung. Sonst entstehen Spannungen, die zu Auseinandersetzungen, zu Vorwürfen und zu Streit führen. Sie können unversehens eskalieren und die Ehe zerrütten.

Männer sind nicht von Natur aus für die Familientätigkeit begabt, viel eher dazu, sie gegen Feinde von außen zu beschützen, als pflegende Aufgaben zu übernehmen. Tätigkeiten dieser Art verlangen von ihnen mehr Anstrengung, mehr Überwindung ihrer eigentlichen Natur. Und damit tun sie sich schwer! Selbst wenn sie grundsätzlich dazu ja sagen und sich bemühen, fallen sie dennoch oft in die Erschlaffung statt in die Einhaltung dieser heute eingeforderten Konzepte.

A. D. Aber die Familienmutter ist doch auch oft überfordert! Und tut es den Kindern, vor allem den Buben, nicht auch sehr gut, wenn sich der Vater intensiv in ihre Erziehung einklinkt?

C. M. Ganz ohne Zweifel ist das empfehlenswert. Aber man muss mit Verständnis für den Mann an die Sache herangehen. Wenn Mütter dem Ehemann täglich Vorwürfe machen, weil er in ihren Augen unzureichend ist, so ist das enorm gefährlich für das Eheschiff.

Aber Sie haben natürlich Recht, auch die Frau ist überfordert, schon ganz und gar, wenn sie mit mehreren kleinen Kindern im Nest auch noch über Tag außerhäusig berufstätig ist. Eine Gesellschaft, die darauf aus ist, ihre Arbeitslosigkeit und ihre Krankenkassenlasten zu mindern, sollte die Familie so hoch subventionie-

100

ren, dass die jungen Mütter aus finanziellen Gründen nicht genötigt sein müssten, auch noch berufstätig zu sein.

Diese Zusammenhänge liegen jetzt voll auf dem Tisch und werden über kurz oder lang auch bewirken, dass Mutterschaft als ein bezahlter Beruf mit Rentenanspruch gewertet werden wird. Alles andere ist gefährliche Flickschusterei. Eine Mutter mit kleinen Kindern gehört bis zu deren siebtem Lebensjahr ins Haus, wenn sie einst erfolgreiche Früchte ernten will. Und die Gesellschaft müsste mit staatlich honorierten Familienhelferinnen antreten, um die üblichen, zurzeit eskalierenden ehelichen Spannungen und Überforderungen aus der Welt zu schaffen.

A. D. Nun gut, Ihnen gestand Ihr Mann, seiner Position entsprechend, damals schon eine entlastende Hilfskraft zu. Dann wurden die Kinder größer, selbständiger. Gab es dann nicht doch so etwas wie mehr Zeit, die die Frage aufkommen ließ, wie man sie ausfüllen könnte?

C. M. Ich kann mir schon denken, worauf Sie mit diesen Fragen hinauswollen! Sie wollen wissen, ob und wie lange meine Ausbildung von mir beiseite gelegt wurde. Nein, praktisch wurde das auf der Universität erworbene Wissen nie zum alten Eisen geworfen. Ich hatte die theoretische Pädagogik, theoretische Psychologie, vor allem die vorzügliche Kinderpsychologie von William Stern, Charlotte Bühler, Melanie Klein bis Hildegard Hetzer nun einmal in meinem Kopf. Jetzt hatte ich ein herrliches Feld, sie anzuwenden und zum Teil auch kritisch auf ihren Wahrheitsgehalt zu prüfen. Das war hochinteressant und ungemein spannend. Darüber hinaus tauchten nun wieder Fachzeitschriften und neue Bücher auf, die ich mir zulegte und mit denen ich mich in den Abend- und Nachtstunden eifrig beschäftigte.

A. D. Insofern bildet die Pädagogik und Psychologie wirklich eine gute Grundlage für die Tätigkeit als Familienmutter. Aber viele andere Ausbildungen konkurrieren doch eher damit. Für eine Juristin zum Beispiel, für eine Cutterin oder eine Sparkassenangestellte bedeutet Mutterschaft häufig eher so etwas wie ein Abgeschobenwerden auf ein Nebengleis.

C. M. Das ist bei den jungen Frauen heute ein großes Problem geworden. Der Werdegang des modernen Mädchens bereitet auf die Daseinsform der Familienmutter nicht mehr vor. Er bringt geradezu davon weg. Durch die Schulzeit hindurch dominieren männliche Formen der Intellektualität. Die „graue" Theorie steht im Mittelpunkt, nicht die farbige Lebenspraxis. Das bedeutet für viele Frauen Verformung ihres Eigentlichen und lässt sie dann auch rasch unzufriedene Mütter werden, die diese Lebensform als eine Entfremdung erleben, obgleich sie doch ihrem Urwesen entspricht. Bei vielen ist sie verschüttet und lässt sich kaum wieder reanimieren. Wir Frauen meiner Jahrgänge hatten weniger Probleme dieser Art, weil unsere Schul- und Ausbildungszeit kriegsbedingt viel weniger einseitig war als heute.

A. D. Wenn Sie das für falsch halten – wie sollte man es ändern?

C. M. Wir brauchen eine große, fundamentale Neugestaltung der Mädchen- und der Frauenbildung, die ihrem So-Sein und ihren spezifischen besonderen Begabungen viel mehr gerecht wird, statt die Frauen in Männerlaufbahnen zu pressen. Wenn wir das weiter so betreiben, wird fruchtbares Frausein auf allen Ebenen, physisch, psychisch und geistig, immer mehr aufhören. Die Frau entartet zur unfruchtbaren Männin, die keine Kinder mehr bekommt und erzieht und die erst recht keine einfühlsame Gefährtin für den Mann mehr sein kann.

A. D. Aber Sie sind auch nicht ausschließlich beim praktischen Umsetzen Ihrer Ausbildung in der eigenen Familie geblieben …

C. M. Nein, obgleich das durchaus meinem eigentlichen Wunsch entsprach. Eine große, kinderreiche Familie – das war mein Traum; aber schließlich waren die 50er Jahre im Großen und Ganzen doch noch eine sehr karge Zeit. Zwar waren wir nun wieder ein Staat, aber von sehr beschränkter Haftung. Die Bundesrepublik blieb eine von den Alliierten besetzte Region, während Ost- und Mitteldeutschland von den Sowjets vereinnahmt blieben. Das darf man nicht vergessen. Die Weltlage blieb ein schwankendes Terrain mit den gegeneinander aufrüstenden Weltmächten und dem mühsam ums Überleben ringenden Deutschland in der Mitte. Es entsprang der Vernunft meines Mannes, in dieser Lage nicht eine große Zahl von Kindern in die Welt setzen zu wollen. Und Sie haben Recht: Insofern bekam ich mehr Zeit, nachdem die Kinder eingeschult worden waren.

Der Anstoß zu meiner späteren Berufstätigkeit ging aber von einem Zufall aus: Als sich in dem hellen, großen Haus alles eingespielt hatte, wollte es das Schicksal, dass eine Mitärztin aus Hamburg-Eppendorf bei uns auftauchte und uns berichtete, dass sie ein Ausbildungsinstitut für Kinderpsychotherapeuten in Hannover eröffne. Sie machte mir den Vorschlag, mein Universitätsstudium durch diese Zusatzausbildung zu erweitern.

Das war eine Ausbildung, die weitgehend durch theoretisches Studium im Haus vollzogen werden konnte, die nur einmal wöchentlich in der Abendzeit die Absolventen zu Kursen zusammenfasste. Das war für mich möglich; es blieb mir dabei viel Zeit, weiter meiner Familie gerecht zu werden. Es gehörte zu dieser Ausbildung, unter Supervision Fälle zu behandeln, die mir von unserem Gemeindepfarrer zugewiesen wurden. In den Morgenstunden, während der Schul- und Praxiszeit der Meinen, ließ sich das gut arrangieren.

A. D.   Das klingt so leichthin. Ist es für eine Familienmutter nicht eine recht verantwortungsvolle Aufgabe, ihre Kinder durch die Schulzeit zu bringen? War das in den 60er Jahren so anders? Heute bedeutet das oft Konflikte, Auseinandersetzungen und Zerwürfnisse. Viele Eltern haben in diesem Alter ihrer Kinder große Schulsorgen. Blieben Sie davon verschont?

C. M.   Es war damals generell – jedenfalls für Eltern von Oberschülern – noch nicht so dramatisch. Den Eltern wurde viel selbstverständlicher die ihnen zukommende Autorität zugestanden. Es gab praktisch keinerlei Rauschgifte, und die Diskotheken waren erst im Kommen. Die wenigsten Familien besaßen das große Ablenkungsinstrument Fernsehapparat. Auch wir haben uns bis zum Ende der Schulzeit unserer Jüngsten mit Bedacht davon fern gehalten.

Das Schulsystem war noch nicht zerrüttet. Es gab die Drei-Stufen-Schule: Volksschule mit der vierjährigen Grundschule und vier weiteren Schuljahren bis zum Abschluss sowie die beiden ebenfalls von der fünften Klasse ab bestehenden Schulformen Realschule (mit sechs Klassen) und Gymnasium (das allmählich auf neun Klassen ausgedehnt wurde statt der acht wie noch bei Hitler). Die Schulpläne waren von jeder nationalsozialistischen Ideologie sorgfältig gereinigt worden, und das Timbre von Schule hatte an die kindgerechte Reformpädagogik der 20er Jahre angeknüpft. Das kam vor allem der Grundschule sehr zugute, wenn auch einige neue Übertreibungen auftauchten: die Ganzsatzmethode zum Beispiel und die Mengenlehre. Sie entsprachen Theorien, die unzureichend an der Praxis geprüft waren und deshalb mittlerweile meist wieder eingestampft worden sind.

Auch das Leistungsprinzip hielt sich in den 60er Jahren noch in einem einigermaßen angemessenen Level, jedenfalls im Gegensatz zu dem verkrampften Zensurenjachtern heute. Allerdings bekamen die Kinder von der ersten Klasse ab Zensuren. Das machte es nötig, dass die Eltern darauf bedacht sein mussten, dass die Kinder eine kontinuierliche Arbeitshaltung entwickelten. Das überließ schon damals die Schule dem Elternhaus; denn am Ende des vierten Schuljahres fand eine Aufnahmeprüfung für die höheren Schulen statt, die vor allem im Rechnen, im freien Aufsatz und der Rechtschreibung ein ansehnliches Niveau erwartete. Das hatte zur Folge, dass sehr viel weniger Kinder Oberschulen besuchten, zum großen Teil nur die, die bis zur vierten Klasse im oberen Drittel des Leistungsfeldes platziert waren. Entsprechend höher war infolgedessen auch das Leistungsniveau, vor allem bei den Schülern, die dann bis zum Abitur durchhielten und nicht mit der so genannten mittleren Reife die Schule verließen, um die vielen ansehnlichen praktischen Berufe zu ergreifen, die man damals mit einem mittleren Schulabschluss erreichen konnte.

A. D. Wurden die Grundschuljahre dadurch nicht doch eine anstrengende Zeit? Wie sah das im Meves-Haus aus?

C. M. Zumindest passte ich ziemlich sorgsam auf, dass das Können meiner kleinen Töchter auch den schulischen Anforderungen entsprach. Für die bald einsetzenden, mit Zensuren versehenen Klassenarbeiten wurde manchmal noch extra geübt – nicht um Einsen zu schinden, aber doch um den Kindern das Gefühl zu vermitteln, diesem System gewachsen zu sein. Trotzdem habe ich – seit meiner eigenen Schulzeit – grundsätzlich Vorbehalte gegen das Zensurensystem entwickelt. Es scheint mir einer gesunden Pädagogik nicht zu entsprechen; es entspringt einfach einem noch barbarischen Konkurrenzprinzip. Es beißt letztlich den weg, der schwächer ist. Bei pädagogisch humanen Leistungskontrollen müsste das Kind an den Fort- oder Rückschritten seines eigenen Leistungsstandes gemessen werden.

A. D. Dann muss die spätere Bemühung um „Chancengleichheit" ihrer Erfahrung sehr entgegengekommen sein…

C. M. Im Grund ja, wenn sie zu mehr Gerechtigkeit und zu mehr Effektivität geführt hätte. Aber diese Probleme wurden erst in den 70er Jahren virulent. Zumindest hat mich der stramme Zuschnitt der Grundschule hin zur Aufnahmeprüfung dazu veranlasst, zu diesem Thema meine Premiere zu aller späteren Öffentlichkeitsarbeit zu starten. In der Allgemeinen Zeitung für die Lüneburger Heide schrieb ich die Glosse: „Fragwürdiges Zensurensystem".

A. D. Also war die Schule im Alltag der Meves-Familie doch eher dominant?

C. M. Das kann man so nicht sagen. Sie zu wichtig zu nehmen wurde auch dadurch eingeschränkt, dass immer sehr viele Freundinnen und Freunde der Kinder unser Haus bevölkerten. Mit ihnen wurden zwar auch gelegentlich gemeinsam Schularbeiten gemacht, aber auch viel und herrlich phantasiereich gespielt. Zu den Inländern, von denen ich einige sogar über Monate im Haus aufnahm (von den Ferienbesuchen zahlreicher Vettern und Cousinen abgesehen) kamen dann bald auch ausländische Gäste im Alter unserer Kinder. Es war da immer viel buntes Leben in unserem Haus bis hin zu Partys und den Tanzfesten der Halbwüchsigen.

A. D. Gab es das auch schon damals, dass die Jugendlichen ihre Kumpel einluden und im Haus das Unterste zuoberst kehrten?

C. M. O nein, keineswegs in dem Zuschnitt, wie das heute häufig der Fall ist, wo man dann schließlich auch noch miteinander in den Betten landet. So nicht. Wir Eltern blieben sorgsam dazwischen. Es gab grundsätzlich keinerlei Alkohol, und überhaupt wurde nicht lukullisch aufgefahren. Da gab es Grillwürstchen, Saft und belegte Brote, dies wurde dankbar konsumiert; aber im Mittelpunkt standen interessante Gespräche und pflegliche Tänze von Tango bis Cha-Cha-Cha.

Versuche zu geistiger Erneuerung in den 60er Jahren

A. D. Die 60er Jahre waren also zumindest für die Töchter der Mittelschicht noch außerordentlich bürgerliche Jahre.

C. M. Ja, überhaupt waren die 60er Jahre sicher nicht für uns allein, sondern für viele Menschen in der Bundesrepublik West eine herrliche Aufbauzeit. Nicht nur der erblühende Wohlstand bewirkte das. Es war alles so neu, es war vieles – jedenfalls am Beginn des Jahrzehnts – noch nicht übertrieben. Die Wohnungsnot der 50er Jahre war mehr oder weniger überwunden, die Flüchtlinge aus dem Osten waren weitgehend integriert. Immer mehr Menschen konnten sich zeitsparende Geräte kaufen, Waschmaschine, Spülmaschine und Staubsauger vor allem. Reiselust brach an. Wir fuhren mit unseren Kindern in den großen Ferien viele Jahre lang für mehrere Wochen an die See – meistens nach Sylt, wo wir auf dem Plateau vor Wennigstedt eine Holzbaracke mieteten, die zu dem anthroposophischen Witthüs gehörte, einem Ort, in dem an Teeabenden regelmäßig Gespräche über Gott und die Welt geführt wurden.

Die Hitler-Zeit wurde weitgehend tabuisiert. Kulturell (bis hinein in die Verfassung des Staates!) wurde versucht, an die 20er Jahre anzuknüpfen, auf hohem Niveau. Wir nutzten das mit unseren Kindern und fuhren zu vorzüglichen Theateraufführungen nach Hamburg und in die Oper nach Hannover. Wir bekamen auf diese Weise die Gelegenheit, unseren Kindern vor allem die Klassiker der deutschen Kunst zu vermitteln. Die Musik war uns dabei besonders nahe gerückt. Von der Grundschulzeit an hatte ich die Kinder an Instrumente geholt, mit Blockflötenunterricht am Anfang, danach spezialisierte sich unsere Älteste auf Geige und Klavier, die Jüngere auf Querflöte.

Viel Anregung war in dieser Zeit dadurch eben neu möglich geworden, dass die Eltern einen Führerschein gemacht und sich zunächst einmal ein gebrauchtes Auto erworben hatten. Mit ihnen konnten wir den Kindern die Kunstschätze der Städte im Umfeld zeigen, die den Krieg überstanden hatten, und ich konnte unsere Antje allwöchentlich zu Musikstunden ins benachbarte Lüneburg fahren, wo ein renommiertes Künstlerpaar sie auf ein eventuell geplantes Musikstudium vorbereitete. Das führte darüber hinaus dazu, dass unsere Tochter, obwohl erst 15-jährig, ins Lüneburger Bachorchester aufgenommen wurde, was viele Fahrten zu Proben und Konzerten zur Folge hatte.

1967 machte unsere Älteste Abitur und ging nach einigen schweren Entscheidungskämpfen mit sich selbst dann doch ins Medizinstudium nach Kiel, wo sie – was bereits damals schon nicht selbstverständlich war – einen Studienplatz bekommen hatte. Ihre Schwester Ulrike folgte ihr nach dem Abitur 1969 dorthin; aber sie hatte sich entschlossen, eher in die Fußstapfen ihrer Mutter statt in die des Vaters zu treten und Psychologie zu studieren. Mit Ende der 60er Jahre war meine Familienphase als zentrale Aufgabe zu Ende; denn nun begannen die Kinder ihr eigenes Leben zu führen, wenn sie auch noch häufig mit ihren VW-Käfern wieder einflogen – zu Wochenendbesuchen und in den Semesterferien.

A. D. Blieb Ihr Wirkungsbereich in den 60er Jahren allein die Familie? Für meine Generation sind diese Jahre zwar Geschichte, aber doch auch Geschichte mit den aufregendsten Neuerungen!

C. M. Es ist sehr berechtigt, nach der allgemeinen Mentalität der 60er Jahre zu fragen; denn diese Zeit war nicht nur im familiären Bereich eine Zeit fruchtbaren Aufbaus. Sie platzte im Hinblick auf Erfindungen geradezu aus allen Nähten. Das geistige Interesse in der Republik West wandte sich ihnen sehr dominant zu, zumal die Überlebenden des Zweiten Weltkriegs verhältnismäßig wenig Geschmack an Politik entwickelten. Zu sehr waren die meisten von ihnen gebrannte Kinder ... Zudem schien die politische Situation einigermaßen eingefroren: 1961 hatte sich die DDR gegen die Abwanderung ihrer Bürger hinein in das Wirtschaftswunderland Bundesrepublik hinter Stacheldraht, Minengürtel und einer Mauer um den zum Westen gehörenden Teil Berlins fest abgeschottet.

Der kompetente Wirtschaftswissenschaftler Ludwig Erhard förderte in seiner Regierungszeit bis 1966 weiter intensiv die soziale Marktwirtschaft und bewirkte damit einen Wirtschaftsaufschwung ohnegleichen. Die Bundesrepublik war ein praktisch schuldenfreies Land und durch die 50er Jahre hindurch ein Land mit wenig Kriminalität. Es gab kaum Sexualdelikte, der Alkoholismus hielt sich in Grenzen. Es wurden wieder mehr Kinder geboren, und die Scheidungsquote war minimal. Das war ein außerordentlich zufrieden stellender Status, der auf Prosperität hoffen ließ.

Zwar drang es an unsere Ohren, dass die Sowjetunion zur Atommacht aufrüstete, zwar rasselte sie gelegentlich mit dem Säbel und verschreckte uns mit Krisen zwischen Moskau und Washington (zum Beispiel in der Kubakrise von 1961); aber im Ganzen blieb Politik für die Menschen der Bundesrepublik West in diesen Jahren ein eher ferner Rahmen.

Deutschland besaß seit 1955 eine eigene Souveränität, aber die Sonderstationierungsrechte für Truppen hatten sich die Alliierten doch vorbehalten, und so fühlten wir uns von unseren Befreiern, die uns mit ihrem Marshallplan auf die Beine geholfen hatten, eher wie ein Kleinkind behandelt, das nach lebensbedrohlicher Krankheit genesen und gerade noch rechtzeitig wieder aufgepäppelt worden war.

Ich will damit sagen: Meines Erachtens gab es in den 60er Jahren noch wenig eigenes politisches Profil in unserem Land, ja, unter dem eher blassen Bundeskanzler Kurt Georg Kiesinger ab 1966 schwand es noch mehr dahin. Umso mehr begannen die Erfindungen in den Naturwissenschaften aufzuregen, ja zu faszinieren. Die Zukunft hatte begonnen! Der Roboter würde einst die physische Arbeit ersetzen, der Computer die Speicherung des Wissens übernehmen. Die Antibabypille war von dem Amerikaner Pinkus erfunden und in der Mitte der 60er Jahren auch in Deutschland freigegeben worden. Sie würde – so hoffte man – die Frauen zu sich selbst und weg von der „Falle Mutterschaft" befreien, die Gentechnik würde Erbkrankheiten ausschalten und schließlich sogar dazu verhelfen, Menschen nach Maß anfertigen zu können.

Im Londoner Ciba-Colloquium von 1962 wurde erstmals deutlich, welche Möglichkeiten in der biologischen Energie der Keimzellen frei werden könnten. Künstliche Insemination würde Massenvaterschaften von ausgewählten Spendern ermöglichen, um die Menschen von der „Last des genetischen Zufalls" zu befreien. Organverpflanzungen würden den menschlichen Körper zu einer Art Maschine werden lassen, für den bei Verschleiß oder Erkrankung Ersatzmaterial bereitgestellt würde: Leber, Augen und Herzen von Unfallopfern, denen man die verschiedenen Körperteile nach ihrem „Hirntod" entnähme. Schon 1967 war dem Chirurgen Barnard in Kapstadt eine erste Herztransplantation gelungen (der mittlerweile Tausende und Abertausende mit immer größeren Überlebenschancen gefolgt sind).

Der erste bemannte Raumflug war erfolgt. Der Astronaut Gagarin hatte in der Kapsel in 80 Minuten die Erde umkreist; der Flug zum Mond und die Landung einer bemannten Raumfähre stand in der Vorbereitung und wurde 1969 tatsächlich verwirklicht. Die Erfindung der Kybernetik, der Regelkreistechnik ließ eine bisher ungeahnte Möglichkeit der Automatisierung ins Blickfeld treten, vom Thermostat der Ölheizung bis zum automatisch gesteuerten Satelliten.

In den 60er Jahren entstand deshalb generell so etwas wie ein neuer begeisterter Glaube: an diese Wissenschaften, an die atemberaubenden Möglichkeiten, das Leben nach eigener Maßgabe zu gestalten. Während die 50er Jahre noch von einer Reanimierung der Kirchen getragen waren, trat das Interesse für sie jetzt wieder viel mehr in den Hintergrund. Die Befreiung durch Wissenschaft, der überhebliche Glaube, mit Hilfe der Naturwissenschaften eine paradiesische Zukunft selbst errichten zu können, wurde zu einem rauschartigen Gefühl, und was sich an Neuerungen einführen ließ, wurde eingeführt – so rasch wie möglich und ohne eine sorgsame Phase der Erprobung und Nachprüfung. Der Rubel rollte und rollte damit immer noch rascher und besser.

Um nur ein Beispiel aus meinem Fachbereich zu nennen: Bald

priesen sogar die Kinderärzte der Universitätskliniken die vorzüglich entwickelten neuen Milchpulversorten als einen eigentlich wesentlich besseren Ersatz für die Muttermilch an, während gleichzeitig auch den jungen Müttern das Mitverdienen, die Mitbeteiligung an der Wohlstandsgesellschaft schmackhaft gemacht wurde. Wie mit einem Ruck traten jetzt bei den Kindern im Kleinkindalter schon jene Krankheiten, Allergien und Verhaltensstörungen auf, die wir bisher vornehmlich an Heimkindern oder schlecht betreuten Kindern zu sehen bekommen hatten.

A. D. Ihre praktische Arbeit als Kinderpsychotherapeutin brachte Sie also bereits in den 60er Jahren dazu, über den Tellerrand ihrer Einzelbeobachtungen hinaus auf einen gefährlichen neuen Trend aufmerksam zu werden.

C. M. Ja, und der war so erschreckend, dass ich gar nicht darum herumkam, mich in die Verantwortung zu stellen.

A. D. Bekam damit Ihre Arbeit mit den gestörten Kindern nicht noch mehr Gewicht?

C. M. Ja, ganz gewiss, und zwar ein ebenso beglückendes wie aufregendes. Zunächst hatte mich die tiefenpsychologische Ausbildung damit beschenkt, durch das therapeutische Spielen viel mehr Einblick in die Seele gestörter Kinder zu gewinnen. Dass Kinder mit ihren Zeichnungen, mit ihren szenischen Darstellungen, mit ihren Rollenspielen ihre meist verdrängten Konflikte und Probleme zum Ausdruck bringen, ist ein staunenswertes Phänomen und ein echter Einstieg zur Hilfe. Darüber hinaus hatte ich – zum Teil schon von der Universität – so genannte projektive Testverfahren mitgebracht (zum Beispiel den Rorschach-, den TAT- und den Sceno-Test), die in der Praxis durch ihren Aussagewert immer neu in Erstaunen versetzen können. Für mein fragendes Nachforschen war es auch von großem Wert, dass ich fast ausnahmslos mit den Müttern meiner kleinen Patienten in Kontakt trat und mir angewöhnte, bei der Erhebung der Vorgeschichten jede einzelne sehr ausführlich nach dem Verlauf von Schwangerschaft, Geburt und Säuglingszeit zu befragen.

Die Antriebslehre der Neoanalytiker, in der ich ausgebildet war, hatte bereits in Differenzierung der Lehre Freuds ihr Augenmerk vordringlich auf die ersten Kinderjahre als Quelle von Neurosen im Erwachsenenalter gelegt. In der Praxis wurde mir die Bedeutsamkeit dieses Ansatzes immer klarer vor Augen geführt. Und dann erkannte ich eben, dass hier jetzt durch den hybriden neuen Machbarkeitswahn für die junge Generation und damit für die Gesellschaft der Jahrhundertwende eine große Gefahr entstehen würde.

A. D. Inwiefern? Wie ließ sich das erkennen?

C. M. Den Kern dieser Erfahrungen muss ich etwas ausführlicher darstellen, weil durch diese Einsichten in meinem Leben eine entscheidende Weiche gestellt wurde und damit Sie erfassen, was daran für mich so alarmierend war und für Ihre Generation heute mehr denn je sein muss:

Die Antriebslehre unterscheidet vier so genannte Neurosestrukturen, das heißt in der frühen Kindheit erworbene, mehr oder weniger starre, die Flexibilität behindernde Charakterausprägungen. Sie behauptet, dass diese auf dem Boden von Hemmungen lebenswichtiger Antriebe dann entstehen, wenn sie während der Phasen ihrer Entfaltung durch unangemessene Behandlung behindert wurden. Die Behinderung des so genannten „oralen Antriebs" zum Beispiel führt im Erwachsenenalter zur neurotischen Depression; denn, so schreibt Annemarie Dührssen: „Frühe orale Mangelerlebnisse bringen es mit sich, dass dauernde unabgesättigte Bedürfnisspannungen bei einem Kind erhalten bleiben und Ansatzpunkte werden für unangemessen überschießende Neidreaktion oder für Hast, Gier und Ungeduld oder auch für absolute depressive Resignation." – Diese negative Grundstimmung hat viele lebenserschwerende Folgen: Fehlende Durchhaltefähigkeit, eine allgemeine Passivität aus unbewusster Mutlosigkeit, dadurch verminderte Leistungsfähigkeit, Trink- und Trunksucht, Betäubungsbedürftigkeit bahnen sie ein.

Mir wurde in meiner praktischen Arbeit sichtbar, dass diese Neurosenstruktur – sie zeigt sich in typischen Symptomen bereits

Vater Carl Mittelstaedt,
um 1930

Mutter Elsa Henriette Mittelstaedt,
geb. Rohweder, um 1930

Mit Bruder Horst, um 1927

Um 1935

Das Ehepaar Meves,
um 1975

Enkel-Doppeltaufe
im Hause Meves, 1981

Prof. Joachim Illies und Christa
Meves bei einer Dialog-Sendung
im Süddeutschen Rundfunk mit
Moderator Johannes Schlemmer,
um 1975

Mit Prof. Hans Filbinger am
70. Geburtstag, 1995 (rechts)

Mit den Herausgebern des
Rheinischen Merkur (von links):
Prof. Otto B. Roegele,
Prof. Roman Herzog
(dem späteren Bundespräsidenten)
und Prof. Hans Maier,1988

Tochter Antje mit Familie,
1996 (oben)

Tochter Ulrike mit Familie
1995, vor dem Haus
in Uelzen

Mit Mitarbeiterin Dr. Andrea
Dillon, 1996

im Kleinkindalter – unter den Kindern der 60er Jahre enorm zunahm. Woran das lag, ließ sich durch Beobachtung bald erklären: Es waren eben vor allem ungestillten Kinder, die eine suchtartige Oralität entwickelten. Sie wurden zu Nägelkauern, zu Fettleibigen, zu Kaugummikauern, zu Zigarettensüchtigen vom zwölften Lebensjahr ab.

Und da mit zunehmendem Wohlstand und den so bequemen, das Leben erleichternden Ersatzpräparaten ab 1955 kaum eine Mutter ihre Kinder noch die ersten sieben bis neun Monate lang stillte und die allgemeine Verwöhnung von Jahrgang zu Jahrgang zunahm, konnte man – wenn die Antriebslehre und die eigene Mutmaßung, dass Verwöhnung von den Menschen als Mangel erlebt wird, richtig waren – voraussagen, dass eine furchtbare Plage auf die jungen Familien zukommen würde. Denn Kinder mit oralen Antriebsschäden sind nicht etwa aufgrund des eigentlich depressiven Hintergrundes traurig; sie sind höchst lästige, schwierige, unzufriedene Kinder, weil sie wie hungrige Kuckucksvögel Riesenansprüche haben, nach Sofortbefriedigung heischen, nörgelnd, misslaunig und aggressiv ihren Angehörigen das Leben zur Hölle machen, und zwar in penetrantem Ausmaß von Jahr zu Jahr scheußlicher.

Als mir das klar wurde, packte mich großer Schrecken: Wie ließ sich das abwenden? Denn diese Menschen sind ja nicht nur als Kinder schwierig; sie werden aufgrund ihrer müden Passivität, ihrer Aktivitätsatrophie, wie ich das genannt habe, gar nicht erst richtig arbeitsfähig. Große Massen arbeitsunfähiger Menschen aber müssen den Fortbestand gefährden.

Nicht nur in dieser Hinsicht konnte man Schlimmes ahnen: Die Antriebslehre spricht zum zweiten von einem so genannten „intentionalen" Antrieb, dem Trieb, sich mit Interesse der Welt zuzuwenden. Er entfaltet sich, so meinten Schultz-Hencke, Schwidder und Dührssen, ebenfalls bereits im Säuglingsalter. Auch er ist der Antriebslehre nach verstörbar, hemmbar, und zwar vor allem dadurch, dass – ich zitiere – „dem Kind die warme, volle und reichhaltige Zuwendung zur umgebenden Welt abgeschnitten wird und dass die positive Gestimmtheit, die das Lebensgefühl eines kleinen Kindes ausmachen sollte, in ihr Gegenteil verkehrt wird".

Diese negative Gestimmtheit, so stellten die Forscher fest, wird besonders dann zum Charakterzug Interesselosigkeit, Kontakt- und Liebesunfähigkeit, wenn die Betreuung durch die Bezugspersonen des ersten Lebensjahres unzureichend blieb, was sich an Heimkindern, hospitalisierten und vernachlässigten Kindern hinreichend studieren und verifizieren lässt.

Können Sie mein Entsetzen nachfühlen, das mich packte, als ich in der Praxis greifbar sah, dass auch diese Charakterprägung selbst unter den Familienkindern in den 60er Jahren sprungartig anzusteigen begann, meist gekoppelt mit den erstgenannten oralen Schäden? Man konnte bei unveränderter Lebensweise und ohne Therapie voraussagen, dass im Jugendalter in vielen dieser Kinder die schwerste seelische Erkrankung, die neurotische Verwahrlosung mit ihrer Symptom-Trias Passivität, Bindungslosigkeit und Ordnungsfeindlichkeit manifest werden musste und dass eine große Zahl junger Menschen schwer beeinträchtigt sein würde.

Man konte auch im Einzelfall an den Vorgeschichten ablesen, woran das lag: Immer mehr Eltern „organisierten" harmlos und unwissend das Leben ihrer Säuglinge und Kleinkinder. Sie gaben sie einmal hierhin und einmal dorthin zur Betreuung, weil sie das erstmalig in der Geschichte der Menschheit tun konnten, ohne das Leben ihrer Babys zu gefährden, weil der Trend zur Berufstätigkeit der Familienmutter auch von kleinen Kindern, weil die Diffamierung der Nurhausfrau das Hinundhergeschobenwerden der Kleinkinder zusätzlich begünstigte.

A. D. Gab es in diesen Jahren damals nicht das Babyjahr und den Erziehungsurlaub, den die jungen Eltern heute genießen?

C. M. Nein, davon konnte noch lange keine Rede sein. Der Wunsch, durch Mitberufstätigkeit der jungen Mütter rasch zu genug Wohnraum und zu Wohlstand zu kommen, war ein mächtiger Antrieb für die jungen Eheleute. Außerdem wurde ihnen in den Kliniken die Kunstnahrung als das Bessere für ihre Säuglinge angepriesen. Daran glaubten damals sogar eine lange Zeit die Kinderärzte.

A. D. Aber ist das heute nicht alles schon sehr anders, auch in Bezug auf das Stillen?

C. M. Glücklicherweise sind wir im Hinblick auf die Einstellung zur Muttermilch in der pädiatrischen Allgemeinheit einen großen Schritt vorangekommen, weil man statistisch nachweisen konnte, wie viel besser gestillte Kinder gedeihen, so dass sie sogar zunächst vor den so sehr zunehmenden Allergien besser geschützt sind.

A. D. Inwiefern meinen Sie dann, dass Ihre Erkenntnisse von damals für die heutigen Umgangsweisen mit Kleinkindern immer noch so wichtig sind?

C. M. Erstens, weil zwar mehr Kinder (aber noch lange nicht alle) gestillt, vor allem nicht lange genug voll gestillt werden, und zweitens, weil die Maßnahmen des Staates nicht ausreichen, um zu erreichen, dass die Mehrzahl der jungen Mütter in den ersten Lebensjahren ihrer Kinder zu Hause bleiben beziehungsweise zu Hause bleiben können. Es müsste ein Müttergehalt und eine Mütterrente geben, damit diese Gefahren für die Zukunft wirklich durchgängig gemindert werden könnten.

A. D. Warum waren Erkenntnisse dieser Art in den 60er Jahren eigentlich so unpopulär?

C. M. Es ist sehr schwer, sich vorzustellen, dass Umgangsweisen mit Säuglingen und Kleinkindern ein solches Gewicht für die Charakterentwicklung, für seelische Gesundheit oder seelische Krankheit im Erwachsenenalter darstellen können. Das ist einfach nicht eingängig, und es passte auch nicht in den Trend. Er wurde – besonders nachdem die Antibabypille auf den Markt gekommen war – immer familienfeindlicher. Er redete der „Selbstverwirklichung der Frau" das Wort. Und in dieser Hinsicht haben wir selbst heute noch keine Trendwende, obgleich meine Befürchtungen eingetreten sind und die amerikanische Hirnforschung die enorme Bedeutsamkeit der frühen Kindheit bestätigt und absichert.

Ich begann, um aufzuklären und der Entstehung von seelischen Krankheiten vorzubeugen, deshalb im regionalen Bereich Vorträge in der Volkshochschule und Kurse bei der Ausbildung von Krankenschwestern zu halten. Darüber hinaus versuchte ich, der Antriebslehre zu mehr wissenschaftlicher Absicherung zu verhelfen. Die damals hoch im Kurs stehende Tierverhaltensforschung schien mir dazu eine Einstiegsmöglichkeit zu bieten. Mein Bruder war Biologe am Max-Planck-Institut für Verhaltensphysiologie geworden, und so war mir – vor allem durch meine Besuche in dem Institut in Wilhelmshaven, später in Seewiesen, unter der Leitung von Prof. Erich von Holst – der Gedanke gekommen, dass sich unsere so charakterprägenden frühkindlichen Hemmungen biologisch fassen lassen müssten, dass die Biologie dazu beitragen könnte, über die Kasuistik hinaus zu einer Beschreibung von Gesetzmäßigkeiten zu kommen, die in unserer wissenschaftsgläubigen Zeit mehr Durchschlagskraft zu entwickeln vermöchten.

Zoobesuche ließen mir die oft geradezu grotesk ähnlichen Verhaltensstörungen von gefangenen Tieren und unseren Kindern sichtbar werden, und dann brachte mir das Studieren der Arbeiten von Konrad Lorenz aus den 40er Jahren und das der Instinktlehre von Prof. Niko Tinbergen die entscheidende Einsicht: Der orale und der intentionale Antrieb der Schultz-Hencke-Schule im Säuglingsalter des Menschen entsprechen noch weitgehend dem Nahrungs- und dem Bindungstrieb verschiedener höherer Tierarten! Hier gelten noch Naturgesetze. Die Gesetze der Behinderung gleichen denen gestörter Instinkthandlungen bei Tieren, und ihre Folgen lassen sich experimentell an Tieren nachweisen. So ist sowohl bei Säugetieren wie bei Menschenkindern das orale Antriebsgeschehen dadurch störbar, dass das Antriebsziel – die Entspannung durch Ersaugen, durch Erarbeiten der Nahrung – nicht erreicht wird. Die Antriebsbefriedigung ist, wie die Verhaltensforscher sagen, an die „triebverzehrende Endhandlung" geknüpft.

Behinderungen solcher Handlungen führen bei Tieren und Kindern zu einer Reihe typischer Verhaltensweisen. Denn da sich der Antriebsdruck mit anhaltender Behinderung erhöht, kommt es zu einer Reizschwellenerniedrigung und damit zur Antriebsentladung:

1. entweder am Ersatzobjekt oder
2. am eigenen Körper oder
3. in einer Handlung, die einem anderen Funktions-
   kreis entstammt, oder
4. im Leerlauf.

Bei oft wiederholten und lang überdehnten Behinderungen pflegt die Reizschwelle sich wieder zu erhöhen und einer allgemeinen Inaktivität und Apathie Platz zu machen. Schon bei Säuglingen finden Triebentladungen am inadäquaten Objekt umso leichter statt, je niedriger die Reizschwelle ist. Ein oft hungriger oder ohne Sauganstrengung gefütterter Säugling findet leichter den Daumen, den Bettzipfel, den Schnuller. Er ist genötigt, suchtartige orale Ersatzbefriedigung zu vollziehen. Auch bei Tieren steigern sich Lutschtätigkeit, Lecken und andere Ersatzbefriedigungen, wenn keine genügende Möglichkeit zur Saugtätigkeit vorhanden ist.

Es findet eine Antriebsbehinderung statt – so erkannte ich –, wenn Säuglinge konstant mit Hilfe eines weiten Flaschensaugers ohne jede Sauganstrengung trinken müssen, wie es damals üblich war. Bereits auf diese Weise, zusätzlich durch viele weitere Verwöhnungen durch die gesamte Kindheit hindurch (heute sind das vor allem die technischen Apparaturen, vom TV bis zum Walkmann), handeln wir uns neurotische, das heißt antriebsarme, unglücklich-gespannte, unzufriedene Menschenmassen ein, mit denen der Umgang eine Last statt eine Freude ist. Denn die in den ersten Jahren erworbenen Grundstimmungen und eingebahnten Grundhaltungen bleiben bestimmend für die gesamte spätere Charakterentwicklung!

Aha-Erlebnisse dieser Art hatte ich in großer Fülle, als ich die Triebbehinderungen und ihre Folgen von der Instinktlehre her zu studieren begann. So wurde mir anhand der von Konrad Lorenz entdeckten Prägungsphänomene an Entenvögeln deutlich, dass es nicht allein die Verhinderung des „Intendierens", wie Dührssen noch meint, ausmacht, dass Menschen eine so fundamentale Neurose bekommen, wenn man ihnen eine konstante, warme, liebevolle Pflegeperson vorenthält. Es liegt vielmehr daran, dass der

Antrieb, mit Hilfe des Anschauens und Anlächelns die zugehörige, gewissermaßen die verantwortliche Pflegeperson kennen zu lernen, sein Klassenziel nicht erreicht, und zwar vor allem deshalb, weil die eine Person durch die vielen ersetzt wird. Wie sehr hier eine endogene Kontaktbereitschaft vorliegt, dass das frontal auf das Kind niederblickende Gesicht als ein AAM (Angeborener Auslösungsmechanismus) wirkt, hatte bereits René Spitz bei seinen Attrappenversuchen mit Säuglingen erkannt.

Ich konnte daraufhin mit Hilfe der sehr ähnlichen Verhaltensstörungen von mutterlosen Affen und mutterarmen Kindern aufzeigen, dass auch der Mensch eine Prägungsphase für Mutterbindung hat – sie liegt im so genannte „Schaualter" zwischen dem dritten und sechsten Lebensmonat – und dass charakterprägende Frustrationen zur Auswirkung kommen, wenn das Menschenkind in dieser Phase das der Art Mensch vorgeschriebene Antriebsziel „Bezugsperson kennen lernen und sich an sie binden", nicht erreichen kann. Nicht nur mutterlose, in totaler Isolation aufgezogene Gänse, auch die Menschenkinder sind taktlos, unsozial und pseudodebil, wenn sie in die menschliche Sozietät, wie die Gänse auf den Ess-See in Seewiesen, entlassen werden, und zwar höchst ähnlich kaum reversibel wie bei den Tieren!

Selbst das so sperrige Ödipusphänomen schien sich mit Hilfe einer Orientierung an Lorenz' Vorphase zur sexuellen Objektprägung als biologisch sinnvoll zu enthüllen, und die seit Freud bekannte Tatsache, dass Perversionen und Sexualstörungen sich in der Kindheit vorbahnen, ließ sich aufgrund der Gesetze der Antriebsbehinderungen klarer einordnen. Wie brennend notwendig wäre es für die seelische Gesundheit der zukünftigen Generation, aus diesen Erkenntnissen zu lernen und, statt die Kinder in Sex einzuüben, seelische Stabilität anzustreben und damit zu bewirken, dass nicht so viele junge Männer homosexuell oder sexualsüchtig werden.

Ich konnte aufgrund dieser Erfahrung in der Praxis und aufgrund der biologischen Zusätze also die Neurotisierung unserer Bevölkerung, vor allem aber die neurotische Depression und die Verwahrlosung als Volksseuchen voraussagen. Aber keiner bemerkte das herannahende Unglück. Ich kam mir vor wie die lahme Alte, die, während das Dorf tanzt, Wetterwand und Sturmflut heraufkommen sieht, und der nichts übrig bleibt, als das eigene Haus anzuzünden, um die Menschen doch noch im letzten Augenblick aufmerksam zu machen. Ich begann also zu schreiben und stellte meine Lehre in einem Buch unter dem Titel „Verhaltensstörungen bei Kindern" dar. Darüber hinaus schrieb ich Zeitungsaufsätze, um vor der generellen Fehlentwicklung zu warnen, obgleich das für die Tiefenpsychologen damals ein Tabu war. Ein anständiger Nachfreudianer begibt sich nicht auf diese Ebene. Gruppenangehörige, die die Spielregeln missachten, werden automatisch zu Außenseitern – das ist ungeschriebenes, aber ehernes Gesetz bei Menschen und Tieren.

Ich ging also in die Öffentlichkeit und sagte den Ärzten, dass sie die Mütter anders beraten müssten, und zwar bereits im Wochenbett, dass Mutter und Säugling auch dort schon zusammengehörten. Sie schüttelten die Köpfe; sie, die Klugen, hatten dergleichen auf den Universitäten nicht gelernt. Und warum sollte man die Wöchnerinnenstationen, die sich durch die Einführung der Flaschennahrung so viel einfacher gestalteten, nun einer unsicheren Theorie wegen umändern?

Ich ging zu den Lehrern, denen ich prophezeite, dass sich aufgrund dieser Gegebenheiten ein enormes Absinken der Leistungsfähigkeit der Kinder zeigen würde. Ganze Säle voller Pädagogen haben mich wegen dieser Prognose schallend ausgelacht. Heute lacht keiner mehr. Die Schul-Schwächlinge sind Legion.

Ich bin zu den Politikern gegangen, bis nach Bonn zu einem so genannte „Hearing", und habe gesagt, dass unser liberales Staatswesen, das uns so wert, so teuer ist, in Frage gestellt werden würde, wenn wir eine Generation von labilen, kriminellen, süchtigen Verwahrlosten herangezogen haben würden. Ich stellte die Prognose, dass besonders die Diebstahlskriminalität durch diese kollektive Erkrankung der jungen Generation (frustrierte und verwöhnte Kinder werden nämlich habgierig) unbeherrschbar werden würde. Sie wollten es bedenken – und dabei blieb es.

A. D. Konnten Ihnen die Zusammenarbeit mit den namhaften Biologen, von denen Sie sprachen, nicht helfen?

C. M. Konrad Lorenz vor allem war enorm aufgeschlossen für meine Mensch-Tier-Vergleiche. Er lud mich zu mehreren Kolloquien als Referentin ein, auf denen ich dann den Wissenschaftlern des Max-Planck-Instituts Seewiesen die Antriebslehre und die Schlussfolgerungen daraus vortrug, er lud mich in sein Haus und schließlich dann sogar zu einer gemeinsamen Vortragsreise in die USA ein, wo er es „den Behavioristen noch einmal so richtig zeigen wollte". Aber die Reise zerschlug sich, und die Behavioristen waren ohnehin in einem mächtigen Siegeszug begriffen, der die Tierverhaltensforschung bis heute weit ins Hintertreffen geraten ließ. Die Wahrheit und damit die seelische Gesundheit einer ganzen Generation wurde damit bis heute in Frage gestellt.

Konrad Lorenz sagte damals angesichts meiner ihm vorgetragenen Sorge: „Psychologische Erfahrung wird im Zeitalter des Positivismus nie als Wissenschaft eingestuft werden, weil sie von viel zu vielen Variablen umgeben ist. Die einzige Möglichkeit, der Theorie zur Anerkennung zu verhelfen, besteht darin, jetzt Prognosen für das Ende des Jahrhunderts zu stellen. Vielleicht sind Sie dann noch am Leben und können durchsetzen, dass endlich daraus die notwendigen pädagogischen Schlüsse gezogen werden."

Konrad Lorenz starb 1989 hochbetagt und wegen der vielen Anfeindungen seiner Lehre vergrämt in seinem Heimatland Österreich. Die Hochburg der Tierverhaltensforschung, das Max-Planck-Institut Seewiesen, sank mit ihm dahin und wurde 1998 sogar ganz geschlossen.

Aber es war auch keineswegs Konrad Lorenz allein, mit dem ich damals Kontakt bekam. Nicht nur er allein fürchtete den neuen Machbarkeitswahn. Auf einer Tagung von Studienstiftlern, das heißt von Elitestudenten, deren Studium durch eine Stiftung bezahlt wurde, war der Ordinarius für Physiologie an der Universität Heidelberg, Prof. Hans Schaefer, anwesend. Nachdem ich meinen Vortrag über die Verhaltensstörungen bei Kindern und Tieren beendet und auf die gesellschaftlichen Folgen der neuen Pflegeveränderungen hingewiesen hatte, lud er mich zu wissenschaftlichen Gremien mit Wissenschaftlern der verschiedensten Fachrichtungen ein, die eines verband: Sie hatten jeweils als Angehörige ihres Faches wie ich begonnen, zu Ende zu denken.

Da gab es die Darmstädter Gespräche, da gab es den Verein Verantwortung für die Wissenschaft, dem sogar einige Nobelpreisträger angehörten, und da gab es die Paulusgesellschaft. Hier entwickelte sich in den 60er Jahren (besonders in den beiden letzten, ausschließlich unter dem Vorsitz von Hans Schaefer) ein sehr ernsthaft geführter Gedankenaustausch. In der Paulusgesellschaft wurde auf hohem wissenschaftlichem Niveau der Versuch einer Integration von christlichem und marxistischem Gedankengut mit dem Ziel einer globalen humanitären Gesellschaft versucht, die die voranstürmende Naturwissenschaft in gemeinsame Überlebensstrategien einzubinden hoffte. Ihr Grundtenor war von einer wohlmeinenden Liberalität gekennzeichnet, die in hermeneutischer Manier alle Strömungen zu verstehen und miteinander zu vereinen suchte.

Das blieb bei aller Intensität der Bemühungen letztlich eine großväterliche Utopie, die trotz bewundernswert durchgezogener Dialogbereitschaft die Unvereinbarkeit von Atheismus und Christentum unterschätzte. Sie wurde deshalb 1969 von einer mitten in den Kongress einbrechenden Studentengruppe, die zur vorzeitigen Beendigung der Tagung zwang, nicht von der nur erdachten Zukunft, sondern von der agierenden Gegenwart geradezu vom Tisch gefegt.

Immerhin bin ich durch meine Teilnahme und meinen Vortrag dort bereits in den 60er Jahren mit vielen tief verantwortlichen Wissenschaftlern in Kontakt getreten: Mit dem Paderborner Literaturwissenschaftler Prof. Friedrich Kienecker, mit dem Psychosomatiker Prof. Arthur Jores, mit dem Juristen Prof. Erich Fechner, mit dem Chemiker Prof. Hans Sachsse, mit dem so einsatzfreudigen Unternehmer Max Himmeheber, mit dem eine Bildungskatastrophe voraussagenden Pädagogen Georg Picht, vor allem aber mit dem Zoologen Prof. Joachim Illies. Im Gegensatz zum Timbre der Paulusgesellschaft blieben seine Schlussfolgerungen aus den Neuerungen der Naturwissenschaften nicht im Unverbindlichen stehen. Er erkannte (und bekannte sich dazu!), dass ein Maßstab unaufgebbar sei: als Messlatte für die Anwendung der technischen Neuerungen die Schöpfungsordnung aus biblischer Sicht heranzuziehen. Die Vorgaben des Schöpfers zu Normen zu erheben, die nicht missachtet werden dürfen, war bereits sein Credo, als ich ihn kennen lernte. Er hatte das – neben vielen wissenschaftlichen Arbeiten – 1969 schon in einem Buch unter dem Titel „Wissenschaft als Heilserwartung" dokumentiert.

Dieses Buch schließt mit einigen noch heute gültigen, ja uns geradezu bedrängenden Passagen, die nun wirklich in spätester Stunde ins Mark treffen sollten: Er resümiert dort:

„Wo das ‚Experiment Menschheit' zur Selbstabschaffung des Menschen wird, führt sich diese Wissenschaft wahrhaftig ad absurdum und nimmt in ihrer Maßlosigkeit die Züge des Irrsinns an. In solcher Einsicht mag der echte Wert solcher Utopien liegen: An dem Bild, wie unsere Zukunft sein könnte, wird deutlich, wie sie nicht sein darf.

Wer die Menschheit durch Manipulation des Erbgefüges an die Zukunft anpassen will, hat weder das Wesen des Menschen noch das der Zukunft begriffen. Nicht dass der Mensch zukunftsfähig werde, kann Aufgabe unseres Handels sein, sondern allein, dass die Zukunft menschenwürdig werde! Dazu aber ist offensichtlich notwendig, dass der übertriebene Biologismus unserer Zeit überwunden wird, der in fehlgeleiteter Heilserwartung allein von den Errungenschaften der zukünftigen Wissenschaft alle Hilfe für das Schicksal erhofft.

Auf das Jahrhundert der Biologie wird daher – wenn überhaupt die menschliche Spezies die Pubertätskrisen ihrer Mündigwerdung heil übersteht – notwendig ein Jahrhundert der Religion folgen. Die einzelnen Konfessionen werden in diesem Wandlungsprozess zur pluralistischen, mündigen menschlichen Gesellschaft als Mittel und Wege gelten, das Ziel aber wird das stille Credo jedes Einzelnen sein, der seine Nation und Rasse wie seine Konfession und Moral mit einbringt in eine Gemeinschaft, die ihre Bestimmung und ihren Wert von jenseits ihrer Grenzen erhofft."

Diese Zielrichtung wurde zur Basis einer 14-jährigen Arbeitsgemeinschaft und einer tiefen Freundschaft, nicht nur mit dem Oberhaupt der Familie allein, sondern mit allen „Illiessen", mit der so lebendig interessierten Familienmutter ebenso wie mit Tochter Angela und den drei – mittlerweile längst erwachsenen – Prachtsöhnen. Sie währt bis zum heutigen Tag – in besonders festem Zusammenhalt, nachdem Joachim Illies 1982, erst 57-jährig, an einem Herzinfarkt plötzlich verstorben war.

A. D. Und inwiefern hatten Sie in Ihren eigenen Arbeiten zu einem religiösen Schlusspunkt gefunden?

C. M. Wie ich schon ausführte: Die verkünstlichte Pflege der Säuglinge, die „Entmutterung" der jungen Mütter war doch eigentlich nur eine Facette der leichtfertigen Grenzüberschreitung einer natürlichen Vorgabe: der notwendigen, nahen Bindung zwischen Mutter und Kleinkind. Auch die Leichtfertigkeit, mit der ihre Notwendigkeit jetzt in Frage gestellt wurde, war eine typische und zwar besonders schwerwiegende Sünde gegen ein hoch wirksames Gefüge, ohne das es keine Menschlichkeit, keine Liebeskultur im Erwachsenenalter geben kann.

Institutionen, Apparaturen, Organisationen sind, auch wenn sie noch so fabelhaft funktionieren, für die Pflege und Entwicklung des Menschen eben nicht ausreichend. Der Mensch braucht mehr, er muss sich – ganz gewiss an seinem Lebensanfang – an die unumstößlichen Naturordnungen halten, die ihn geheimnisvollerweise über die konstante Nähe zu einem Du zu einem seelisch gesunden Menschen werden lassen, ihn also durch die Erfüllung eines allgemeinen Gesetzes zu seiner individuellen, zu seiner optimalen und seiner spezifisch menschlichen Bestimmung kommen lassen. Und diese Bestimmung des Menschen hat etwas mit der Beziehung zwischen Gott und Mensch zu tun. Sie wird erst durch die Einhaltung der natürlichen Vorgabe vorbereitet.

A. D. Bekamen Prof. Illies und Sie durch diesen Ansatz nicht Probleme mit dem inzwischen areligiös gewordenen Zeitgeist?

C. M. Oh, gewiss doch! Jedenfalls bei den positivistischen Naturwissenschaftlern und den liberalistischen Theologen. Aber das hat uns in den folgenden Jahren nicht geschert. Wir waren beide – jeder in seinem Fachbereich – durchdrungen von der Wichtigkeit unserer Message, und so hielten wir unbeirrt dem Mainstream stand. Vor allem zeigte sich schließlich, dass sich mit mehr Vergleichen des Verhaltens von Kindern und höheren Säugetieren ein breites Feld neuer Erkenntnisse für uns beide eröffnete. Wir bekamen nun auch Zugang zu einem Rundfunksender, dem Süddeutschen Rundfunk, wo uns der Redakteur Johannes Schlemmer immer neu zu Dialogen holte, auf die wir uns sorgsam vorbereiteten und eine Hörerschaft gewannen, wie wir sie uns nie hätten träumen lassen können. Der Rundfunk hatte damals ja noch ein viel größeres Forum, er war in den 60er Jahren eben vor dem Fernseher noch das hauptsächliche Informationsinstrument unter den elektronischen Medien.

Unsere Dialoge über die Aggression bei Mensch und Tier, über Formen des Liebens und über die Kulturbiologie des Menschen öffneten uns sehr rasch weitere Tore und führten dazu, dass wir häufiger gemeinsam zu Vorträgen gebeten wurden, als uns das bei all unserer Berufspraxis vor Ort lieb sein konnte. Prof. Illies war nämlich Limnologe an einer Außenstation des Max-Planck-Instituts Plön im hessischen Schlitz und zählte dort, wie er zu sagen pflegte, „Fliegenbeine" aus einem mitten durch sein Institut geleiteten Wiesenbach, während ich mittlerweile mit reichlich Praxisarbeit gesegnet war.

A. D. Aber den Kirchen blieb die offenbar werdende Einbeziehung des christlichen Glaubens in Ihre Öffentlichkeitsarbeit doch wohl nicht verborgen!

C. M. Nein, nicht allzu lange, obgleich das von unserer Warte her nicht selbstverständlich war. Die evangelisch-lutherische Kirche, der wir beide angehörten, hatte mit dem Siegeszug der Naturwissenschaften und der zunehmenden Wissenschaftsgläubigkeit in den 60er Jahren sehr an geistlicher Kraft verloren. In der Theologie war nach den Lehren der Theologen Bultmann und Käsemann ein so genannter „Entmythologisierungsprozess" im Gange, eine Lehre, die selbst das Credo nicht mehr wörtlich verstehen wollte und den Gottmenschen Jesus Christus zu einem Sozialrevolutionär degradierte. Aber wer von den jungen Pfarrern diesen entmythologisierten Restglauben von der Kanzel verkündete, predigte seine Kirche bald leer. Der Kirchenbesuch wurde selbst für viele Gläubige dadurch nicht mehr das, was sie suchten.

Für die evangelische Kirche wurde es zu einem nachhaltigen Problem, dass sie – gefördert vor allem durch den Liberalismus und den Rationalismus des 19. Jahrhunderts – immer weniger Verbindlichkeiten aufwies und es mehr oder weniger jedem Kirchenmitglied überließ, auf seine Weise selig zu werden. Dieses Versäumnis klarer Abgrenzung hatte bereits zwischen 1933 und 1945 ein viel zu weit gehendes Mitlaufen mit Hitlers Ideologie bewirkt. Dem Erstarken eines weitgehend von den Naturwissenschaften geprägten Weltbildes mit einer Evolutionslehre, die die Genesis als veraltet erscheinen ließ, setzte die evangelische Theologie in den 60er Jahren kein Gegenkonzept zu entgegen. Umso freudiger nahm man deshalb in den Gremien der evangelischen Kirche die Stimme eines einzelnen Max-Planck-Professors auf, der verkündete, dass der Weisheit letzter Schluss aller Naturwissenschaft ein göttliches Geheimnis sei. Und umso freudiger begrüßte man damals noch in der evangelischen Kirche, dass es unter den vielen Psychologen, besonders unter den hoch im Kurs stehenden Psychoanalytikern eine gab, die dem Tenor ihrer atheistischen Zunftgenossen widersprach, dass laut Freud Religion eine an den Himmel gehängte Neurose sei.

Aus diesem Grund wurden wir – einzeln oder zu zweit – in den folgenden Jahren oft als Hauptredner auf die Großveranstaltungen der Kirche, auf Veranstaltungen mit Tausenden von Zuhörern eingeladen, predigten auf den Kanzeln bei Kirchenfesten und bekamen Großaufträge auf Kirchentagen. Am eindrücklichsten ist mir immer noch der Kirchentag 1969 in Stuttgart in Erinnerung, wo ich in einer mit 2000 meist jungen Menschen besetzten Halle nach Alexander Mitscherlich, Günter Grass und Hartmut von Hentig zu sprechen hatte. Bei diesen kam das Wort „Gott" überhaupt nicht vor, und auch ich wagte es erst, bei meinem Vortrag über „Aggression und Autorität" im letzten Drittel darauf einzugehen. Sofort setzte ein Pfeifkonzert ein, beruhigte sich aber wieder, als ich mit dem Hinweis auf die Gefährdung der Zukunft schloss.

Auch in den Akademien beider Konfessionen waren wir reichlich gefragt, wobei mir ein Debut im Buckhardthaus zu Berlin als ein besonderes Erlebnis in der Erinnerung haften geblieben ist. Ich hatte als Quintessenz meines Vortrags den Schluss gezogen: „Wir müssen neu lernen, dass der Mensch durch Menschenhand nicht total veränderbar, nicht machbar ist, sondern dass wir uns hellhörig danach auszurichten haben, was in unseren Möglichkeiten steht, ohne die Seele des Menschen nachhaltig zu beschädigen." – Ein Raunen ging durch den Saal nach diesen Schlussworten, und die Studienleiterin erklärte, dass man zuvor einen Vortrag gehört habe mit einem sehr konträren Schluss: „Wir können daraus lernen: Der Mensch ist total machbar!" – Ich möge doch mit diesem Herrn noch einen Dialog führen. Dem unterzogen mein Vorredner und ich uns unerschrocken. Und dieser tischte der lauschenden Runde unverblümt sein marxistisches Weltbild pur auf. Der Mensch, ein Produkt seiner Umwelt, sei zu formendes Wachs auf dem Weg zur vom Menschen selbst kreierten Gesellschaft, mit dem von Menschenhand zu gleicher Lebens- und Denkungsweise neu erschaffenen Menschen.

Beim Kaffeetrinken am Rednertisch fragte ich den damals noch recht jungen Mann nach seinem Werdegang. Er erzählte ohne Scheu, dass er vor kurzem erst aus Ostberlin in den Westen übergesiedelt sei. Er sei dort zum Diplompädagogen ausgebildet worden. Ich fragte ihn nicht, wie er diesen Weg durch die Mauer geschafft habe … Er hieß Helmut Kentler und erhielt wenige Jahre später einen Lehrstuhl an der Universität Hannover. Es war derselbe, der 1972 mit seinem Buch „Sexualpädagogik" ein Programm der neuen Linken veröffentlichte, in dem zu lesen stand, dass die Sexualisierung der Kinder als ein politisches Instrument der Gesellschaftsveränderung gedacht sei.

Die Studentenrevolte

A. D. Hat sich in den 60er Jahren der Ausbruch der Studentenrevolte von 1969 nicht bereits abgezeichnet? Und war sie wirklich lediglich eine Reaktion auf das Streben nach Wohlstand in den goldenen 60er Jahren?

C. M. Nein, die Wohlstandsverwöhnung war allenfalls vordergründig verursachend. Dem gigantischen materiellen Aufbruch entsprach ein liberalistischer Geist. Er beherrschte das Lebensgefühl der Intellektuellen und wurde sogar vom Tenor in den Geisteswissenschaften sekundiert. Aus der Philosophie war die Metaphysik mehr und mehr ausgeklammert worden. Die Existenzphilosophie Martin Heideggers und Karl Jaspers war dominant. In der Literatur war an den Expressionismus der 20er Jahre angeknüpft worden: Gottfried Benn erlebte späten Ruhm. Die Romane und Theaterstücke von Jean-Paul Sartre und die Schriften seiner Lebensgefährtin Simone de Beauvoir waren hoch im Schwange und verstärkten einen sarkastisch-liberalistischen Realismus, hinter dem das Nichts aufgähnte. Mit ihrem Buch „Das andere Geschlecht" setzte Beauvoir das Fanal für den sich neu formierenden Feminismus.

Und last but not least hatte sich die so genannte Frankfurter Schule mit den Philosophen Theodor Adorno, Jürgen Habermas, Max Horkheimer und Herbert Marcuse konstituiert. Dieser stand auf dem Boden der Psychoanalyse und versuchte, sie mit marxistischem Gedankengut philosophisch zu untermauern. Gesellschaftskritik war hier angesagt. Diese so genannte „kritische Theorie" der Frankfurter Philosophen war aber eher ein Trojanisches Pferd zur Politisierung der Pädagogik im Sinne eines Neomarxismus.

Der düsteren Welt der Existentialisten und den aggressiv-unzufriedenen Anregern zur Gesellschaftsveränderung stand das optimistische Daseinsgefühl der Macher und Verbraucher gegenüber, mit dem Bestreben, sich in dieser Welt möglichst viel materiellen Gewinn zu erarbeiten und das persönliche Leben nach der eigenen Maßgabe einzurichten. Um das unter einen Hut zu bekommen, fehlte ein sensibilisiertes, hellwach gewordenes Verantwortungsbewusstsein, besonders in der Politik. Das hatte ich auf meinem speziellen Gebiet bereits erfahren und als langfristig außerordentlich unbekömmlich eingeschätzt.

A. D. Über den großen Umbruch in Deutschland durch die Studentenrevolte habe ich einiges gelesen. Angeblich richteten sich die Proteste gegen den Vietnamkrieg und gegen die USA als „Hort des Kapitalismus" mit seinem – wie es hieß – „Konsumterror". Wie haben Sie diesen Aufstand gegen das bestehende System erlebt?

C. M. Die Unruhen begannen 1967. Im April dieses Jahres gab es aus Anlass des Besuches des US-amerikanischen Vizepräsidenten Robert H. Humphrey in Berlin eine erste Großdemonstration. Der Besuch des Schahs von Persien löste eine zweite Straßenschlacht in Berlin aus. Diese von der Presse mit wohlwollender Sensationslust beachteten Ereignisse schreckten uns auf und veranlassten mich, mich intensiver mit den Ursprüngen dieser Neuen Linken zu beschäftigen. Dabei ergab sich: Die so genannte Neue Linke hatte sich bisher wenig beachtet schon vor Beginn der 60er Jahre ausgebildet. In England hatte sie durch den Soziologen Wright Mills den Namen bekommen, obgleich sie wie alle linken Bewegungen seit der Französischen Revolution ein immer gleiches Programm bot.

Leszek Kolakowski formulierte das 1967 so: „Sie ist gekennzeichnet durch eine Bewegung des Negativen gegenüber der vorgefundenen Welt, eine Bewegung, die die gegenwärtige gesellschaftliche Wirklichkeit angreift und nach radikaler Veränderung strebt."

Die Bewegung ging mit einer eher sanften Protestbewegung in den USA konform, die vor allem die antiautoritäre Welle im Erziehungswesen der USA auslöste. Obgleich die Neue Linke in

Europa – davon inspiriert – geradezu eine Antipädagogik in Gang setzte, nutzte sie in Frankreich und Deutschland den Vietnamkrieg, um einen starken antiamerikanischen Trend zu installieren. Ganz anders als in den Ländern der Alliierten wurde die Neue Linke in der Bundesrepublik zu einer revoltierenden Protestbewegung mit einer immer gewaltsamer werdenden Attitude.

1968/69 eskalierten die Unruhen zum Terror. Von Studenten, die damals im Sozialistischen Deutschen Studentenbund (SDS) zusammengeschlossen waren, war eine neue Verbindung ins Leben gerufen worden, die so genannte APO: Außerparlamentarische Opposition. In den meisten Universitäten der Bundesrepublik begann diese Gruppierung nun, Vorlesungen durch so genannte Sit-Ins zu blockieren und die Professoren zu attackieren. In Hamburg wurde der Ablauf eines Festaktes im Auditorium Maximum verhindert, indem ein Plakat entrollt wurde. „Unter den Talaren – Muff von tausend Jahren!" war dort zu lesen.

Der Terror, der jetzt an vielen Universitäten losbrach, entpuppte sich auch als ebenso inadäquat wie undifferenziert. Es handelte sich keineswegs darum, allein diejenigen Hochschullehrer in die Zwickmühle zu nehmen, die sich als unangenehme Prüfer oder als hochmütige Lehrstuhlinhaber erwiesen. Ich erlebte zum Beispiel, dass mein von mir hoch geschätzter Lehrer, der Psychologieprofessor Hans Wenke, der ein immer dialogbereiter, ein immer verständnisvoller Studentenvater gewesen war, so lange gequält und tätlich angegriffen wurde, bis er zusammenbrach und plötzlich starb. Andere Professoren, die ebenfalls keinerlei Parteilichkeit gezeigt hatten, wurden in die Emigration getrieben, so zum Beispiel der Kieler Physiologe Prof. Hans Meves, ein Vetter meines Mannes. Er gab seinen Lehrstuhl auf und ging an ein Forschungsinstitut in England.

Als Symbolfigur dieser Unruhen an den Universitäten bildete sich Rudi Dutschke heraus, der mit demagogischem Rednertalent zur Auflehnung gegen das bestehende System und zur Gesellschaftsveränderung aufrief. Der böse Krieg des US-Imperialismus im Vietnam war zunächst zwar lange das Hauptthema, gleichzeitig wurde aber ausdrücklich die „Gewalt gegen Sachen" als ein „legitimes Mittel" der Revolution zur Gesellschaftsveränderung eingesetzt und in den zunehmenden Krawallen und Straßenschlachten, besonders in Westberlin als Kampfmittel gegen die Polizei verwendet. Autos gingen in Flammen auf, Steine wurden geworfen, Eier und Tomaten flogen den Professoren um die Ohren.

A. D. Erschien Ihnen dieser Antiamerikanismus als Begründung einer solchen mächtigen linken Bewegung denn als ein ausreichendes Motiv? Ließ sich die Revolte allein damit erklären?

C. M. Das ist eine sehr berechtigte Frage. Das Gedankengut der APO war ja Marxismus von reinstem Wasser. Die eher konservative Bundesrepublik mit der großen Koalition von CDU und SPD seit 1966 sollte zugunsten einer der DDR angeglichen sozialistischen Gesellschaft verändert werden. Deshalb sollte zunächst das hierarchische Herrschaftsgefälle – besonders an den Universitäten, aber nicht nur dort – zugunsten einer „Mitbestimmung aller" abgeschafft werden.

A. D. Das war im Grunde doch wohl merkwürdig unlogisch! Der Mauerbau hatte doch gezeigt, wie wenig die sozialistischen Ideale im großen Imperium der Sowjets zur Freiheit geführt hatten. Außerdem war 1968 doch sogar auch das Jahr, in dem die Sowjetunion durch einen Einmarsch in die Tschecheslowakei den so genannten „Prager Frühling", das heißt die sich anbahnende Befreiung vom kommunistischen Joch, mit Panzergewalt beendete …

C. M. Richtig. Ich glaube deshalb, dass die linke Revolte ganz gezielt über die STASI gesteuert wurde. Schließlich hat die Gauck-Behörde jetzt bereits aufzeigen können, wie viele Kader in die Bundesrepublik eingeschleust worden sind – ehemalige Angehörige des Staatssicherheitsministeriums haben über ihr Lügennetz geplaudert. Der wahrheitsliebende Redakteur der linken Revolutionspostille „Konkret", Klaus Rainer Röhl, Ehemann der Terroristin Ulrike Meinhof, hat geschrieben, wie seine Zeitung über den kommunistischen Bund von der DDR mit Geldern subventioniert wurde.

A. D. Ist es nicht dennoch verwunderlich, dass aus diesem (eigentlich gerade wieder gutbürgerlich werdenden) Klima eine so

130

vielzählige Unzufriedenheit der damaligen jungen Generation entstehen konnte?

C. M. Nein, das ist psychologisch gesehen nicht erstaunlich. Psychologisch war für mich die Studentenrevolte ein erster Beweis für die Richtigkeit meiner Theorie und für die Passung äußerer und innerer Faktoren bei der Entstehung von solchen Aufständen: Bedenken Sie doch, die jungen Menschen, die hier randalierten – das war die Generation der Kriegskinder! Es war die Generation der meist vaterlos Aufgewachsenen, es war die, deren Mütter sich oft in bitterer Not mit den kleinen Kindern durch die Nachkriegsjahre hatten durchschlagen müssen. Es waren die, deren psychisches Defizit viel zu tief in ihre kindlichen Hirne eingebrannt war, als dass sie sich hätten am erblühten Wohlstand freuen können. Es war auf jeden Fall eine Generation, die faktisch viel zu kurz gekommen war. Selbst die natürlichen Bedingungen, die Obhut eines Nestes, war vielen von ihnen nicht vergönnt gewesen.

Diese Grundstimmung ist die Hauptursache für die Entstehung eines von Grund auf neidischen Charakters. Und Menschen, die von ihm geprägt sind, sind deshalb besonders anfällig für die Ideen des Karl Marx, für die Vorstellung, den Reichen ihren Reichtum wegzunehmen und ihn „gerecht" zu verteilen, wobei – wenn sie an der Macht sind – sich zeigt, was sie vor allem gemeint haben: nämlich den enteigneten Reichtum zu sich selbst hinzuverteilen. Daran scheitert diese Idee doch immer neu im realexistierenden Kommunismus, bei allem Ehrenwertsein dieser hehren Idee der Gerechtigkeit!

Wie sehr meine Theorie der neurotischen Verwahrlosung hier ihre erste kollektive Verwirklichung erlebte, das ließ sich auch am äußeren Habitus der Revoltierenden erkennen. Ich hatte zum Beispiel am Beginn des Jahres 1968 einen Vortrag in einem großen Gebäude mit zwei großen Sälen zu halten. Der eine war für Rudi Dutschke und seine Zuhörer, der andere für mich und die Meinen bereitgestellt. Das Gebäude hatte ein gemeinsames Eingangstor und wies die Heranströmenden entweder nach links (zu Dutschke) oder nach rechts (zu mir). Ich setzte mich in den Hintergrund der Halle und machte mir den Spaß zu mutmaßen, welche Gäste wohl welche Veranstaltung besuchen wollten. Sie ließen sich hundertprozentig einordnen, bevor ihre Entscheidung erkennbar wurde: Die mit den langen Haaren, die mit den unrasierten Gesichtern, mit der zotteligen Kleidung, den zerrissenen Jeans am Hosenrand – das waren die Dutschke-Anhänger. Die Kleidermode ist schließlich grundsätzlich Ausdruck einer Gestimmtheit, und so war der zur Mode gewordene Verwahrlosungslook der 60er Jahre auch keineswegs nur ein Kennzeichen von Mitläufertum allein, sondern von einer eigentlich depressiven, aber immerhin sich noch kraftvoll-aggressiv äußernden Unmuts- und Kontrahaltung.

A. D.   Sie beschreiben aber auch, dass diese Haltung keinen langen Atem hat.

C. M.   Ja, das war auch das Ende vom Lied bei dieser Veranstaltung. Dutschke kam gar nicht erst! Und die Menge trollte sich wieder.

A. D.   Sie vertraten in ihren Vorträgen bestimmt keinen linken Tenor … Kam es da nicht auch zu aggressiven Konfrontationen bei Ihren Veranstaltungen?

C. M.   Später ja, obgleich ich nun wirklich keine rechte Position vertrete, sondern eine psychologische Information verbreiten will. Aber das Wissen um die Kurzatmigkeit dieser Charakterstruktur kam mir zu Hilfe, wenn es mir an den Kragen gehen sollte. So erlebte ich einmal in Hannover, dass ich bei der Anfahrt zu meinem Vortrag – von einem langen Marsch von Demonstranten gehindert – Schritttempo zu fahren hatte, bis ich merkte, dass diese Demo geradewegs in das Gebäude einschwenkte, in dem ich reden sollte. Jetzt erst erkannte ich: Meines Vortrags wegen hatten sie sich zusammengerottet! Sie strömten in den Saal und besetzten ihn samt dem Podium. Ich schloss mich ihnen unerkannt an. Einer hielt eine längere Rede darüber, dass ich reaktionär sei. Doch es blieb bei einigen Buhrufen. Glücklicherweise passierte das Ganze eineinhalb Stunden vor Beginn meiner Veranstaltung, und so konnte ich den aufgeregt hinzueilenden Organisator beruhigen: Diese

Crew würde ihr Sit-in nicht allzu lange durchhalten. Und so geschah es dann auch: Immer mehr Pärchen bröckelten ab, einige holten sich Pommes und schliefen damit auf den Sitzen ein. Jedenfalls war aller Protest vorbei, als meine Zuhörer sich zu versammeln begannen.

A. D. Aber so kurzatmig ist die ganze Bewegung schließlich doch nicht gewesen! Wenn Sie allein bedenken, dass unsere heutigen maßgeblichen Regierungsmitglieder damals mit zu den Aufständischen gehörten, so haben sie doch einen bemerkenswert langen, nämlich einen 30-jährigen Atem bewiesen!

C. M. Ja, einzelne besonders Tatkräftige gewiss. Die marxistischen Elemente konnten aber vor allem durchhalten, weil diese Umverteilungsmentalität durch die weiterhin mehrheitlich unzureichende Pflege der Kinder – schon ganz und gar der Krippenkinder aus der ehemaligen DDR – immer neuen Nachschub unter den mittlerweile zu Erwachsenen gewordenen Wählern bekommen hat. Das hat die Rot-Grünen, dazu mit der PDS im Hintergrund, 1998 zu einer späten Erfüllung ihrer Wunschträume geführt; denn wenn ihr Ziel auch darin bestand, die Mächtigen zu entthronen, so ging es ihnen doch in der Tiefe ihrer Seele vornehmlich um die Inthronisation der eigenen Macht. Dass sie ihnen mehr bedeutet als die in ihren Parteiprogrammen fixierten Ziele, hat Joschka Fischer bewiesen: Konträr zu diesen setzte er angesichts seiner Rolle als Außenminister im Kosovokrieg seinen Machterhalt durch. Und auch Kanzler Schröder taumelt aus diesem Grund von Konzession zu Konzession und führt seine einst geschmetterten APO-Reden damit ad absurdum.

A. D. Letztlich hat der „lange Marsch durch die Institutionen", die die Wortführer 1968 ankündigten, also doch sein eigentliches Ziel erreicht.

C. M. Ja, obgleich damit ganz gewiss nicht die Vorstellung, dass der Mensch allein durch den Menschen machbar ist, den Sieg davongetragen hat; damit kann die alte APO auch als mittlerweile parlamentarische Regierung nicht siegen; denn das ist eine Lüge, die die Möglichkeiten des Menschen überschätzt. Er hat sich in vielerlei Hinsicht nach der Decke zu strecken; und das tun diese Altoppositionellen unter dem Druck und dem Zwang der Ereignisse mittlerweile schon ganz schön brav!

A. D. Trotzdem möchte ich insistieren: Woher kam – trotz aller charakterlichen Kurzatmigkeit – dann dennoch der lange Atem bei dem Marsch durch die Universitäten, durch die Schulen, durch die öffentlich-rechtlichen Rundfunkanstalten bis hin zu den Printmedien?

C. M. Da gab es viele Faktoren, die hier voranhalfen. Als Erstes gab es 1967 ein Todesopfer: Der Student Benno Ohnesorg starb in Berlin bei einer Massendemonstration durch eine Polizeikugel. Die Eskalation war perfekt. Ich war damals gerade in Berlin. Eine in Zahl und Ausrüstung unzureichende Polizei wurde von den tobenden Demonstranten geradezu schachmatt gesetzt. Danach überschlugen sich die Ereignisse: Zwei APO-Anhänger, Andreas Baader und Gudrun Ensslin, steckten mit selbst gebastelen Brandsätzen ein Kaufhaus an, um auf diese Weise den Konsumterror im Kapitalismus zu geißeln. (Sie bildeten später den harten Kern der RAF, Rote-Armee-Fraktion) – Terroristen, die den Programmpunkt „Gewalt gegen Sachen" zu „Gewalt gegen Symbolfiguren des Kapitalismus" ausgeweitet hatten. Der Arbeitgeberpräsident Schleyer, der Minister Carry, der Bundesstaatsanwalt Buback, der Unternehmer Ponto, der Bankdirektor Herrhausen, der Siemens-Manager von Braunmühl und der Jurist Rohwedder fielen ihnen zum Opfer.

Aber ihre eigentliche Stoßkraft bekam die Revolte, als Rudi Dutschke am Gründonnerstag 1968 von einem Anstreicher auf Berlins Kurfürstendamm durch drei Schüsse in Kopf, Arm und Brust lebensgefährlich verletzt wurde. Noch am selben Abend brachen die blutigsten Krawalle aus. Insgesamt 400.000 Menschen gingen in vielen Städten der Bundesrepublik auf die Straße. Hunderte wurden verletzt, vor allem Polizisten. Sie vor allem als die Exekutive des verhassten, abschaffenswerten Systems wurden immer wieder zur Zielscheibe des Mobs. Diese Eskalation gab der

Revolte Gewicht und vermittelte dem irritiert zuschauenden Bürger, dass die Kiesinger-Koalition wohl wirklich nicht die richtige sei, zumal man ihm unversehens nachwies, Angehöriger der NSDAP gewesen zu sein. So verlor er die Wahl an die SPD. Willy Brandt wurde Bundeskanzler.

Das alles musste ich so ausführlich erzählen, um zu verdeutlichen, welche Konstellationen den nun erfolgenden gewaltigen Linksruck in der Bundesrepublik hervorriefen; denn von nun an bekam die Zugehörigkeit zu linken Organisationen die bessere Chance zum Start in die Karriere, vor allem in der Universitätslaufbahn. Das hatte zur Folge, dass besonders die geisteswissenschaftlichen Lehrstühle und Institute der Universität von 68ern besetzt werden konnten, so dass von nun an die linke Ideologie das Weltbild der Studenten und schließlich auch über die Lehrer die Schüler zu beherrschen begann.

Die Strategie des „Marsches durch die Institutionen" hatte im eintönigen Gleichklang mit den maßgeblichen Medien der 70er Jahre die tiefgreifendsten Folgen, setzte sie doch vornehmlich bei den Kindern und Jugendlichen an. Sie – die Unmündigen, die pubertär nach Befreiung von der Bevormundung durch die Erwachsenen lechzten – bilden grundsätzlich das am leichtesten manipulierbare Potential. Das hatte bereits Hitler in meisterhafter Diabolik zustande gebracht.

In den 70er Jahren wurden die Kinder abermals geradezu planmäßig gegen ihre Eltern aufgehetzt. „Wenn die Eltern um die Ecke glotzen, musst du ihnen in die Fresse rotzen", ließ sich in einem vom Kultusministerium Niedersachsens abgesegneten Schulbuch lesen, und das war nicht etwa ein einmaliger Ausrutscher. Helmut Schoeck bezeichnete diesen Teil des Marsches durch die Institutionen mit Recht als „Kindsverstörung".

Der jungen Generation geschah so doppeltes Unglück. Am Lebensanfang häufig unzureichend verwurzelt, wurde ihre dadurch entstandene Unzufriedenheit nun auch noch zur Revolte gegen die Eltern aufgepeitscht, so dass Revisionsmöglichkeiten im Kindesalter eingeschränkt wurden und die Gefahr, im jungen Erwachsenenalter ins entwurzelte Chaotentum abzugleiten, sich potenzierte. Aber genau dieses war schließlich die Absicht der „Erneuerer"!

A. D. Aber waren solche Entwicklungen im Einzelschicksal nicht vor allem eine Gefahr für die jungen Männer? Hindert von der Pubertät ab das weibliche Geschlechtshormon Östrogen die Mädchen nicht eher, den gewaltnahen Aufstand zu proben?

C. M. Die Neigung zur Gewalt ist im weiblichen Geschlecht insgesamt sicher geringer, nicht aber die Beeinflussbarkeit! Die ist bei den Frauen eher größer, wie auch ihre stärkere Nachahmungsbereitschaft und ihr Bedürfnis, mit der Gruppe d'accord zu sein. Das ist auch der Grund, weshalb – wie schon bei Hitler – auch hier eine zahlenmäßig umfänglichere Bereitschaft der jungen Frauen entstand, begeistert mit auf die neuen Fahnen zu setzen. Auch bei den Mädchen griff also die einhellige Manipulation – nur anders. Im Kampf gegen die „Macht der Herrschenden", der jetzt ausgerufen wurde, ließ sich bald empört ausmachen, dass die Frauen von den „Chauvis" in einer spezifischen Weise seit Evas Zeiten unterdrückt und benachteiligt worden seien. Die Ungerechtigkeit gegen das schwache Geschlecht war schließlich mit Händen zu greifen und ließ sich mit leichter Hand zur Großkampfparole hochstilisieren. Der kämpferische Feminismus formierte sich und fing an, eine politische Macht zu werden, vor der die Parteien zu zittern begannen.

A. D. War das nicht auch bis zu einem bestimmten Punkt notwendig? Musste hier nicht wirklich in so manchen Bereichen für mehr Gerechtigkeit gesorgt werden? Schließlich ziehen – trotz aller Emanzipation – die Frauen auch im modernen Leben noch häufig den Kürzeren!

C. M. Das ist keine Frage. Auf diesem Sektor sich für mehr Gerechtigkeit bei den Gehältern, bei der Werthaltung der Mütter und bei der Stellenbesetzung einzusetzen ist sinnvoll und notwendig. Der moderne Feminismus geht darüber aber weit hinaus. Mit einem betont aggressiven Touch setzt auch hier das „benachteiligte" Geschlecht dazu an, Macht zu gewinnen, die Fremdherrschaft durch eigene Herrschaft zu ersetzen.

Konstruktiver Feminismus hingegen müsste den Schwerpunkt

136

seiner Bemühungen darauf setzen, mit den Männern hochwertige Partnerschaften aufzubauen: durch ein besseres Verstehen der Verschiedenartigkeit der Geschlechter, durch ein Lernen, einfühlsam aufeinander zu- und miteinander umzugehen.

Der aggressive Feminismus aber, der sich nach 1969 herausbildete, verfolgt das Ziel, die Familie als ein Machtgefüge des „Patriarchalismus" abzuschaffen und an ihre Stelle die sich allein selbst bestimmende Frau zu setzen. Das ist ein ebenso kurzsichtiges wie kontraproduktives Programm. Männerhass kann Zukunft nicht erwirken. Die Übertragung des feministischen Unterdrückungsschemas auf die Geschlechterbeziehung trägt zur Zerstörung der Beziehungen bei, was mittlerweile hinreichend durch den Scheidungsboom und die immer rascher scheiternden Ehen ohne Trauschein nur allzu sichtbar geworden ist.

Je mehr durch die aggressive Stimmung der Frauen sich die Möglichkeit zu dauerhaften Verbindungen (und damit die Gedeihlichkeit der Kinder) abschwächt, je mehr familiäre Zerrüttung es hier gibt, umso größer wird der hoch gezüchtete Zorn der Frauen auf die Männer, was zu immer mehr destruktiven Teufelskreisen führt. Dadurch entstehen nun auch immer mehr Gewalttaten der Männer gegen die sie herausfordernden Frauen, so dass jetzt schließlich sogar ein Gesetz in Kraft treten soll, um angreifenden Männern Hausverbot zu erteilen und ihnen Strafanträge anzudrohen.

Mit seinem Ziel, dem „Patriarchalismus" den Garaus zu machen, drang der Feminismus als so genannte „feministische Theologie" auch in die Kirche ein und führte häufig zu erschütternden neuen Vorschlägen, so etwa zu dem, das Herrengebet zum „Mutter-unsere" und die Christusgestalt zu „Jesa Christa" umzufunktionieren ...

A. D. Es heißt aber auch, die linke Revolte sei in den 80er Jahren zerronnen ...

C. M. Das ist nur insofern richtig, als die gewaltsamen Aktionen in den 80er Jahren nachließen und nach dem Zusammenbruch der DDR weitgehend aufhörten (sogar mit einer Kapitulationserklärung der RAF!); aber das bedeutete keineswegs, dass nicht eine tief greifende geistig rote Infiltration in der Bundesrepublik West erfolgte, die ungezählte, häufig sogar von der STASI gesteuerte und honorierte Helfer fand, ohne dass von den Parteien der Regierung – welcher Couleur auch immer – entschiedene Gegenkräfte entwickelt wurden.

Was wir als Zeitgeist in den vergangenen 30 Jahren erlebt haben, ist vornehmlich eine Folge der anarchistischen Revolte von 1968 gewesen. Was jetzt an Veränderungen im Bildungswesen, in der Justiz, in der Politik anberaumt wurde, entsprach dem sozialistischen Menschenbild oder diente seiner Durchsetzung.

Der Feind war angeblich der Kapitalismus amerikanischer Couleur, das Ziel das von Menschenhand erstellte Arbeiterparadies. Vielleicht war es eine allein von Moskau aus gesteuerte Aktion, um das erstarkte Bollwerk der westlichen Allianz, diese Bundesrepublik West, in seine Einflusssphäre zu ziehen. Vielleicht versuchte der Osten auf diese Weise der drohenden Übermacht der USA mit den neuen, dort in den 60er Jahren entwickelten Atomraketen entgegenzuwirken. Für diese Version spricht auch, dass die den Osten harsch attackierende Springer-Presse zum besonderen Buhmann der APO erhoben wurde. Springer wurden sowohl sein Schweizer Domizil wie auch sein Sylter Haus angezündet.

Auf jeden Fall aber prallte in dem nun folgenden Kampf der Geist eines atheistischen Liberalismus, der seine Stoßkraft aus dem scheinbar humanitären Ziel der marxistischen Ideologie empfing, auf ein Bürgertum, das dem nicht mit entschiedener Klarsicht einen geistigen Widerpart bot. Durch die Überlebenskämpfe erschlafft, von Wohlstand umsäuselt, vom Liberalismus reichlich versucht, mangelte es ihm in den 60er Jahren an einer kraftvollen, von christlichem Geist getragenen Gegenposition. Die Verschiebung in der ursprünglich auf der christlichen Basis stehenden CDU hin zu einer Art „WDU" (wirtschaftlich denkende Union), nährte den Schein, dass in dem Geistkampf dem dialektischen Materialismus ein kapitalistischer gegenüberstünde. Indem die Bürgerlichen in Deutschland sich diesen Stempel aufdrücken ließen, verloren sie die Kraft zu einer entsprechend starken und christlich motivierten Abwehr. Es ist meines Erachtens deshalb von größter Wichtigkeit, nicht dem viel propagierten Irrtum zu verfallen, aufgeboten seien hier gegeneinander zwei materialistische Weltanschauungen gewesen. Einander gegenüber standen und stehen sich vielmehr Menschen, die den Menschen zu ihrem Gott ernannt haben und von ihm die Schaffung des Paradieses der Zukunft erhoffen, konträr zu denen, die an einen Gott glauben, der die Menschen einsetzte, um seine Schöpfung zu bewahren und mitzugestalten, Menschen, die er mit Freiheit beschenkte, aber ihrer Neigung zu hemmungslosem Expandieren Vorgaben entgegenstellte, jener Gott, der sich als Mensch zu den überheblichen Wiederholungstätern hinabbeugte und für sie das ewige Leben erwirkte. Das war meine Erkenntnis am Ende der 60er Jahre. Das bedeutete für mich gleichzeitig, zu wissen, mit welchem Ziel ich bei der Bemühung um heilsame, prophylaktische Pädagogik anzutreten hätte.

A. D. Sie meinen, es handelt sich letztlich – wie auch bereits im Hitler-Reich – um einen Aufstand gegen Gott, um eine neue, verführerische Scheinreligion. Entstand dadurch auch die emotionale Schubkraft, von der diese „Kulturrevolution" gekennzeichnet war?

C. M. Ebendieses war die Quintessenz meiner Vertiefung in die Gedankenwelt der Neuen Linken. Zwar mit einem anderen Gesicht, zwar zeitgemäß und mit verschleierter Taktik wurde dennoch erkennbar: Ein Geistkampf des Widersachers gegen Gott und seine Schöpfungsordnung war ausgebrochen; ein neuer, verführerischer Glaube war schmackhaft gemacht worden. Der Marxismusforscher Prof. Wolfgang Brezinka hat es später treffend folgendermaßen zusammengefasst:

„Die Bewegung der Neuen Linken lässt sich vielleicht am besten als eine lose Glaubensgemeinschaft kennzeichnen, deren Anhänger zwei Merkmale miteinander gemeinsam haben: eine radikalkritische Einstellung zur liberalen Wohlstandsgesellschaft und den Glauben an die Heilslehre des utopischen Sozialismus. Die Neue Linke ist eine Protestbewegung gegen die moderne Industriegesellschaft, die aus dem romantischen Glauben an die Utopie „neuer Menschen" in einer vollkommenen „herrschaftsfreien Gesellschaft" lebt. Sie ist eine weltliche Erweckungsbewegung, vergleichbar religiösen Sekten, die ihre eigene vermeintlich gute Gesinnung auch den Mitmenschen aufzudrängen suchen."

Auf der Brandungswelle

A. D.   Das Hitler-Reich hatten Sie als Kind erfahren, als Unmündige und deshalb gewiss nicht Mitverantwortliche. Jetzt sahen Sie neues Unheil am Horizont auftauchen: abermals durch träges Mitlaufen in einem zum Teil leichtfertigen, zum Teil verführerischen Trend. Doch jetzt waren Sie nicht mehr unmündig, sondern von fachkompetenter Klarsicht, und fühlten sich daher aus Verantwortungsbewusstsein genötigt, dagegen anzugehen, aufzuklären und vorzubeugen.

Hatten Sie denn einen Plan, wie das funktionieren könnte? War es nicht nötig, sich einer politischen Partei anzuschließen oder dergleichen zu gründen?

C. M.   Nein, politische Ambitionen hatte ich nicht. Ich wollte ja keine Karriere machen. Ich war mit meinem Status, mit meiner Praxis, mit dem Leben in dem behaglichen Reetdachhaus am Fluss, in das wir mittlerweile umgezogen waren, und in der Gemeinsamkeit mit meinem Mann im Grunde sehr zufrieden. Es war die gefährliche Entwicklung, die mich nötigte. Allerdings bildete ich mir nicht ein, dass ich viel erreichen könnte. Das hatte mich mein Intervenieren bei den entsprechenden Verbänden auch schon gelehrt. Dennoch: Ich wollte auf gar keinen Fall geschwiegen haben.

A. D.   Und deshalb beschlossen Sie, Bücher zu schreiben?

C. M.   Nein, mir geschah das, wie überhaupt alles Weitere in diesen Jahren. Ich hatte nicht viel mehr in der Hand als mein Wissen und meine Befürchtungen. Alles Weitere passierte einfach so.

A. D. Was heißt „einfach so"???

C. M. Ich hatte zum Beispiel einen Kursus in der Volkshochschule gehalten unter dem Thema: „Das neurotische Kind". Das Manuskript überließ ich der so interessierten Illies-Familie. Davon erzählte Prof. Illies seinem Verleger Dr. Leippe vom Furche-Verlag in Hamburg. Der wollte es sofort haben. Dieser mein Erstling erschien 1969 unter dem Titel: „Die Schulnöte unserer Kinder". Schon dieses Buch verkaufte sich wie warme Semmeln.

A. D. Und wurde ein Longseller. Ist das Buch nicht immer noch auf dem Markt?

C. M. Ja, es erlebte 21 Auflagen und wird – ein wenig aktualisiert – auch heute noch von ratlosen Eltern gern gekauft.

A. D. Aber die Schulwirklichkeit hat sich doch mittlerweile sehr verändert, und erst recht die Mentalität der Kinder!

C. M. Gewiss, und das habe ich natürlich bei all den Neuauflagen berücksichtigt. Von der zehnten Auflage ab hat der Pädagoge Dieter Günther einen Anhang geschrieben, um die neuen Probleme zwischen Eltern, Lehrern und Schülern wirklichkeitsgerecht abzudecken. Aber die Neurosenstrukturen, die ich in diesem Buch an Beispielen beschreibe und zu deren Überwindung ich rechtzeitige Therapie empfehle – das hat sich als so erstaunlich zeitunabhängig erwiesen, dass das Buch immer noch als Ratgeber tauglich ist, zumal die Hirnforschung heute bestätigt, dass Psychotherapie im Kindesalter dringend nötig ist, weil die Störungen sonst irreversibel zu werden drohen.

Gleichzeitig wandte sich der Herder-Verlag an den Professor und mich, mit der Bitte, unsere Rundfunkdialoge als Taschenbücher herauszubringen, und dann hatte der Lektor bei Herder, Johannes Harling, davon gehört, dass eine Serie von Rundfunkvorträgen, die ich im Wechsel mit Konrad Lorenz' „Todsünden der Menschheit" gehalten hatte, so viel Anklang gefunden hätten. Diese Serie von neun Vorträgen erschien 1971 bei Herder, unter dem Titel:

„Manipulierte Maßlosigkeit". Und nun geschah das Erstaunliche: Obgleich der Verlag 10.000, danach 20.000 Stück pro Auflage druckte, waren die Büchlein (damals zum Preis von 2,90 DM pro Stück!) binnen kurzem immer wieder vergriffen. Die Maschinen des Verlags im roten Haus zu Freiburg kamen dem Bedarf kaum nach; die Auflagen gingen in die Millionen.

Die damals renommierte Leitartikelschreiberin der FAZ, Heddy Neumeister, schrieb über das Buch einen Aufmacher unter dem Titel: „Woher all die Engel nehmen?" und bezog sich dabei auf meine düsteren Prognosen für das Epidemisch-Werden und die geringe Reversibilität der neurotischen Verwahrlosung im Erwachsenenalter. Das löste einen Sturm von Leserbriefen aus – Alexander Mitscherlich, der zu dieser Zeit als Papst der Psychoanalytiker galt (aufgrund seiner Bücher: „Die Unfähigkeit zu trauern" und „Die vaterlose Gesellschaft"), fühlte sich von der Redakteurin angegriffen und antwortete mit einem bissigen Leserbrief. Meine Aussagen standen plötzlich im Mittelpunkt des Interesses. Das lag vermutlich auch daran, dass ich in diesem Büchlein nicht nur auf die zu erwartende und bereits sichtbare Neurotisierung in der jungen Generation hinwies, sondern dass ich in einer weiteren Ausarbeitung die so genannte „Befreiung zur Sexualität", die nun als Programmpunkt bei den Agitationen der Neuen Linken eine zentrale Rolle zu spielen begonnen hatte, ins Visier nahm, sie als unangemessen und unseren Kindern unbekömmlich analysierte und aufzeigte, in welcher Weise die so traktierten Kinder zu Erwachsenen mit vielerlei Sexualstörungen werden würden.

Sexueller Missbrauch, Sexualsucht und die Zunahme von Perversionen für das Ende des 20. Jahrhunderts ließen sich auf dem Boden der bereits gut fundierten Sexualwissenschaft, meiner eigenen Beobachtungen und meiner Mensch-Tier-Vergleiche voraussagen. Schließlich war die Sexualisierung der Kinder keineswegs im Sinne der klassischen Psychoanalyse Freuds, im Gegenteil: Sie war ihre bewusst gewollte Verdrehung. Keineswegs war damit auch etwa an eine größere Lebenserfüllung der sexualisierten Kinder gedacht, sondern die Programmatiker der neuen Linken verkündeten unverblümt, dass die auf diese Weise vorangetriebene viel zu frühe Entbindung von den Eltern allein den Zweck hätte, die Jugendlichen zu entwurzeln, sie ihren Familien zu entfremden und sich so ein „revolutionäres Potential" für den Umsturz der konservativen Gesellschaft heranzuzüchten.

A. D. Mir war nicht klar, dass die „Befreiung zur Sexualität" der 70er Jahre eine so politische Absicht verfolgte!

C. M. Das kam auch nur in den Programmschriften der Protagonisten (zum Beispiel bei Helmut Kentler, Hans-Jochen Gamm und Günter Amendt) direkt zum Ausdruck. Diese wurden aber von der Bevölkerung nicht gelesen, umso mehr stattdessen von den Studenten; denn die meisten der Schreiber avancierten zu Schlüsselstellungen im Universitätsbetrieb.

Es blieb deshalb auch durchgängig verborgen, beziehungsweise es wurde wohlwollend toleriert, dass manche der Darstellungen strafbare Handlungen beschrieben und guthießen, wie zum Beispiel sexueller Missbrauch an Kindern, der als wünschenswert, ja als Therapeutikum dargestellt wurde. Ich druckte deshalb zum Beispiel in der „Manipulierten Maßlosigkeit" die Schilderung eines Mitgliedes der „Kommune II" ab, der pädophile Spielereien mit einem Kleinkind betrieb. Ich warnte mit Nachdruck vor den Sexualstörungen der so missbrauchten Kinder in ihrem Erwachsenenalter.

Aber Sie haben Recht: Die Taktik der Gesellschaftsveränderer drang damals deshalb so wenig ins Bewusstsein, weil der Wohlstand den allgemeinen liberalistischen Trend so verstärkt hatte und die Parole der „Befreiung zur Sexualität" deshalb allgemein wie ein mächtiges Aufsprengen von eisernen Schleusentoren wirkte. Man darf darüber hinaus nicht vergessen, dass die Freigabe der Antibabypille die altehrwürdigen Tabus aus den Angeln gehoben hatte: Die Abkoppelung der Sexualität von der Fortpflanzung, das „Recht auf Lust" bewirkte auch hier eine so noch nie da gewesene Grenzüberschreitung. Jetzt konnte sich auch die Frau herausnehmen, so zu leben, wie es ihr passte. Mit der Pille in der Tasche war vorehelicher Intimkontakt, war Verhütung von unliebsamen Kindergeburten, war auch für sie Leben nach eigener Maßgabe möglich geworden.

Auch das bewirkte einen geradezu rauschhaften Fortschritts-glauben. Mit ihm auf den Lippen wurde die Mahnung von Papst Paul VI. und seiner Enzyklika Humanae Vitae von 1968 mit einem riesigen Aufschrei der Medien in den Orkus verbannt. Hatte die katholische Kirche mit diesem hässlichen, lebensfeindlichen Ver-bot nicht einmal mehr bewiesen, wie viel „Repression" von dieser veralteten Institution ausging? Zeigte sich nicht hier eindeutig, auf welcher Seite guter Fortschritt und wo der stickige alte Muff vor-handen war? War es nicht überhaupt lange schon Zeit gewesen, die durch und durch veraltete Sexualmoral der katholischen Kir-che aufzubrechen?

A. D.   Dieser Tenor ist bis heute ja nicht verstummt.

C. M.   Nein, ich werde später auf dieses erstaunliche Faktum noch eingehen; denn mittlerweile haben sich die Auswirkungen der allgemeinen Entsittlichung in Gestalt der vielen neuen schwe-ren Erkrankungen und seelischen Beeinträchtigungen voll abge-zeichnet …

Gegen diese bedenkenlose Zustimmung zur Befreiung von allem und jedem lief ich also zunächst einmal mit den Aufsätzen in der „Manipulierten Maßlosigkeit" Sturm. Dass dieses Buch so ein-schlug, lag daran, dass hier der verwirrten Unsicherheit, die vor al-lem in den bürgerlichen Familien ausgebrochen war, pädagogische Klarheit entgegengesetzt wurde. Einerseits beglückt von der so le-bensnahen Fortschrittlichkeit der SPD/FDP-Regierung, begeistert von all den neuen Impulsen zur Solidarität und Gerechtigkeit, von dem Willen zum Aufspüren jeglicher Benachteiligung, von befrei-ter Offenheit und damit auch der Überwindung der zu Disziplin mahnenden Dogmen der katholischen Kirche, war man immer-hin gern bereit, sich erzählen zu lassen, was nötig wäre, um seine Kinder erfolgreich zu erziehen; denn diesen Sektor wichtig zu neh-men, das besonders hatte die Neue Linke mit ihrem Aufruf zur „emanzipatorischen Pädagogik" sehr allgemein angeregt, und da hinter dem (meist verdeckten) neuen politischen Interesse an der Kindererziehung das Bild vom machbaren Menschen stand, lauschte man besonders gern auch gerade den Psychologen, den

144

Behavioristen, von denen man sich Rezepte für diese New Brave World erhoffte.

Ich schwamm mit meinen Bemühungen also durchaus ein Stück weit just auf der Welle, die zu bekämpfen, vor der zu warnen ich mir zur Aufgabe gemacht hatte. Da das Ziel der Linken selten direkt ausgesprochen wurde, da die Positionen keineswegs in klarer Unterscheidung im Bewusstsein der Menschen waren, war ich in der ersten Hälfte dieses Jahrzehnts häufig auch bei den unkritischen Mitläufern der neuen Ära willkommen. Das änderte sich auch noch nicht, nachdem mein Hauptbuch „Erziehen lernen" erschienen war. Es war im Auftrag des Bayerischen Schulbuchverlags geschrieben worden, weil die Bayern echt fortschrittlich die Idee zu verwirklichen suchten, Neurosenprophylaxe zu einem Schulfach zu ernennen. Diese Idee entsprang der Hellsichtigkeit ihres Kultusministers Hans Maier, der mich zu einem Gespräch in sein Ministerium einlud und versuchte, mit mir ein pflegliches, kein ideologisches Programm der Sexualerziehung als Neurosenprophylaxe in den Unterricht einzubringen.

A. D. Und auch dieses Buch ist in der 23. Auflage ein 30-jähriger Longseller geblieben. Was waren die Ursachen für dessen durchschlagenden Erfolg?

C. M. Das lag daran, dass ich immerhin 45 Jahre alt war, als ich es verfasste, und in dieser Zeit von der Kinderlandverschickung an immer mit Kindern und Jugendlichen zu tun gehabt hatte. Ich hatte die Möglichkeit bekommen, die Spreu der Theorie vom Weizen der Erfahrung zu trennen. Meine tiefenpsychologische Zusatzausbildung hatte mir Gelegenheit zu tieferen Einblicken in die Kinderseele gegeben, und ich hatte, wie gesagt, ein Konzept zum Vorbeugen von seelischen Krankheiten entwickelt. Das bewirkte, dass ich eine brauchbare Pädagogik anzubieten hatte, die darüber hinaus auf der Wahrheit der Schöpfungsordnung basierte. Wenn ich heute bei den Veranstaltungen Bücher signiere, kommen häufig Eltern zu mir und erzählen voller Freude, dass ihnen meine Bücher Handhaben gegeben hätten, um durch die damalige Wirrnis der Erziehungsratschläge hindurch eine Orientierung bei der Kindererziehung zu finden.

Diese Eltern sagen es direkt: Damals, als unsere Kinder klein waren, gab es im Land plötzlich eine große Unsicherheit. Die herkömmliche Erziehung, so hieß es, sei veraltet, das „autoritäre" Prinzip der Eltern habe zu Machtanmaßung und Kadavergehorsam geführt und damit das Hitler-Reich heraufbeschworen. Der Mensch der Zukunft müsse ohne „Repression" der Eltern „antiautoritär" groß werden. „In dieser Situation haben Sie uns gegen diese Ideologie eine klare Orientierung vermittelt, die es bewirkte, dass wir nun eine glückliche Familie mit seelisch gesunden erwachsenen Kindern sind."

Können Sie sich vorstellen, wie sehr mich solche und viele ähnliche Bekundungen erfreuen? Für viele hellhörige Eltern ist mein Zirpen gegen den ab 1970 so mächtig einsetzenden Trend nicht ohne Wirkung geblieben und offenbar eine maßgebliche Hilfe gewesen.

A. D.   Gehörte die Devise der antiautoritären Erziehung auch mit zum Programm der Neuen Linken?

C. M.   Sie hatten diese Vorstellungen mit eingewoben, obgleich sie nicht originell marxistisch sind. Marx hat sich überhaupt sehr wenig mit der Familie beschäftigt. Sein Kompagnon Friedrich Engels war es vielmehr, der die Überwindung der hierarchisch strukturierten Gesellschaft durch Abschaffung der Familie und ihren Ersatz durch Kollektive von der Kinderkrippe an auf dem Programm hatte. Der bewunderten sozialistischen Gesellschaftsstruktur im Osten nachstrebend, gab es dergleichen Tendenz nun auch bald in der Bundesrepublik während der Regierungszeit der SPD/FDP-Regierung von 1969 bis 1982. Im Zweiten Familienbericht von 1976 unter der Federführung der damaligen Familienministerin Katharina Focke ließ es sich sogar unmissverständlich nachlesen, dass es gelte, die Familie zu „öffnen", dem Kind früh Kollektive zugänglich zu machen und es aus der familiären Enge „herauszubrechen".

A. D.   Aber doch nicht antiautoritär?

C. M.   Doch, am liebsten ohne Einflussnahme der Betreuer. Das höchste Ideal war damals die Kinderkommune, als „Kinderladen" bezeichnet. Die Kinder waren dort praktisch sich selbst überlassen, in der Annahme, dass Kinder zur Selbstregulierung ihrer Antriebe in der Lage wären und auf diese Weise einen sanften Charakter entwickeln würden.

A. D. Das klingt so, als sei das Prinzip direkt aus Jean-Jacques Rousseaus „Emile" von 1767 übernommen!

C. M. Gewiss, und das, obgleich sich diese Theorie schon damals als falsch herausgestellt hatte. Je extremer diese Ideologie in den sich nun installierenden Kommunen gehandhabt wurde, umso mehr erwies sich, dass es den Herangewachsenen kaum möglich wurde, eine Ordnungsstruktur zu entwickeln. Der ehemalige Kommunarde Matthias Horx ist in den 90er Jahren dem Schicksal dieser Kommunekinder nachgegangen und zieht eine traurige Bilanz: Viele der so zu sich selbst „befreiten" Kinder gingen später in die Verwahrlosung.

A. D. Die gleichen Erfahrungen machte man doch in den von den Linken so angefeindeten USA – wieso taktierte man dann hier plötzlich gleichsinnig?

C. M. Ich sagte ja bereits, dass es in den Vereinigten Staaten unter dem Einfluss des Behaviorismus früher schon als in Deutschland so etwas Ähnliches wie einen linken Befreiungstrend gegeben hat. „Gebt mir zehn Menschen, und ich mache aus ihnen, was ihr wollt!" war der Ausspruch des amerikanischen Verhaltenssforschers Watson – ganz auf dem Boden des überheblichen Machbarkeitswahns. Deshalb gab es unter dem Einfluss des Pädagogen Spook dort bereits von den 50er Jahren ab eine Dominanz des „antiautoritären Erziehungsstils", ohne dass seine Herkunft aus der linken Ideologie immer ins Bewusstsein geriet.

Dass diese Trends das Nachkriegsdeutschland erreichten, geschah interessanterweise auch keineswegs durch die APO. Sie konstituierte sich erst später. Das war vielmehr eine Folge der „Umerziehung der Deutschen", die sich die Amerikaner durch Konstituierung von Institutionen für politische Bildung vorgenommen hatten. Sie waren nämlich der Auffassung, dass die Hitler-Diktatur nur hatte auf dem autoritären Stil der Deutschen entstanden sein können. Die Besetzer machten sich in den 50er Jahren daran, durch Propagierung der antiautoritären Erziehung den Deutschen ihren angeblich aggressiven Charakter auszutreiben, um so künftigen Angriffskriegen vorzubeugen. Diese Aktionen hatten zur Folge, dass das Ideal der Antiautorität bereits willig aufgenommen war, als die Neuen Linken begannen, es gezielt zum Vehikel der Kulturrevolution einzusetzen. Diese Gegebenheit erleichterte die Zersetzung der Ordnungsstruktur; denn gerade diese Lehre von der antiautoritären Gesellschaft mit ihren „mündigen Bürgern" (Willy Brandt) war vom liberalen Bürgertum begeistert aufgenommen worden und hielt sie – vor allem unter dem Einfluss der FDP – irrtümlicherweise für eine konstruktive Vergangenheitsbewältigung. „Law and Order" wurden zum Buhmann einer zu überwindenden konservativen Einstellung.

A. D. Die Linken in der BRD nahmen also einerseits das linke Gedankengut aus den USA auf, aber bekämpften andererseits den amerikanischen Vietnamkrieg und den amerikanischen Kapitalismus. Sie begannen den Osten zu verherrlichen und betrieben mit Willy Brandt an der Spitze mit großer Geste (man denke nur an den Kotau von Willy Brandt in Warschau!) eine Öffnung zum Sozialismus des Ostens, so dass die Gegensätze zwischen den Weltmächten USA und Sowjetunion riesengroß hervortraten – obwohl der Trend offenbar eher gleichsinnig war!

C. M. Damit sprechen Sie genau an, inwiefern es bei den Deutschen ab 1969 eine so heillose Verwirrung gab: Sie wurden geistig durch und durch gerüttelt. Sie hatten sich mit „emanzipatorischer Pädagogik" zu befreien – wovon, gab man ihnen streng vor: von ihrer Tradition, von ihren falschen autoritären Prinzipien, vom Nationalsozialismus; aber wohin – das blieb mehr oder weniger verschleiert und wurde durch einen undurchsichtigen Sprachjargon geradezu auf die Spitze getrieben. Oberflächliche Parolen wie „Genuss ohne Reue" beherrschten das Feld.

A. D. Dieser Mischung von massiver Medienverstärkung und Verschleierungstaktik versuchten Sie mit Ihren Büchern entgegenzuwirken?

C. M. Ja, vor allem, indem ich die Ideologie bekämpfte, dass ein sich selbst überlassenes Kind ein besonders zur Mündigkeit befreiter Mensch wird. Das widerspricht aller wissenschaftlichen und aller persönlich gemachten Erfahrung. Das Kind braucht eine phasenspezifische Erziehung, eine Anpassung der Eltern an das, was den jeweiligen Wachstumsschüben der jungen Pflanze gemäß ist. Dazu gehört nach einer Phase der Antriebsentfaltung das Setzen von Grenzen des sonst wuchernden Egoismus. Eine Autorität, die das aus Liebe und mit Liebe in der Verantwortung für das Kind in seinem unreifen Entwicklungsstatus vollzieht, hat alle Chancen, auf diese Weise die Voraussetzung zu echter Mündigkeit vorzubereiten: Gewissensbildung und Sinn für Verantwortung über den privaten Bereich hinaus.

A. D. Das machte infolgedessen auch den Tenor in ihren folgenden Büchern aus.

C. M. Ja, die schrieb ich nun unter einem sehr starken Verantwortungsdruck. „Mut zum Erziehen", mit den Kapiteln „Die Hintergründe der sexuellen Revolte" sowie „Aggression und Autorität" sollte aus dem Zauberberg einer neuen Ideologie herausholen, ebenso wie vor allem das Taschenbuch „Wunschtraum und Wirklichkeit". In diesem Buch habe ich unter dem Kapitel „Der kalte Krieg der alten Schlange" versucht, die eigentliche Dimension des „Marsches durch die Institutionen", der nun in voller Einigkeit mit der Regierung eingesetzt hatte, zu entlarven – indem ich die hauptsächlichen Parolen in ihrer destruktiven Tendenz und Auswirkung beschrieb. Dabei nahm ich mir den „Kampf gegen die Herrschenden", die „Auflösung der tradierten Normen" und die „Befreiung zur Sexualität" vor und versuchte aufzuzeigen, dass es sich hier keineswegs um ein Konzept handelt, das zu Gedeihen und Beglückung führt, sondern dass – anders als die ideologiegläubigen verführten Akteure ahnten – abermals der Widerpart Gottes am Werk ist, der allein ein Ziel hat: alles, was Gott geschaffen hat, so zu beeinträchtigen, dass es der Zerstörung anheim fällt, wobei der Mensch, der eigentlich als freier Mitarbeiter Gottes gedacht ist, sich, ohne zu wissen, was er tut, in den Dienst des Bösen stellt – frei nach dem Goethe-Zitat, mit dem Mephisto sich im Faustdrama dekuvriert: „Denn alles, was entsteht, ist wert, dass es zugrunde geht. Drum besser wär's, dass nichts entstünde. So ist denn alles, was ihr Sünde, Zerstörung, kurz das Böse nennt, mein eigentliches Element!"

Deshalb wagte ich es, in meinem Buch „Wunschtraum und Wirklichkeit" unmissverständlich die meines Erachtens zwingend notwendig werdende Entscheidung und Unterscheidung auszusprechen. Das Buch endet mit den Worten:

„Weil gerade die Christen auf diesem Sektor schwere Fehler begehen, soll hier einmal darauf hingewiesen werden, dass es sich im Neuen Testament unmissverständlich nachlesen lässt, dass Christus bei aller Toleranz unnachgiebig scharf und bis in den Tod hinein kompromisslos blieb, wo es um die Treue zu Gott, zum Auftrag des Menschen, wo es um das Primat des göttlichen Geistes vor irdischer, materialisierter Eigenmächtigkeit ging. Der Tod Christi am Kreuz bedeutet ja nicht Erlösung durch Selbstauflösung, sondern ist Zeichen der Treue über den leiblichen Tod hinaus; er weist auf die Notwendigkeit geistiger Entschiedenheit und ihre erlösende Wirkung hin.

Das Bedürfnis, sich an den anderen zu binden, mit ihm solidarisch zu sein, muss dort seine Begrenzungen finden, wo dieses Jasagen zu geistiger Auflösung führt. Es gehört in das Verhaltensrepertoire eines mündigen Erwachsenen, die in der Kindheit ausgebildete Verteidigungsbereitschaft später in den Dienst geistiger Ordnungen zu stellen, die die Erhaltung und Weiterentwicklung der Schöpfung fördern. Ohne den Mut zur Entschiedenheit, ohne die Bereitschaft, einen Standort zu beziehen und durchzuhalten, gefährden wir die Zukunft des lebendigen konstruktiven Geistes.

Die dynamische Bewegung der Schöpfung mitzuerhalten heißt, sich unermüdlich, maßvoll und in Anerkennung unserer Gebundenheit dem Leben zu stellen.

Höher hinauf geht dieser Weg – gegen alle Gefahr des Rück-

falls in das Urmeer formloser Materie. Aus ihm reckt sich die alte Urschlange in vergiftender Absicht und sinnt auf neue, listige Feldzüge, so lange, bis es uns endlich gelingt, sie als das Wesen der Entartung, als den Geist des Missbrauchs und der verabsolutierten Eigenmächtigkeit zu entlarven, uns gegen ihre Einnistung in uns und unseren Kindern bewusst zur Wehr zu setzen und ihr damit in Treue zu Gott das Handwerk zu legen."

A. D. Bei den ersten Schriften blieb es ja nun nicht. Wenn ich mich entsinne, hat Prof. Illies einmal zu einem Fest folgende Verse gereimt:

„Den Kindern half sie in dem Lande,
doch das war nicht genug;
Christina war zu mehr imstande,
hielt Vorträge, schrieb ein Buch.

Dann wurden, weil sie fleißig
und weil sie schreiben muss,
aus einem Buch zehn und aus zehn Büchern dreißig,
und das ist noch lang' nicht der Schluss...!"

C. M. Ja, wirklich, mit den ersten sechs Büchern war ich am Beginn der 70er Jahre so richtig in Schwung geraten. Die Taschenbuch-Abteilung des Herder-Verlags unter der Leitung des nimmermüden Dr. Ludwig Muth lechzte unentwegt nach Neuem, und so schrieb ich in der folgenden Zeit pro Jahr drei Taschenbücher, die meisten mit viel praktischer Erziehungshilfe für die unsicher gewordenen Eltern: „Kinderschicksal in unserer Hand", „Unser Leben muss anders werden", „Freiheit will gelernt sein", „Glücklich ist, wer anders lebt", „Was unsere Liebe vermag", „Problemkinder brauchen Hilfe" ... Sie lassen sich nicht alle nennen.

Es war viel Arbeit, die mit dem Schreiben auf mich zukam. Die Texte verfasste ich meistens in schneller Kritzelschrift – nachts nach der täglichen Praxis. Aber damit war es ja nicht getan, selbst nachdem eine Angestellte des Jugendamtes mir in ihrer Freizeit aus lauter Liebe diese Manuskripte in saubere Schriftstücke verwandelt hatte. Dann musste vor allem über die Titel nachgedacht werden, eine Arbeit, die oft tagelang mein Hirn fixierte; danach kam der Korrekturenstress und vieles Mühen um das Layout, bis dann jeweils das neugeborene Geistkind endlich seinen Flug in die Öffentlichkeit begann.

Die Herder-Bücherei gab jährlich Listen mit ihren zehn am besten verkauften Büchern heraus. Im Jahr 1975 gab es eine, in der alle diese zehn Titel mit meinen Neuerscheinungen bestückt waren! Ich selbst stand diesem traumhaften Erfolg immer neu aufgeschreckt staunend gegenüber. Es wurde mir deutlich, dass ich an einem übermenschlichen Geistkampf beteiligt war und ich mich ihm zu stellen hatte, mit all meinen Kräften, so winzig die auch waren. Der schöne Bibelsatz „Herr, hier bin ich!" wurde gemeinsam mit meinen Mitarbeitern (zu denen in tiefer Zustimmung auch mein Mann gehörte) zu dem eigentlichen Motto unserer Arbeit.

Der unschlagbare Longseller aller Bestseller wurde aber lustigerweise ein Büchlein, das ich erst in sekundärer Motivation für die Öffentlichkeit geschrieben hatte: mein „Ehe-Alphabet". Das kam auf mich zu, nachdem meine älteste Tochter sich 1972 verlobt hatte und ihre Hochzeit anstand. Diesem Paar, an dessem Glück mir so viel lag, zu seinem hohen Festtag Rat mit auf den Weg zu geben, der sich lebenslang bewähren mochte, das war mir ein ganz tiefer Herzenswunsch – sah ich doch in der Praxis von Tag zu Tag, wie hier unter dem Einfluss des superliberalen Zeitgeistes immer mehr Probleme anstanden und die Ehen oft rasch zerrütteten. Die Scheidungsquoten begannen emporzuschnellen, immer mehr Kinder wurden zu schwer leidenden Scheidungswaisen – die Selbstverwirklichung der Frau begann für die Zukunft der Allgemeinheit bedenkliche Preise zu fordern. Dem musste – erst für die eigenen Kinder, danach aber unbedingt allgemein für die Wohlmeinenden – entgegengewirkt werden, und zwar durch eine Orientierung am christlichen Eheverständnis, als einem geradezu heiligen, persönlichen, großen, schönen und schweren Auftrag von Gott.

Diese Dimension, die der Zeitgeist durch die hochmütige Vorstellung von einer Lebensführung nach eigenen Maßgaben mit Macht unterdrückte, stellte ich in den Mittelpunkt meines „Ehe-Alphabets". Es erschien in einem Vorausexemplar am Hochzeitstag unserer Tochter, von Lektor Harling persönlich überbracht …

Dieser Tag, der 17. August 1973, bildete einen Höhepunkt in

meinem Leben; denn eigentlich war alles gänzlich unfassbar, und ich kam mir immerzu vor wie die Goldmarie im Märchen. Wir feierten das Fest der Feste mit diesem jungen Medizinerpaar – beide mit einem frischen Doktorhut auf ihren hübschen Köpfen –, getraut von dem Pastor, der den Kindern in ihrer Jugendzeit gemeinsam mit mir den christlichen Glauben verstehbar gemacht hatte, umgeigt von ihrem langjährigen Lehrer, umtanzt auf einem von Lampions erhellten Gartenfest im Kreis der vielen jungen Freunde, die sie – alle auf dem Weg in eine hell scheinende Zukunft – eingebracht hatten. Es war gänzlich atemberaubend.

Mit diesem Paar und seiner Lebenseinstellung wuchs mir von jetzt ab – ohne meine Einmischung – so etwas zu wie ein Modell, das die Verwirklichungsmöglichkeit eines konstruktiven Gegenkonzeptes gegen die leichtfertigen Trends aufscheinen ließ: Am Ende ihres praktischen Klinikjahres schied Antje mit der Geburt ihres Sohnes Kai vorläufig aus ihrem Berufsleben als Ärztin aus. Sie blieb auch nach der Geburt ihres zweiten Sohnes Till eine getreulich stillende, allein um ihre Kinder bemühte Mutter und Hausfrau, was ihr doppelt wichtig erschien, als ihr Ältester als ein Leichtgewicht einen Monat zu früh auf die Welt gekommen war. Sie nahm nur in kleinen Schritten in der inzwischen gegründeten Praxis ihre ärztliche Tätigkeit wieder auf, nachdem auch ihre 1982 geborene Tochter Anne aus dem Gröbsten heraus war.

Besser vereinbar mit dieser Hauptaufgabe war ihre Musik, in der sie sich häuslich nach allen Regeln der Kunst vervollkommnete, so dass sie heute die erste Geige im Kieler Kammerorchester spielt und an den schönsten Konzerten maßgeblich beteiligt ist.

A. D.   Wie war dieses Modell mit dem Einkommen nur eines Verdienenden möglich? Wahrscheinlich hat doch auch Ihr Schwiegersohn nicht unmittelbar nach seinem Studium eine Praxis eröffnen können.

C. M.   Gewiss nicht. Da waren noch lange Jahre der Ausbildung zum Arzt für Allgemeinmedizin nötig. Deshalb gehört zu meinem Konzept auch, dass die Großeltern sich nicht total aus den jungen Familien ausklinken, sondern nach ihren Möglichkeiten mit zu ihrem Gedeihen beitragen – etwa, indem die Großmutter direkt an der Kindererziehung beteiligt ist, so dass die junge Mutter früher in ihre Berufstätigkeit – am besten vorerst nur halbtags – zurückkehren kann, oder, indem die Großeltern indirekt durch finanzielle Unterstützung mitbewirken, dass das junge Unternehmen gedeiht und die Mutter nicht überfordert wird.

Wir Großeltern haben uns von der Geburt der Enkel an – es kamen später noch drei weitere von unserer jüngeren Tochter hinzu – weiterhin einer sparsamen Lebensführung befleißigt, ohne Urlaubsreisen, ohne Luxuseinrichtung, um zu bewirken, dass hinreichende Hilfskräfte vorhanden waren, und vor allem mit dem Ziel, dass die Enkel Raum- und Auslaufmöglichkeiten bekämen, solange sie noch im Kindesalter wären.

Dieses Bedürfnis von uns Großeltern wurde dadurch genährt, dass ich die Enge und die Armut der eigenen Familiengründungsjahre noch als eine erhebliche Beeinträchtigung in Erinnerung hatte. Wir lebten nach der sehr üblichen Vorstellung: Diese Töchter, die doch so fleißig alle Klippen unserer Leistungsgesellschaft bestanden hatten, sie sollten es mit unserer Hilfe besser haben. Merkwürdigerweise sehe ich noch heute den Raum der Bank und den mich bedienenden Angestellten vor mir, als ich 1977 mein gesamtes Sparguthaben an meine Kinder überwies, die sich am Stadtrand von Kiel – zwar vornehmlich ganz gewiss kraft ihrer eigenen Tüchtigkeit und Sparsamkeit – ein Haus mit Garten und viel Platz für die süßen, prächtig gedeihenden Enkel gebaut hatten.

A. D. Sie haben in Ihren Büchern und Zeitungsaufsätzen häufig anklingen lassen, dass Sie in Bezug auf die Familie für das Subsidiaritätsprinzip plädieren.

C. M. Ja, mir scheint, dass die Inanspruchnahme der eigenen Kräfte in den Familien, besonders die der nahen Angehörigen ein viel gedeihlicheres Prinzip ist als eine dominante staatliche Subventionierung kollektiver Einrichtungen zur Kinderverwahrung.

A. D. Aber damit hat es in den vergangenen Jahrzehnten im Allgemeinen nicht besonders gut geklappt. Der Trend in den

70er Jahren ging eher zur raschen Berufstätigkeit der jungen Mütter und zur Inanspruchnahme professioneller Kinderbetreuung, von der Kinderkrippe über das Tagesmütter-Modell, das jetzt aufkam, bis zu Tagesstätten und Ganztagsschulen.

C. M. Eben. Aber gleichsinnig schnellten die Zahlen der verhaltensgestörten Kinder hoch, gleichzeitig begann sich das Rauschgift zu installieren – vom Boomen der Diebstahls und Raubkriminalität ganz abgesehen.

Die SPD/FPD-Regierung behandelte die Familie wie ein Auslaufmodell und näherte sich immer mehr dem sozialistischen Modell der Ostblockländer an. Subsidiarität in der Familie – das bedürfte natürlich vor allem erst einmal ihrer viel größeren Achtung und Beachtung durch die Gesellschaft. Das lässt sich nicht mit ein bisschen Kindergeld abdecken, wie es in den 70er Jahren eingeführt wurde. Da müsste es zum Beispiel Steuererleichterungen für die Mitarbeit der in die junge Familie involvierten Großeltern geben, statt sie als „kinderloses Ehepaar" oder als Singles einzustufen. Der Satz des Grundgesetzes „Ehe und Familie stehen unter dem besonderen Schutz des Staates" ist in den vergangenen 30 Jahren von unseren Regierungen in geradezu selbstmörderischer Weise vernachlässigt worden.

A. D. Taten sich nun nicht auch viele weitere Möglichkeiten der Öffentlichkeitsarbeit auf, durch die es möglich wurde, Ihr Konzept zur Vorbeugung seelischer Erkrankungen zu verbreiten?

C. M. Ja, es umdrängelten mich jetzt nicht nur die Verlage, sondern jede Menge Zeitungen und Zeitschriften. Axel Springer wurde auf mich aufmerksam und lud mich zu schönen Gesprächen mit ihm und seiner jungen Frau Friede in sein Schloss Schierensee vor den Toren Kiels ein. Springer stand mit seinem mittlerweile zum gigantischen Imperium angewachsenen Zeitungsverlag im vollen Schussfeld der Neuen Linken. Er hatte sein Verlagshaus in Berlin hart an die Mauergrenze gebaut und setzte in seinen Zeitungen einen Hauptakzent darauf, die neomarxistischen Tendenzen in der Bundesrepublik zu entlarven und sich für die Wiedervereinigung stark zu machen. Springer war ein durch und durch klarsichtiger Mann, der der Entwicklung mit Sorge und Verantwortungsgefühl entgegensah. Er rief mich in den folgenden Jahren immer einmal wieder an, um das eine oder das andere spektakuläre Ereignis mit mir zu besprechen. Seine bedeutsame Freundschaft mit Israel hatte einen geradezu missionarischen Zug. Er, der von Jahr zu Jahr stärker von einem tiefen Christentum getragen wurde, hoffte, mit zur Bekehrung der Israelis zu ihrem Mensch gewordenen Gott beizutragen.

Springer erkrankte in den 80er Jahren an einem mir immer mysteriös gebliebenen Leiden. Der Tod dieses einflussreichen, unerschütterlichen Mannes 1985, so kurz bevor sich sein Ziel verwirklichte, blieb ein unersetzbarer Verlust – auch für mich persönlich. Bis er starb, habe ich ungezählte Aufsätze in der „Welt", der „Welt am Sonntag" und im „Hamburger Abendblatt" veröffentlicht. Das sollte danach bald bis 1998 anders werden ...

Aber die Scheidung der Geister zeigte sich nicht erst hier im Zeitungswesen. Die meisten der zirka 5000 Aufsätze, die ich in Zeitungen und Zeitschriften im deutschsprachigen Raum bis heute veröffentlichte, erschienen in dem großen Spektrum christlicher Publikationsorgane – im evangelischen ebenso wie im katholischen, von den evangelischen Kommentaren bis zur „Herder-Korrespondenz".

Wo ich wann und wie lange in diesen Zeitungen Aufträge erhielt, hing regelmäßig davon ab, wie die Chefredakteure dort wechselten. Blieben sie auf der christlichen Basis, so blieben sie mir bis heute gewogen, so zum Beispiel die „Tagespost" (Dr. Harald Vocke, später Carl-Heinz Pierk) in Würzburg, „Theologisches" (Msgr. Johannes Bökmann), „Vision 2000" (Dr. Christof Gaspari), „Der 13." (Dr. Friedrich Engelmann), „idea" (Helmut Matthies), die „Katholische Bildung" (Marilone Emmerich und Nelly Friedrich), das „Deutschlandmagazin" (Kurt Ziesel), „Medizin und Ideologie" (Dr. Alfred Häußler), „Christ und Zukunft" (P. Otto Maier), „Kirche heute" (Dr. Daniel Langhans) und der „Rheinische Merkur".

Nachdem ich von 1970 ab zunehmend häufiger vom Chefredakteur des „Rheinischen Merkur" um Beiträge gebeten worden war, beschloss die damalige Herausgeberschaft – Prof. Otto B. Roegele und Kultusminister Prof. Hans Maier – diese durch eine evangelische Person weiblichen Geschlechts zu ergänzen. Regelmäßige Konferenzen waren deshalb seit 1978 in Köln angesagt.

A. D. Hat es später in der Struktur der Zeitung und in der Herausgeberschaft nicht auch Veränderungen gegeben?

C. M. 1982 wurde eine Fusion des „Rheinischen Merkur" mit der evangelischen Zeitung „Christ und Welt" aus dem Holtzbrinck Verlag beschlossen, in der Hoffnung, auf diese Weise ein breiteres Spektrum zu gewinnen und auch die evangelischen Bereiche mit abzudecken. Außerdem zog die Redaktion nach Bonn um und mauserte sich nach vielerlei Wechsel unter den Chefredakteuren zu einem weiter von sechs katholischen Bistümern mitgetragenen Großblatt unter der Chefredaktion von Prof. Michael Rutz.

Entsprechend erweiterte sich der Herausgeberkreis zunächst um Prof. Roman Herzog, der damals noch Präsident des Bundesverfassungsgerichts in Karlsruhe war, später kamen Prof. Wolfgang Bergsdorf, Prof. Freiherr Axel von Campenhausen und Minister Steffen Heitmann hinzu.

Der „Rheinische Merkur" bildete in dem sich immer mehr abzeichnenden geistigen Niedergang einen Brückenkopf gegen den sich schleichend einbahnenden Ausverkauf unserer Grundwerte, ein Blatt, das sich bis heute auf dem Boden des christlichen Menschenbildes um eine ausgewogene Mitte bemüht.

Andere Blätter ließen mich fallen, nachdem ein neuer Mann an der Spitze den Karren in den leichtgängigen, nachchristlich-verflachten Mainstream hineingeschoben hatte. Dazu gehört der „Münchner Merkur", eine Tageszeitung, in der ich 14-tägig über ein Jahrzehnt hinweg meine Kolumne schrieb und, wie mir der Chefredakteur allweihnachtlich bekundete, zur weiteren Verstärkung der Auflagen beitrug. Sein Nachfolger im Amt, ein Herr Christbaum, erklärte mich cool für entbehrlich, kaum zwei Tage nachdem er den Thronsessel des Medienimperiums erklommen hatte. Ähnliches geschah mir mit „Weltbild", mit der Jugendzeitung „17" und der Vierteljahreszeitschrift „Das Zeichen". Anpassung an den Zeitgeist oder Widerstand dagegen – das ließ sich jederzeit (bis heute) daran ablesen, ob ich als Publizistin erwünscht war oder nicht.

Die freie Journalistik ist so frei nicht, wie sie sich als ein Berufszweig in unserer „freien Demokratie" geriert, der mit Argusaugen über der demokratisch zugesicherten freien Meinungsäußerung wacht. Der einzelne Journalist ist – von wenigen Ausnahmen abgesehen – im Allgemeinen ängstlich darauf bedacht, nur ja voll im Aufwind des Trends zu liegen und um Himmels willen nicht mit seinem persönlichen Namen ins Out zu geraten. Die Journalisten sind darüber hinaus ein Klatschverein, die sich bei den Pressekonferenzen und an den kalten Buffets bei spektakulären Veranstaltungen von Großunternehmen in den gängigen Trends gegenseitig verstärken; denn die Journalisten sind weniger als andere Angestellte in ihren beruflichen Positionen abgesichert. Sie sind genötigt, nach neuen Arbeitsplätzen und Foren auf die Suche zu gehen. Deshalb ist den meisten nichts wichtiger, als die im Trend liegende Meinung zu vertreten beziehungsweise auf jeden Fall nur diese zu publizieren.

Am meisten überrascht von diesem Faktum war der nach der Wiedervereinigung erfolglos zum Bundespräsidenten vorgeschlagene Minister Heitmann. Die der DDR-Publizistik geradezu ähnliche Gleichförmigkeit sei für ihn eine der größten Überraschungen nach der Ankunft in der „freien Welt" gewesen, erzählte er mir. Er hatte bitter erfahren, dass man die Wahrheit auch hier ganz gewiss nicht unverblümt aussprechen kann, wenn man in einem hoch dotierten Metier Rang und Namen erwerben oder erhalten will.

A. D. Sie sprachen auf Ihrem Sektor doch auch unverblümt und – wenn es sein musste – entgegen den sich in Mode befindlichen Tendenzen die Wahrheit aus. Blieb es da bei kleinen Terrainverlusten? Heulten die Medien nicht auf, nachdem Sie mehr und mehr bekannt geworden waren?

C. M. Gewiss doch. Und zwar in beachtlicher Skurrilität. Als Erstes griff mich nicht etwa die TAZ an oder die Frankfurter Rundschau. Die stimmten, wie auch „Konkret", erst viel später in den Tenor der Verrisse ein. Als Erstes tat sich hier das „Deutsche Allgemeine Sonntagsblatt" mit seinem Redakteur Wolfgang Teichert – seines Zeichens evangelischer Pastor – hervor. Er wusste zu schreiben, dass die Meves, die bis dahin mehrere Aufsätze in diesem Publikationsorgan der evangelischen Kirche geschrieben hatte, die merkwürdige Vorstellung vertrete, dass „Gehorsam, Liebe und Dienst für Gott" wichtig seien. Dies, so konterte der Theologe selbstbewusst, sei „ebenso unbewiesen wie das einfache Gegenteil". Außerdem wagte er zu bezweifeln, dass ich überhaupt Abitur gemacht hätte. Das ist mir deshalb in Erinnerung geblieben, weil mein Mann eine zauberhafte Replik verfasste, in der zu lesen stand, zwar habe er nicht gehört, dass Teicherts Vorsitzender, Jesus Christus, Abitur gemacht hätte – und doch sei dem offenbar Höchstes gelungen –; seine Frau aber, so könne er bezeugen, hätte diesen Leistungsnachweis nun einmal in der Tasche.

Dieser mir erst später voll einsichtige Angriff ausgerechnet aus dem Zentrum der Organisation, für die ich mich mit Verve einsetzte, hatte aber, gerade weil über mehrere Wochen die Leserbriefe zu meiner Verteidigung nur so prasselten, einen Brief zur Folge, der doch ernsthaft nachdenklich machte: Ein hoher Funktionär der evangelisch-lutherischen Kirche schrieb mir grimmig, wenn ich nicht sofort mit diesem Leserbrief-Rummel aufhören würde, müsse er veranlassen, dass mir mit Hilfe maßgeblicher Medien der BRD endlich Einhalt geboten werde. Und das geschah denn auch, gerade nachdem meine Bücher ihre erste Million im Herder-Verlag erreicht hatten und dieser beschlossen hatte, das auch in diesem Verlag ungewöhnliche Ereignis mit einer Goldmedaille zu belohnen.

Dieser Angriff gegen mein Wirken geschah durch das Großblatt der linken Intellektuellen: Die „Zeit" fühlte sich berufen, einen Hamburger Hauptpastor dazu anzustellen, über den „neuen Drachentöter Christa Meves" – so die Überschrift – Mieses zu berichten. Viel wurde da endlich an klärender Entschiedenheit geleistet: dass sie militant sei, die Person, und immer ganz und gar merkwürdig unsinnig, durch und durch. Den Hauptpastor schüttelte es ja selbst, er gab sogar ein öffentliches Bekenntnis ab: dass er sich niemals von dieser Person behandeln lassen würde. Das sonst vor Pluralität und Toleranz triefende Publikationsorgan zeigte mit Entschiedenheit die Grenzen seiner Duldsamkeit auf. Eine Frauenzeitung der evangelischen Kirche setzte noch eins drauf und bezichtigte mich kurz und bündig, ein „Flurschaden in der Lüneburger Heide" zu sein.

Der „Spiegel", dieses Maß aller rügenswerten Dinge, entschloss sich endlich ebenfalls zum Verriss. Diesem Geschreibe einer unmaßgeblichen Person musste der heilige Zensor unserer Meinungsbildung denn doch entgegentreten – entschieden, kraftvoll, schön unter die Gürtellinie. Das hatte sich in diesem Medium ohnehin jahrzehntelang bewährt. Der „Spiegel" fragte , wie schon einige Rezensenten vor ihm: „Wer um Himmels willen liest diese Bücher?" Und er antwortete: „Die kleinen Leute sind es, denen der Mut fehlt, sich in die Schar der linken Weltleute einzureihen" – das hieß nach diesem vierseitigen Pamphlet: diese vielen Menschen eben, die empfänglich seien für Psycho-Kitsch à la Marlitt im Lore-Roman-Stil. Es sei zum Seufzen, wie schwer es sei, das Bewusstsein der Menschen ins Licht der wahren Ideologie zu kriegen, sie kleben und kleben am Realreaktionären. Und die Meves sei nun einmal die traurige Gewährsfrau dieser nichtswürdigen Kleingruppe unserer so wenig beweglichen Bevölkerung. Dieser Redakteur verlor kurz darauf seine Stellung beim „Spiegel". Er brachte sich um und wurde erst in verwestem Zustand in seiner Wohnung gefunden. Aber das habe ich erst später erfahren.

Wir waren trotz des Pamphlets entschlossen, die Verleihung der Herder-Goldmedaille so zu genießen wie Bert Brechts Tschan Te den von den Himmlischen geschenkten Bäckerladen. Alle unsere Freunde kamen, und ich war glücklich, als ich die vielen lieben Gesichter in dem kleinen, festlich geschmückten Saal um mich versammelt sah. Es wurde eine schöne Feier.

Erfahrungen mit dem Fernsehen
und Politisches

A. D. Das betraf also die Printmedien – und wie war es mit dem Fernsehen, das ab den 70er Jahren zum dominanten Medium wurde? Hat sich das nicht an Ihre Fersen geheftet?

C. M. Das wohl. Und zunächst war ich naiv genug, darin auch eine Möglichkeit zur Verbreitung meiner Einsichten zu sehen. 1970 zum Beispiel haben Prof. Illies und ich noch grünes Licht für eine Fernsehserie von fünf Halbstundensendungen vom ZDF erhalten. Wie es uns dabei ging, will ich etwas ausführlicher erzählen.

Wir hatten uns vorgenommen, die Gemeinsamkeiten und die Unterschiede zwischen dem Menschen und seinem nächsten Verwandten, dem Affen, in dieser Sendung herauszustellen. Ich sollte vor allem in den Teilstücken, in denen zum Vergleich Kinder herangezogen wurden, die dazu notwendigen Kommentare geben.

Wir saßen im Kindergarten von Schlitz, umgeben von sämtlichen Kindern, die die kleine Stadt aufzuweisen hat. Aber auch Größere sind angeheuert: Illies-Kinder im Grundschulalter. Alles ist in höchster, lärmvoller Erwartung.

Etwas verspätet rollt der Wagen aus Mainz an. Zwei freundliche, adrette junge Männer entsteigen ihm. Sie gehen in das Haus, besichtigen den Raum, der für die Aufnahme vorgesehen ist. Sie machen kehrt. Wir warten. Wo bleiben sie nur? Im Wagen machen drei fröhliche Techniker eine Rauchpause. Von den Redakteuren keine Spur. Einen finde ich auf dem Hof. Er steht dort sinnend, eine Hand am Kinn – ein Standbild von Barlach oder Rodin. Wo ist der andere? Er lehnt in einer Ecke des Vorraums. Er wartet – wartet, bis sein Kumpel mit dem Denken fertig ist. Das geht nicht so schnell. Jetzt beginnt der auf dem Hof hin und her zu wandern, den Blick abwechselnd gen Himmel und gen Erde gerichtet. Man empfindet – hier wird schöpferisch gearbeitet. Aber was? Das Drehbuch liegt vor, von Illies geschrieben, die Texte sind formuliert, das Arrangement ist dort mitbedacht und eingeplant. Man mischt sich nicht ein in schöpferische Prozesse. Was verstehen schon Urmenschen wie wir von der neuen Zeit, von der geheimnisvollen Ära des Fernsehens!

Wir warten. Unmut umwölkt die Stirn des Professors. Wir hocken auf den winzigen Stühlen; die Kinder machen ein ohrenbetäubendes Spektakel. Da – die Techniker haben offenbar Angriffsbefehl. Sie entrollen sich mit Spießen und Stangen, mit Unmengen von Schnüren und Apparaturen auf dem Feldlager. Scheinwerfer werden aufgestellt, eine Kamera beherrscht den kleinen Raum. Es soll losgehen – wie wunderbar!

Irgendetwas scheint doch noch unbefriedigend. Der Kameramann gestikuliert, die Redakteure verschwinden. Die Techniker machen eine neue Rauchpause. Die Buben befummeln die Kamera. Wir warten.

Der Morgen ist vorbei, eine Mittagspause wird beschlossen. Es ist noch nicht klar, ob der Raum für die Aufnahme brauchbar ist. Nach der Mittagspause ist er das plötzlich. Die Scheinwerfer leuchten auf. Wir platzieren uns um einen Tisch. Sprechproben. Endlich die so lang ersehnte Klappe. Aufnahme!

Halt, Abbruch. Der Tontechniker ist ungehalten. Die Kamera läuft zu laut. Der Kameramann ist beleidigt. Lange Auseinandersetzung, viel Gestikulieren. Unterbrechung. Basteln an der Apparatur. Irgendwann klappt das Schiefertafelmonstrum zu erneutem Versuch. Draußen beginnt eine Sirene zu jaulen. Abbruch. Neuer Versuch. Ein Kind fährt unbedacht in die aufgebaute Spielzeugszenerie. Polternder Sturz des Ganzen. Neuer Versuch.

Nach Klappe 10 ist aber die Szene dennoch „gestorben". Seufzende Erleichterung bei uns Laien. Da – ein Wehlaut, der Kameramann bietet den Anblick eines Schneemanns bei Tauwetter. Total kaputt ist sie, die Kamera. Sie hat gar nicht erst richtig aufgenommen – unbegreiflich düsteres Geschick! (Die sonst immer so wachen Buben spielen versunken unter dem Tisch mit ein paar einfachen Bauklötzen …)

Man hält eine Konferenz. Man telefoniert. Mainz will eine neue Kamera stellen. Für heute ist Feierabend. Die Mütter holen ihre Kinder heim. Die Staatskleider sind nicht mehr ganz so frisch. Morgen noch einmal, ja.

Für Menschen wie meine Freunde Illies und mich, zu deren Lebensnotwendigkeiten es gehört, ihre Zeit planend durchzuorganisieren und sie mit Präzision und Geschick einzuteilen, bedeutete der Arbeitsstil der Fernsehleute eine nervenzermürbende Belastung. Nach einigen Wochen der Zusammenarbeit hatten wir heraus, dass es einen Gedanken gab, der wie Gift auf uns wirkte, wenn wir ihn dachten, der unumgänglich verdrängt werden musste, jener Gedanke, den Freund Illies nach einem wieder einmal zerronnenen Herumstehtag hinausschrie – in die unbeweglichen und freundlich-gleichmütigen Gesichter unserer Redakteure hinein: „Mein Gott, was meinen Sie, was ich in dieser Zeit sonst alles geschafft hätte! Ludern Sie meinetwegen mit Ihrer Zeit, aber bitte nicht mit meiner!"

Das Fernsehstück hatte einen klaren Aufbau. Es ging zwar von den verblüffenden Gemeinsamkeiten von Mensch und Tier aus, hatte aber als Ziel dann umso schärfer den Menschen in all seiner Einmaligkeit ins rechte Licht zu rücken. Als Ausdruck seiner höchsten Möglichkeit, aus der Fülle der Geschöpfe herauszuragen, wollten wir am Abschluss einen Chor bringen – das Sanctus aus der Krönungsmesse von Mozart.

Der Chor kann als mehrdimensionales Symbol für das „Obere" des Menschen dienen: als Zeichen seiner Fähigkeit zu musikalischem Schöpfertum und als das Kennzeichen seiner überpersönlichen Begabung: dem religiösen Zentrum. Diese Begründung verschwiegen wir aber den jungen Herren. Wir wollten das durchsetzen, obgleich wir wussten: Glaube war nun einmal nicht up to date. Die jungen Leute wollten sich schließlich auch nicht ihre Karriere verderben. Aber unabhängig von diesem eigentlichen, „verschwiegenen" Aspekt ist der Chor ganz sachlich ein Symbol der höchsten Fähigkeit des Menschen.

Die Herren kennen die Krönungsmesse nicht. Wir spielen ihnen den Chor vor. Sie sind beeindruckt. Sie nicken mit den Köpfen. Die Sache ist beschlossen. Einige Monate später, jeweils sonntagnachmittags im August um 14 Uhr – die Bundesbürger tummeln sich im strahlenden Hochsommer-Sonnenschein am Strand oder erholen sich vom Sonntagsbraten – wurde unsere viele Mühe durch eine Ausstrahlung der Sendungen belohnt. Endlich rauscht es vorüber, farbig. Geht alles nach Plan? Die Schlusssendung: „Der Einzelne und die anderen". Von der Tötungshemmung der Tiere ist die Rede, von der Gefahr des Menschen, sie zu verlieren. Da, jetzt legen unsere Redakteure los – sie zeigen, was der Mensch ist: Vietnam, ein erschießender amerikanischer Offizier, Großformat, farbig, blutig. Noch ein paar Nachsätze des Autors; sie versinken unter dem massiven Eindruck der grausamen Szenen.

Wie hieß die umfunktionierte Aussage jetzt? Der Mensch ist ein halber Affe, eine gefährliche Bestie. Dass er auch die Krone der Schöpfung ist, dass er das, zwar nur gelegentlich, immerhin dennoch auch zu leben imstande ist und zum Ausdruck bringt, dass es lohnt, gerade danach zu streben, das wurde im Film abgeschnitten, das wurde verschwiegen.

„Das interessiert heute eben nicht mehr", meinten achselzuckend die jungen Leute aus Mainz als Antwort auf telefonischen Protest.

Unser Fernsehstück, auf dem Plan ein hübsches Haus mit einem ansehnlichen Giebel, ist in der Ausführung zum Bungalow für Liliputaner erniedrigt worden. Wer nicht ins Prokrustesbett des Fernsehens passt, weil er nach oben herausragt, muss fürchten, dass mit ihm kurzer Prozess gemacht wird – in einem sonst unüblich raschen Verfahren.

A. D. Diese Introduktion war also wenig ermutigend. Aber gab es nicht auch anders eingestellte Leute beim Fernsehen?

C. M. Doch, und mit diesen habe ich auch immer einmal wieder zusammengearbeitet, mit dem geradezu heroisch der Wahrheit und der Wiedervereinigung dienenden Gerhard Löwenthal zum Beispiel, der als Einziger mit seinem ZDF-Magazin immer und immer wieder auf die Skandale der Menschenrechtsverletzungen hinter dem Eisernen Vorhang hinwies, und einigen Redakteuren mehr, die sich aber an den Fingern einer Hand abzählen ließen.

Diese konnten sich jeweils immer auch nur eine kurze Zeit halten. Wurden sie zu erfolgreich, so verschwanden sie immer binnen kurzem aus der Szene. Hier wurden im öffentlich-rechtlichen Fernsehen, das nur scheinbar meinungstolerant ist, auch Gerhard Löwenthal und sein Adlatus Fritz Schenk eines Tages aus dem Programm gestrichen und zum Abschied genötigt.

Im Allgemeinen war bei dieser sich bald einpendelnden Sachlage Misstrauen angebracht, wenn man zu den sich allmählich einbürgernden Talkshows eingeladen wurde. Eindrucksvoll erlebte ich das in einer Sendung von Pro und Contra. Hier wurde ich der Familienministerin Katharina Focke gegenübergestellt. Das nahm ich einigermaßen gelassen hin und sagte zu. Immerhin sollte es um die Frage gehen, ob es wünschenswert wäre, dass die jungen Mütter bei ihren Kindern zu Hause blieben. Unversehens wurde ich aber unmittelbar vor der Sendung mit dem Arrangement konfrontiert, dass die Ministerin von einer Moderatorin sekundiert werden würde, die bereits als eine linke Scharfmacherin reichlich in Erscheinung getreten war: Gisela Marx mit Namen. Der Schock über die Überrumpelung hat meinen Adrenalinspiegel so erhöht, dass es, gemeinsam mit der Vorsitzenden der CDU-Frauen, Helga Wex, gelang, in der zunächst für die Contra-Position stimmenden Zuschauergruppe einen erheblichen Zugewinn zu erstreiten.

Aber hier wie auch sonst in der Mehrzahl der Bemühungen um mich war doch von vornherein die Tendenz dominant, meine Position zu schwächen und das mit meist unlauteren Mitteln und geheuchelten Vorgaben. Einige Male hätte ich dann auch gern zugesagt, wenn ich von Moderatoren angerufen wurde, die ich als integer einschätzte. Aber diese Chancen prallten meist an lange zugesagten, nicht mehr änderbaren Terminen meiner Vortragsveranstaltungen ab.

Nach den Talkshow-Erfahrungen mit der Südwestdeutschen-Rundfunk-Serie „Omnibus", die immerhin fair war, aber bei der der mögliche Beitrag in keinem Verhältnis zum Aufwand der langen Anreisen stand, sagte ich nur noch bei Sendungen zu, bei denen mir eine angemessene Redezeit vorher zugestanden worden war, um wirklich etwas von Belang mitteilen zu können. Das gelang bei einem halbstündigen Interview mit dem echt wohlwollenden Moderator Althammer wie auch mit Florian Langenscheidt im Bayerischen Fernsehen und mit Christa Schulze-Rohr im Südwestdeutschen. Maria von Welser holte mich für ihre „Mona-Lisa"-Sendung mit der gleichen Versprechung, ließ dann aber meine Rede unvermittelt nach wenigen Minuten abbrechen, obgleich es sich um das nun wirklich politisch neutrale Thema „Gewalt in der Familie" handelte.

Bei den meisten Anrufen des Fernsehens war es mir bei meinem immer eng bestückten Terminkalender ohnehin nicht möglich zuzusagen, und so verwies ich viele Jahre lang immer wieder auf die Religionspädagogin Elisabeth Motschmann, die gänzlich unerschrocken auch sogar in Sendungen mit pornographischem Touch die christliche Position auf das nachhaltigste in kämpferischer Tapferkeit darzulegen verstand.

A. D. Es erstaunt mich, dass aus Ihren Berichten immer wieder deutlich wird, wie sehr Ihre Bemühungen um gesündere und damit glücklichere Familien einerseits mit politischen Umtrieben in Berührung kamen und andererseits durch politische Strömungen angeregt wurden. Da wird man Ihnen wohl zwischendurch auch einmal politische Ämter angetragen haben …?

C. M. Nicht einfach so. 1970 bat mich die SPD, einen Hauptvortrag auf einem Parteitag zu halten, unter der Bedingung, dass ich in die Partei einträte. Das habe ich natürlich nicht getan. 1977 saß Herbert Gruhl bei mir im Wohnzimmer und bat mich, seine grüne Umweltpartei mitzubegründen. Ich habe ihm ein schönes Familienprogramm verfasst, aber damit ließ ich es bewenden. Der schleswig-holsteinische Ministerpräsident Uwe Barschel bat mich, sein Sozialministerium in Kiel zu übernehmen. Mehrfach wurde ich aufgefordert, Jeanne d'Arc bei christlichen Kleinparteien zu spielen. 1984 stand ich sogar in Konkurrenz mit Richard von Weizsäcker auf der Liste zur Bundespräsidentschaft. Dort fiel ich glücklicherweise schon bei den internen Abstimmungen durch, alle anderen habe ich lachend ohne jede Bedenkzeit selbst sofort abgesagt.

Ich bin ungeeignet für ein politisches Amt. Ich besitze nicht genug Durchsetzungshärte, und ich habe eine geradezu allergische

Aversion gegen Sitzungen, Sitzungsordnungen und Statuten. Mir fehlt leider dafür die nötige Begabung, obgleich ich mir das – wenn mein Drang, eine gute Zukunft für unsere Kinder zu erwirken, in mir urmächtig wurde – gelegentlich sogar gewünscht hätte. Versuchungen dieser Art gingen auch deshalb an mir vorüber, weil ich mittlerweile einige Sitzungserfahrungen sammelte. So habe ich gegen Ende der 70er Jahre eine Zeit lang auf der Hardt-Höhe im Verteidigungsministerium – damals unter Hans Apel, SPD – an der Kommission für innere Führung in der Bundeswehr teilgenommen. Ich hatte in der Praxis immer einmal wieder Nöte erlebt, die in den Familien durch den bei der Bundeswehr gelernten Alkoholgenuss und durch die Verkehrsunfälle bei den wilden Autofahrten der Soldaten an den freien Wochenenden entstanden waren. Ich glaubte bei dieser Bundeswehraufgabe, einiges Sinnvoll-Pädagogisches zur inneren Führung beitragen zu können. Das blieb aber mehr oder weniger illusorisch, und das Erreichte entsprach nicht dem erheblichen Zeitaufwand.

Dennoch gaben mir diese Sitzungen (mit ihren exzellenten Bewirtungen) Einblick in eine mir sonst sehr fremde Welt: Einblick in das Ausmaß der Bedrohung durch die auf die Bundesrepublik gerichteten Sowjet-Mittelstreckenraketen vom Typ SS20 und sonstigen Invasionsplänen ... Einsicht in die Großtat von Helmut Schmidt, einen NATO-Doppelbeschluss zu erwirken und damit seine Wiederwahl zum Kanzler aufs Spiel zu setzen; Einblick auch in die ebenso träge wie unberechenbare Gruppendynamik solcher Sitzungen. Ich war heilfroh, als ich all dem ohne Blessuren entronnen war.

Eine mit großem Schwung begonnene Initiative muss noch erwähnt werden. Eines Tages, 1977, rief mich Kultusminister Wilhelm Hahn an, der mich öfter schon zu Beratungsgesprächen in sein Ministerium gebeten hatte: Er beabsichtige, eine Bewegung ins Leben zu rufen, die in leichter Abwandlung zu meinem Buchtitel „Mut zur Erziehung" heißen solle. Ob ich bereit sei mitzumachen? Ich sagte mit Freuden zu. Es war denn auch ein illustrer Kreis, der sich hier in Bonn zusammentat: Golo Mann lernte ich hier erstmals kennen; der Soziologe Friedrich Tenbruck, den ich häufig schon in seiner berserkerhaften eindeutigen Aussage erlebt hatte, hielt den Hauptvortrag; Hartmut von Hentig gab sich wie immer wort- und blumenreich. Der Politologe Kurt Sontheimer gab ein Statement ab. Ich beschwor die Versammlung in der üblichen Weise.

Eine neue Richtung sollte – auch unter der Beteiligung der in großer Zahl eingeladenen Journalisten – neu gefunden werden. Am Abend gab sich Bundespräsident Scheel die Ehre, uns zum Nachklang einzuladen. Ich saß den ganzen Abend an seinem Tisch und versuchte, ihn mit meinen Vorstellungen zu infizieren… Er mühte sich huldreich, war aber wenig beeindruckt und zeigte eher seine ganze Freude am „Leben und leben lassen". Er trank den Wein literweise, und ein Steak war in zwei Riesenhappen verspeist. Die Initiative verpuffte.

Als Wilhelm Hahn 1978 aus seinem Amt ausschied, floss der neue Anstoß zwar noch lange wie ein Rinnsal dahin, um schließlich sang- und klanglos seinen Geist aufzugeben.

Noch einer respektablen Bemühung muss gedacht werden: dem internationalen Familienkongress. Adel aus Mexiko und Paris wie auch das Imperium der holländischen Brenningmeyer-Familie waren die Initiatoren und Financiers dieses viel versprechenden Entwurfs. Ich wurde als Rednerin sowohl zu den Kongressen in Paris wie auch in Wien eingeladen. Das waren herrliche Großveranstaltungen in einem christlichen Geist, in dem die Familie als ein unaufgebbarer Auftrag von Gott dargestellt wurde. In Paris kam die greise Nobelpreisträgerin Mutter Teresa aus Kalkutta angereist und erntete mit ihrem Appell gegen die Abtreibung Begeisterungsstürme. In Wien saß ich mit dem greisen Viktor Frankl und Prof. Marian Heitger auf dem Podium. Wir gaben uns geballt alle Mühe, mitzuhelfen, den kollektivistischen Trends die Notwendigkeit individueller familiärer Erziehung entgegenzustellen.

Publikum, Veranstalter
und Diskussionen

A. D. Das hört sich so an, als ob Ihre Öffentlichkeitsarbeit im Laufe der Jahre allmählich sehr strapaziös geworden wäre. Haben Sie daran nicht manchmal verzagt, haben Sie nie das Bedürfnis gehabt, sich wieder ins Privatleben zurückzuziehen?

C. M. Gelegentlich ja – besonders wenn irgendeine gesundheitliche Beeinträchtigung auftrat: ein Bandscheibenvorfall, ein Schulter-Arm-Syndrom oder eine Herzrhythmusstörung. So etwas konnte mich schon gelegentlich ins Sinnieren bringen, zumal ich meinen Patientinnen oft riet, auf die Zeichen ihres Körpers zu achten. Aber das hielt sich doch in Grenzen. Außer der Erkenntnis, dass es nur wenige waren, die dem abwärts rollenden Wagen in die Speichen griffen, und der Freude an den vielen mich ermutigenden Briefen, besonders von Eltern, die Tritt gefasst hatten, hat mich vor allem auch der Humor durchhalten lassen. Es gab auch viel Lustiges, Belustigendes, viel skurrile Situationskomik auf diesen Wegen, bei den Unterkünften, beim Arrangement von Pult und Sprechanlage, ja auf den Autofahrten. Von einigen Erlebnissen aus meinen „Reisen für die Zukunft" möchte ich etwas ausführlicher erzählen.

Jedes Publikum hat ein Gesicht, ein jeweils verschiedenes freilich, das anscheinend von einigen Determinanten abhängt. Eine der Determinanten ist die Entfernung. Man kann einigermaßen sicher sein, dass das Wohlwollen und die Aufnahmebereitschaft der Zuhörer mit jedem gefahrenen Kilometer, den man zurückgelegt hat, um den Versammlungsort zu erreichen, steigt. Am besten ist es eben, aus dem fernen Land zu kommen, aus dem „Reich" nach Österreich, aus dem „hohen Norden" in die Schweiz, aus einem etwa in Singen am Bodensee oft schon gänzlich unbekannten Gefilde. Ob in Wien oder Innsbruck, Bozen, Zürich, Basel oder Genf, ob in Madrid, Luxemburg, Paris, Liechtenstein, Brüssel oder Tondern – meine ausländischen Zuhörer und Veranstalter kamen mir durchgängig mit einer mich geradezu beschämenden Ehrerbietung entgegen. Sie öffneten weit ihre Tore und Herzen und waren stets in sorgfältigster Gastfreundschaft um mein Wohlbefinden bemüht. Ein Redner aus Uelzen in Germany, das war dort schon fast so geheimnisvoll-fremd wie Dänikens Gäste von fernen Sternen.

Dass hingegen der „Prophet im eigenen Vaterland" nichts gilt, wie selbst Christus es erfuhr und danach verfuhr, liegt daran, dass der Mensch mit Recht von einer neuen geistigen Erkenntnis erwartet, dass sie aus einer anderen Welt stammt, ja letztlich unirdischen Ursprungs ist. Die Vermittlung einer überpersönlichen Einsicht, die das Bewusstsein erhellt, ist ganz generell in dem Kreis am wenigsten möglich, in dem ihr Träger seinen Alltag verbringt; denn dort wird der Blick auf die Sache durch die Erfahrung verstellt, dass dieser Mensch ein ganz gewöhnliches Exemplar seiner Spezies ist, eben einer von der gleichen Sorte wie man selbst.

Solch ein Publikum trägt zunächst, ohne es selbst zu wissen, das Gesicht der Distanziertheit eines Tierkollektivs zur Schau, dem man ein Einzelexemplar aus der Nachbargruppe hinzugesellt hat. Mit dem ganz biologischen Mechanismus der Revierverteidigung springt aus den vielen Augen das EINE Gesicht: der Zweifel, was dieser Außenseiter eigentlich zu bieten haben könne; und erst wenn die Rede das Herz des Einzelnen bewegt, wenn die Information als Aha-Erlebnis einleuchtet, verschwindet unversehens dieses Gesicht der Menge und wandelt sich zu lebendiger Aufgeschlossenheit.

Eine andere Determinante ist die geographische Lage, in der man sich befindet. Nördlich der Elbe ist das Publikum am verhaltensten. Trotz der vielen Einwanderer aus dem Osten zeigt das Gesicht meiner Heimat sich auch in der Konkretion einer wartenden Menschenmenge in den allermeisten Fällen als verschlossen. Das Visier ist heruntergeklappt und bleibt es lange. Und wenn es sich öffnet, ist der Blick zuerst voll bohrender, immer wieder nachfragender Kritik, aber in der gelösten Zustimmung auch von ehrlicher Bereitschaft. Dabei sind sie keineswegs konservativ in ihrer Grundhaltung, diese Schleswig-Holsteiner, in aller Verdecktheit glüht gerade bei ihnen rasch der revolutionäre Geist auf, den sie zäh verteidigen. Etwas von der Grundhaltung dieses Landes zwischen den Meeren (Trutz blanker Hans!) lebt noch in der Anfangsstimmung der Hörermenge.

Das ist vor allem längs des Rheins von Basel bis Emmerich völlig anders. Ist es das Prägende dieses Flusses, der das Gesicht der Menge beweglich macht, blank, lebendig, voll herzlicher Sympathie? Am Rhein klatscht man bereits, bevor der Redner das Pult erreicht hat. Man freut sich einfach, dass er da ist, man drückt ihm das Honorar in die Hand, bevor er etwas dafür getan hat, man freut sich dankbar über jeden Witz und überhäuft ihn mit Blumen und Titeln. Obgleich jeder Veranstalter vorher mit mir korrespondiert hat und meinen Briefkopf kennt, der keinerlei Graduierung zeigt, werde ich selten einmal nicht durch Lorbeerkränze von Titeln überhöht.

„Wir freuen uns von Herzen, nach anderthalbjähriger Wartezeit nun Frau Professor Dr. Christa Meves vom Max-Planck-Institut Uelzen unter uns zu haben", ruft eine Organisatorin triumphierend in den Saal.

Kaum einer der Ankündiger schafft es dort, mir keinen Doktortitel aufzunötigen, und viele Vorredner retten sich kühn vor der Schwierigkeit, an der ungewohnten Berufsbezeichnung zu scheitern, indem sie mich zur Diplompädagogin oder gar zur Biologin umfunktionieren; jedenfalls herrscht auf der ganzen Linie eine herzlich unbekümmerte Bereitschaft vor, mich zu einem bunten, gelehrten, bestaunenswerten Vogel zu erhöhen, ihm willig in seinen Flügen zu folgen und die eigene Tüchtigkeit im Herbeizaubern solcher seltsamen Tiere mehr oder weniger bewusst fröhlich mitzugenießen.

Gelegentlich, besonders im Norden, wird man mit Unangemessenem konfrontiert. In einer majestätischen norddeutschen Backsteinkirche sehe ich in einem „Gottesdienst anders" meinen Vortrag plötzlich umrahmt von einem mit Tschingbum daherbrausenden, den afrikanischen Buschmännern entliehenen, verhotteten Vaterunser-Getöse („Die Jugend hat das so gern") und eine Schar mit Transparenten plakatierter Konfirmanden, die umschichtig Reich, Marcuse und Plack zitieren, aber anscheinend auch selbst Gehäkeltes; denn eine schmalbrüstige, hoch aufgeschossene Schülerin verurteilt mit schriller Stimme die verabscheuenswürdige Prüderie der Kirche, die auch dazu führe, dass man als Frau seinen Busen nicht mehr unverhüllt zeigen dürfe. Verwirrt versuche ich unwillkürlich bei der blassen Kleinen etwas zu entdecken, was sich in der Öffentlichkeit in der ersehnten Offenheit tragen lassen könnte.

Ob ein Abend, eine Tagung gelingt, zerrinnt oder im Desaster einer Fehlorganisation endet, hängt von der Person des Veranstalters ab, von seinem Impetus, seiner geistigen Kraft und Einstellung und seiner Organisationsfähigkeit. In einer geradezu verblüffenden Weise lässt sich in der Öffentlichkeitsarbeit die Erfahrung erneuern: „Wie der Herr, so 's G'scherr", und zwar auch in den Fällen, in denen ein „Herr" mit immer wieder anderen Personen, Tagungsteilnehmern zusammenarbeitet, also keineswegs allein in den Fällen, in denen durch eine langfristige Arbeit an einer bestimmten Gemeinschaft eine feste Gruppenbildung mit einem bestimmten Gruppengeist zustande gekommen ist.

Das reibungslose Funktionieren, eine Frucht der Sorgfalt der Veranstalter, ist die Voraussetzung zum Gelingen der Veranstaltung. Die menschliche Wärme, die uneigennützige Hilfsbereitschaft, das Stehen im Dienst der überpersönlichen Aufgabe muss der Hintergrund sein. Eine solche Einstellung hat nicht wägbare, aber gewiss unübersehbar große Wirkung auf die, die erreicht werden sollen.

Nur in seltenen, dann aber umso eindringlicheren Ausnahmen wurde ich mit hinterhältigen Praktiken eines Veranstalters konfrontiert. Fairness ist ja eine unaufgebbare Voraussetzung des Vertrauens zwischen Menschen. Wer bewusst oder unbewusst nicht bereit ist, sich dem Grundgesetz gegenseitiger Achtung zu unterwerfen, ist gegen den, der diesen Grundwert um keinen Preis aufgeben will, sehr schnell in einer äußeren Überlegenheit. Der Barbar hat alle Chancen, den in seine Macht zu zwingen, der nicht bereit ist, sich geistig die Brutalität seines Gegners aufnötigen zu lassen und ihm in der Währung des Gegners heimzuzahlen. Die Unbesiegbarkeit von Anstand und Achtung ist deshalb in der Welt immer wieder nicht anders zu verdeutlichen als durch die standhafte Bereitschaft zur Unterlegenheit gegenüber unfairen Verhaltensweisen.

Tragische Typen sind die Veranstalter, die es nicht schaffen, sich während des Vortrags mit dem Redner und seinem Erfolg bei den Zuhörern zu identifizieren, obgleich ein solches Partizipieren der sicherste Weg zum Veranstaltererfolg ist. Dennoch kommt es gelegentlich vor, dass diese einfache Möglichkeit wegen irgendwelcher alter Rivalitätsprobleme, zum Beispiel mit der von den Eltern dauernd gelobten, in widerlicher Weise vorgezogenen Schwester, nicht ergriffen werden kann. Tragisch sind solche Typen deshalb, weil die Menge ein solches Verhalten begreiflicherweise nicht versteht und stirnrunzelnd darüber zur Tagesordnung übergeht.

Unter dem lang anhaltenden Beifall meiner Zuhörer erblasst ein junger bebrillter Veranstalter am Pult mehr und mehr und meint dann näselnd: „Na, schön und gut, wir haben diesen Vortrag gehört – ich denke, es wird viele unter Ihnen geben, die nicht einverstanden sind; die bitte ich jetzt, sich zu Wort zu melden." Verwirrte Stille. Dann stößt ein Mutiger mit einer Sachfrage das Tor zu einer Diskussion von hohem Niveau auf, die Vertiefung der Information ermöglicht. Da nicht eine einzige oppositionelle Frage auftaucht, frage ich den Veranstalter später, woran denn er sich gestoßen hätte. „Ach, nur daran, dass sie alle so zugestimmt haben", antwortet er entwaffnend.

Unbewältigte Insuffizienzgefühle dieser Art werden auf nicht weniger unglückliche Weise auch einmal durch ein Co-Referat zu bewältigen versucht. Das stößt auf wenig Zustimmung. Hat der Veranstalter mehr als fünf Minuten damit zugebracht, das Referat widerzukäuen, so erhebt sich meist dumpf rumorend Unwille und Ungeduld, nicht selten so stark, dass er sich genötigt sieht, seine Nachrede einzustellen.

In den meisten Diskussionen werden in erfreulicher Gezieltheit Sachfragen diskutiert. Der Alltag mit all seinen Problemen tritt farbig hervor; ehrliche Ratlosigkeit, echtes Bedürfnis, die eigene Handlungsweise zu reflektieren und an ihr zu lernen, werden immer wieder sichtbar und geben Anlass, vom Fachwissen her Perspektiven zu öffnen. In einem solchen Klima können Störtrupps mit aggressiven Intentionen nur schwer Fuß fassen. Die Realität, der Alltag, das Leben in seiner Wirklichkeit, steht viel zu sehr im Mittelpunkt solcher Abende.

Bei einer Veranstaltung mit dem Thema „Schule – wohin?" in einer norddeutschen Großstadt ist das so: Die gelöste, heitere Geschäftigkeit eines Veranstaltungsbeginns fehlt. Stattdessen hat die Atmosphäre etwas Undurchschaubar-Düsteres, Drohendes. Auch die unbefangenen Besucher scheinen es zu spüren: Es sind Habichte in der Luft. Eine Schar von meist jungen Menschen, die vorher aufeinander gewartet hatten, sich sammelten, verteilen sich in Kleingruppen unter die Menge, postieren sich auffällig an den Saalausgängen.

Wer wird mir beistehen? Der zarte Veranstalter? Glücklicherweise ist mein Mann mitgekommen, wie auch die Freunde Heinz-Dietrich Ortlieb und Karl Schiller. Sie sitzen zusammen plaudernd unter den Zuhörern – eine Insel der Unbefangenheit. Die aggressionsgeladene Atmosphäre erreicht sie nicht. Aber ich fühle mich dennoch beschützt. Ich weiß: Wenn's draufankommt, werden sie mich nicht allein lassen. Ich klemme auf einem Stuhl neben dem Pult, während ein neuer Pulk hereinströmt, um die letzten Stehplätze zwischen der ersten Bankreihe und dem Podium auszufüllen. Dicht vor mir steht eine Frau meines Alters mit unruhig flackernden Augen. Sie durchstreift mit ihren Blicken den Saal wie ein Regisseur vor dem Beginn der Aufführung. Ich schaue zu ihr auf und sage spontan: „Mein Stuhl wird gleich frei, dann können Sie wenigstens sitzen."

Ich beginne. Merkwürdig – außer einigen Buhrufen keine Störung. Aber die Gewitterstimmung bleibt. Eröffnung der Diskussion. Meine Stuhlinhaberin meldet sich, fegt unvermittelt daher mit einem breit angelegten, vorbereiteten Pamphlet, glaubt zu wissen, dass ich keine Ausbildung habe, spricht mir Wissen, Erfahrung und Wissenschaftlichkeit ab, haut um sich – vom Applaus der bestellten Gruppen mehrmals unterbrochen. Sie gibt zu verstehen, dass eine Umverteilung der Anerkennung nötig wäre – weg von der inkompetenten Rednerin, hin zu ihr, der kompetenten Feministin.

Mit einem Schlag ist die Atmosphäre dennoch entspannt. Die Menge der Zuhörer durchschaut auf Anhieb das Subjektive, das Unangemessene, das Verletzenwollende des Angriffs. Ein befreiender Lachregen löst alle Spannung. Als unnötig erweist sich jede Verteidigung.

Manchmal tauchen die der modernen Indoktrination zugehörigen Klischees und Phrasen als Diskussionsbeiträge auf. „Sie haben den gesellschaftlichen Aspekt nicht berücksichtigt", heißt es da, obgleich in neun Zehnteln meines Vortrags von Umweltbedingungen die Rede war. – „Sie haben uns einige Hypothesen über die Ursachen der Diebstahlsdelikte in Wohlstandsländern geboten – also ist doch klar, warum die Jugend heute stiehlt, sie muss ja stehlen, die merken eben, dass sie ausgebeutet werden."

„Der Weihnachtsmann soll einen symbolischen Wert haben, meinen Sie? Das ist doch Unsinn – den haben die Kapitalisten aus ihren Unternehmerinteressen heraus erfunden."

In all diesen Fällen hilft ein kleiner Nachhilfeunterricht in Historie meist rasch über die Runden. Der dialektische Materialismus von Marx kann als Heilslehre unserer modernen Welt nur von Indoktrinierten verwendet werden. Marx war schließlich ein Kind seiner Zeit, des 19. Jahrhunderts, mit seinen echten sozialen Problemen. Unsere Probleme sind ganz anders: Sie entstehen durch die Verwöhnung der Wohlstandsgesellschaft, durch Vertechnisierung und Entmenschlichung unserer Kinderstuben mit Hilfe des Fernsehens als Babysitter – sie sind kein soziales und sie sind kein Schichtenproblem. Sie sind eine Frage der Sucht zur Bequemlichkeit, der Eigenmächtigkeit und der materialistischen Fehleinstellung der Menschen. Wie das im Einzelnen aussieht, was dabei herauskommt, nach welchen biologischen Gesetzen hier Störungen entstehen, ebendas kann die Psychopathologie des Kindes beschreiben und verdeutlichen.

Es gibt aber auch bösartige Diskutanten. Ein junger Mann erhebt sich: „Sie haben folgende Worte in den Mund genommen", sagt er und blättert demonstrativ in seinem Schreibblock: „Erbgesunder Nachwuchs, rassischer Vorzug, reine Gesinnung."

Ich weiß nicht, woher er diese Worte hat. Bei mir hat er sie gewiss nicht gehört. Da ich während des Vortrags beobachtet hatte, dass gerade dieser Diskutant sehr viel zu spät kam, frage ich ihn, ob er diese Worte von einer anderen Veranstaltung mitgebracht habe. Er beharrt, wiederholt und meint zusätzlich, ich hätte wohl auch keine neuen Vorschläge gemacht. Ich hielte es wohl mit der Illusion von einer heilen Welt und täte alles, um die hier öffentlich aufzupäppeln.

Eines ist sicher: Zugehört kann der Mann nicht haben, denn mein Vortrag bestand zur Hälfte aus praktischen Vorschlägen zur Änderung unserer Nöte.

In einer solchen Situation nützt es gar nichts, die unsachlichen, unzutreffenden Reden als Unterstellung zurückzuweisen. Der Verlauf der Diskussion hängt jetzt davon ab, ob in der Menge ein Mutiger ist oder ob vielleicht der Veranstalter selbst die Zivilcourage zur Richtigstellung hat.

In Großburgwedel erhob sich in einer Mammutveranstaltung ein hünenhafter, jugendlicher Vater und sagte: „Wir wollen hier über die Probleme unserer Kinder sprechen, wir wollen hier konkret etwas lernen. Wir wollen uns die Zeit nicht mit solchem Geschwätz und solchen unsachlichen Angriffen gegen unsere Referentin stehlen lassen. Unser Diskutant sollte am besten erst mal Privatstunden in Sachlichkeit und Höflichkeit nehmen und zuhören lernen, dann kann er wieder kommen. Bis dahin soll er den Mund halten; wir wollen auch etwas fragen."

Brausender Beifall bekundete ihm Zustimmung.

Aber es gibt auch die feige Menge. Es kann geschehen, dass alle stumm-passiv auf ihren Stühlen hocken bleiben, wenn ein Vikar bei der Frage, ob man den Vorkonfirmandinnen, also den 12- bis 14-Jährigen, die Pille geben solle, auf mein klar argumentierendes Nein in provozierender Schärfe antwortet: „Frau Meves, Sie scheinen hier doch wohl sehr subjektive Meinungen zu vertreten. Wenn Ihnen selbst der Mut zur Pille fehlt, so scheint es mir unrealistisch und missgünstig, dieses Recht den aufgeschlossenen Jugendlichen absprechen zu wollen."

Ich lausche eine Weile, bin verwundert, dass auch der Veranstalter sich duckt und nichts unternimmt, um mich vor solchen Anwürfen zu schützen. Dann beschließe ich, die Sache allein durchzustehen und auszufechten. Ich berichte aus der Praxis von

Jugendlichen, denen die allzu früh gepflückten Früchte nach einigen Jahren keineswegs mehr süß schmecken, wie ihre Verführer behaupteten, sondern bitter; spreche vom Missbrauch des Leibes durch eine unnatürliche, zerstörerische Manipulation.

Viele wachen auf, manche sind befremdet. In den Boulevardblättern steht es so anders. Ein Studienrat sagt nach dem Vortrag kopfschüttelnd: „Muss man sich denn wirklich so engagieren?"

Einmal, in der Universität Regensburg, bin ich in eine Falle geraten. Jede Menge Mensch sitzt an den Wänden hinter mir, Transparentträger umrahmen mich wie Standarten. Der Veranstalter eröffnet und stellt als erstes klar, dass das vorher verteilte Flugblatt lauter Lügen enthalte. Sie seien einem Pamphlet entnommen, dass der Kommunistische Bund herausgegeben habe. Er bekommt rauschenden Beifall; dann aber auch großes, wütendes Geschrei von einer Viergergruppe und vielen Maskierten, die an den Seiten Stehplätze haben. Tumulte branden auf. Es wird mindestens 20.30 Uhr, bis ich ans Pult komme.

Ich rede meinen Vortrag in die feindselige Stimmung hinein. Er ist von vornherein so angelegt, dass er wenig Angriffsfläche bietet. Es ist sehr viel Unruhe im Saal. Irgendwo schreit einer einfach mal so los, andere brüllen, er möge still sein. Gelegentlich greift der Veranstalter ein; dann gibt es Applaus und Pfeifen, alles durcheinander, ein Spektakulum. Ich lasse mich aber nicht aus der Ruhe bringen, ziehe die Sache durch, ohne mir viel Mühe zu geben, auf die sachliche Aussage reduziert. Um 21.45 Uhr etwa mache ich unter großem Beifall Schluss. Ich weiß aber, dass mir das nicht viel hilft.

Als Erstes fragt dann auch einer, als der Veranstalter die Diskussion eröffnet, warum ich Homosexuelle für Geisteskranke hielte. Wie mag er auf eine solche Absurdität gekommen sein? Warum ich wolle, dass die Frauen unterdrückt würden? Ich beschließe, alles locker zu nehmen. Ich erwidere, ich hätte viele homosexuelle Menschen in meiner Praxis, mit denen ich bestens befreundet sei. Einer sagt, ich solle zu Umweltschutz, Atombombe und Kapitalismus reden. Ich sage: Ich sei ein Schuster, der bei seinen Leisten bliebe. Einige lesen Zitate vor. Einer unterstellt, ich wolle das Rollenklischee aufrechterhalten. Ich erzähle von der Geschlechterpsychologie.

Einer schreit hinter mir laut: Ich möge Literatur angeben. Ich nenne den Experten für wissenschaftliche Geschlechterpsychologie, Ferdinand Merz. Der Schreiende brüllt: Ich sei überhaupt keine Wissenschaftlerin, ich dächte mir alles nur aus. Ich hätte nirgendwo geforscht und keine Arbeiten in wissenschaftlichen Zeitungen geschrieben. Ich erwidere, ich hätte mindestens fünf in der Zeitschrift für Kinderpsychologie und -psychiatrie geschrieben, er möge sich besser informieren, bevor er dergleichen behaupte.

Ein Mädchen erklärt, nach ihrer Meinung und Information hätte der Mensch gar keine Instinkte, wie ich behauptet hätte. Einer sagt, ich schriebe nur Erscheinungsbilder zusammen und deutete die Ursachen hinein. Das sei ein Zirkelschluss. Ich entgegne: Wissenschaft erweist sich an ihrer Nachprüfbarkeit und ihrer Prognostizierbarkeit als Wissenschaft. Ich hätte differenziert beobachtet und hätte bereits eine Generation von „Modellkindern", die natürlich erzogen seien und ohne die typischen, beschriebenen Symptome aufwüchsen.

Einer fragt, wie ich das selbst gemacht hätte mit meinen Kindern und ob er denn sein Studium aufgeben müsse und stattdessen zu Hause bei seinem Kind bleiben solle, das jetzt in der Krabbelstube der Uni sei. Ich antworte: Er könne in einer liberalen Demokratie machen, was er wolle, ich würde ihm keine Vorschriften machen, würde ihn nur informieren. Familienplanung wäre Sache der persönlichen Entscheidung.

Eine ruft begeistert: Ich hätte schon so vielen geholfen. Lang anhaltender Beifall. Der mit dem Zweifel an meiner Wissenschaftlichkeit hält eine lange Rede. Es sei ja nicht gerade falsch, was ich meinte, aber man könne sich nicht an EIN Buch halten, wie an Merz. Der sei eher konservativ. Außerdem sei ich vorschnell. Er in seinem Seminar riete allen Studenten, nicht so rasch monokausale Schlüsse zu ziehen. Ich gebe ihm zu verstehen, leider sei ich keine Seminaristin des Herrn Professor, sonst würde ich mich gern an seine Ratschläge halten. Ich sei aber hier nach 30-jähriger Berufserfahrung. Große Empörung. Sie meinen, es sei zynisch, den jungen Herrn als Professor anzureden.

Einer weiß, ich hätte schlimme Freunde; mein Freund Konrad Lorenz sei ein NS-Mann gewesen; mit Minister Maier wolle ich in

Bayern Politik machen. Der Gleiche kommt noch mit einem Zitat über mordende und plündernde Völker ohne Reue. Ich frage sie, ob sie mich zum Sündenbock für meine Freunde machen wollen. Eine junge Frau schreit schrill, füßestampfend, Haare reißend, ich solle zu ihrem Zitat Stellung nehmen. Ich rate ihr, sie möge einen Historiker fragen, der würde ihr das schon bestätigen.

Einer schwenkt die Nachschrift vom CSU-Kongress 1980 und wirft mir vor, dass ich dort gesprochen hätte. Ich kontere: Ich rede ja auch hier, obgleich alles vom Kommunistischen Bund durchseucht sei. Viel Beifall. Einer bringt ein schönes Zitat vom CSU-Kongress über die Verführbarkeit. Ja, sage ich, dazu stünde ich voll, es gehöre zum Wesen des Menschen, verführbar zu sein. Gejaule. Eine erklärt unvermittelt, sie sei aber an nichts schuld, auch nicht an der Umweltverschmutzung. Ich machte ihr Schuldgefühle. Ich gebe zurück, dass wir Verantwortung trügen und auch zur Verantwortung gezogen würden. Es sei die Aufgabe des Menschen, zerstörerischen Trends entgegenzuwirken und dem Ziel der Schöpfung, der Liebe, zum Sieg zu verhelfen. Großer Beifall. Ende.

Ein linker Journalist löchert mich noch lange. Ich sei defensiv gewesen, meint er. Ich erwidere ihm erschöpft, dann hätte er mal Ähnliches machen sollen. Um 0.10 Uhr stopft mich der Veranstalter in den Nachtzug und flüstert zum Schluss, dass er leider zu wenig Geld hätte, um mir ein Honorar zu geben.

Nun, wie man sich bettet, so liegt man – auch für den schäbigen Nachtzug gilt das. In ihm ist an Schlaf nicht zu denken …

In den letzten Jahrzehnten ist eine neue Form des Gesprächs in der Öffentlichkeit zur Mode geworden: die Podiumsdiskussion. Man hält sie im Zuge einer demokratischen Meinungsbildung des Laien für besonders fruchtbar. Da hocken auf fünf Stühlen fünf gelehrte Häuser, jeder voll gestopft mit Theorie und Praxis seines Fachbereiches, beladen mit dem Modetrend, der gerade in seinem Spezialfach herrscht, begrenzt in seiner Objektivität durch das Vorurteil seiner persönlichen Ideologie, die Denknotwendigkeiten seiner Charakterstruktur und deren Abwehrmechanismen, und sagt im Brustton der Überzeugung, aber mit verhaltener Sachlichkeit (die ist zurzeit ungeschriebenes Gesetz, Verhaltensvorschrift, ohne deren Einhaltung keinerlei Aussicht auf Erfolg besteht), sagt also in vorschriftsmäßiger Nonchalance: „Ja, ich würde meinen ...“

Moderatoren – vor allem die vom Fernsehen – sind immer entzückt, wenn es ihnen gelungen ist, möglichst konträre Vorstellungen, sich widersprechende Aussagen auf den Tisch zu bekommen. Sie reiben sich die Hände wie Zirkusdirektoren, denen es gelungen ist, dem Publikum ein blutrünstiges Spektakulum vorzuführen. Zwar werden die modernen Gladiatorenkämpfe nicht mit Körperkräften, sondern mit der spitzesten Waffe des Menschen, mit seiner Zunge, ausgefochten, doch sind sie nicht weniger grausam, nicht weniger unsinnig, nicht weniger destruktiv; denn wenn das Streitgespräch nicht unter Fachleuten, nicht unter allerseits kompetenten Zuhörern stattfindet, sondern vor Laien durchgeführt wird, kann es gar nicht, wie vorgegeben wird, zu einer echten Urteilsbildung der Uneingeweihten führen.

Urteilsbildung setzt gründliche Kenntnisse und umfängliche Erfahrungen im Umgang mit diesen Kenntnissen voraus. Kein Fachgelehrter kann das an einem Abend auch nur annäherungsweise leisten, wenn er nach den Spielregeln der Podiumsdiskussion alle zehn Minuten einige Sätze ins Gespräch werfen darf. Auch der Ansatz zu einer echten Urteilsbildung ist für den Zuhörer auf diese Weise nicht gegeben. Stattdessen wird er konfrontiert mit mehreren Autoritäten, die mit Titeln und Meriten schön geschmückt sind, denen er mit Recht gern Glauben geschenkt hätte, würden diese sich jetzt nicht mit gestelzter Gelassenheit gegenseitig schlagend beweisen, dass die anderen Gelehrten hochkarätige Trottel seien. Nicht Kritikfähigkeit entsteht auf diese Weise, sondern Orientierungslosigkeit, nicht Bewusstseinserhellung wird hier vollzogen, sondern Verdunklung, indem die Kompetenz der Fachkraft in Frage gestellt wird.

Da aber der Mensch in geradezu dranghafter Not nach Orientierung sucht und genötigt ist, sich Klarheit zu verschaffen, bleibt ihm als Zuhörer bei Podiumsdiskussionen nichts anderes übrig, als sich an den „Eindruck“ zu halten, den die Leute auf ihn machen. Er nimmt Partei für den Geschickten, den Zungenfertigen, den gut Gekleideten, den Schönen, für den, der eine „gute Figur“ macht, den „Helden“.

Das alles aber sind Kriterien, die mit einer sachlichen Orientierung nichts zu tun haben und in der Verknüpfung von Eindruck und Aussage den Laien gefährlich irreleiten können.

Aufgrund der Erfahrung, dass Podiumsdiskussionen von konträr eingestellten Fachleuten vor Laien oft zum gefährlichen Spektakulum entarten können, die zerstören statt aufbauen, lehne ich Aufforderungen zu dergleichen grundsätzlich ab, auch und gerade mit Leidenschaft dann, wenn ein Boss am Schalthebel der Fernsehmacht mir das Unternehmen mit dem Angebot einer hübschen vierstelligen Summe schmackhaft zu machen versucht.

Aber Entscheidungsmöglichkeiten dieser Art sind mir auch erst an der Erfahrung gewachsen, an dem Gefühl von Unzufriedenheit und Unzulänglichkeit nach Veranstaltungen solcher Art, die mich trotz äußerer Erfolge auf den einsamen Nachtfahrten nach Hause beschlichen.

Pulte, Mikrophone, Routen
und Unterkünfte

Ich habe auf meinen Reisen den Eindruck gewonnen, Straßenschilder werden von Nichtautofahrern und Podiumseinrichtungen von Nichtrednern gemacht. Eine Veranstaltung kann großartig organisiert und glänzend vorbereitet sein: wie der Redner mit seinem Vortrag zurechtkommt, das wird in vielen Fällen einfach nicht mitbedacht. Besonders bei Veranstaltungen in Gasthäusern löst die Bitte um ein Pult oft bewegte Ratlosigkeit aus. „Das werden wir gleich haben", ruft ein wegen der vielen Besucher euphorischer Gastwirt aus, verschwindet und taucht nach endloser Wartezeit, Spinnweben in den Haaren, mit einem verpackten, bestaubten Gegenstand wieder auf, der in alten Zeiten gewiss einmal ein Tischpult gewesen sein mag.

Andere patente Herren umkleiden Apfelsinenkisten mit einer frisch gestärkten Serviette, stapeln Broschüren oder Aktentaschen zu ansehnlichen Rutschbergen auf; selbst ein nierenförmiger Mosaikblumentisch wurde mir von einer jener herzhaften Gastwirtinnen zur Verfügung gestellt, die unbekümmert einfach jeder Lebenslage gewachsen sind. All solche gut gemeinten Notlösungen können nur als solche angesehen werden, wenn man auch ohne Konzept der Sache gerecht zu werden in der Lage ist. Denn diese provisorischen Gegenstände haben eine gemeinsame Eigenschaft: Sie dürfen auf gar keinen Fall berührt werden, wenn es nicht zu grotesken Stürzen und zu fehlleitendem Aufmerksamkeitsentzug bei den Zuhörern kommen soll.

Einmal, am Anfang meiner Reisen, habe ich so einem aus der Rumpelkammer hervorgezogenen Gegenstand vertraut: Ich schil-

182

dere eine psychische Fehlentwicklung, und indem ich meine Hände fest auf das Pult stütze, rufe ich: „Ein kleiner Anlass nur ist nun nötig, und der Zusammenbruch ist da!"

In diesem Augenblick kracht das Pult vor mir nieder, und ich kann nur mit Mühe verhindern, dass ich mit ihm vornüberfalle.

In den seltensten Fällen stehen Pulte geräuschlos. Viele wackeln schon bei zarten Berührungen, andere nur bei bestimmter Gewichtsverteilung. Es ist wichtig, seinen Text im Schlaf sprechen zu können, denn oft bleibt nichts anderes übrig, als die Wackelgesetze eines Podiums während der ersten Viertelstunde durch Versuch-und-Irrtum-Methoden gründlich zu erforschen, um zum störungsfreien Sprechen fortschreiten zu können.

Selten ist ein Rednerpult für Menschen über 1,80 Meter Körperlänge berechnet. Manche dieser Pulte nehmen einem Redner von meiner Länge erst den letzten Rest Hoffnung, sich mit ihm zu arrangieren, wenn man ihnen das Manuskript unmittelbar vor dem Beginn des Vortrags anvertraut: Es zeigt sich, dass die Ablage einen Winkel von mindestens 80 bis 85 Grad hat, so dass man, wollte man den Text vorlesen, ein Auge in Nabelhöhe besitzen müsste. In solchen Fällen darf man froh sein, wenn das Pult so stabil ist, dass man wenigstens die Hände an die oberen Ränder klammern kann, um dem wachsenden Gefühl von Ohnmacht mit ein wenig Festhaltemöglichkeit zu begegnen. Ist dann freilich die das Manuskript haltende Kante nicht breit genug, so kann es geschehen, dass die nicht benutzbaren Schriftseiten im Drange der Rede mit der vibrierenden Bauchdecke in Kollision geraten und – unzureichend gehalten – sich unter die Gesetzlichkeit der Erdgravitation begeben ...

Manche Schwierigkeiten ergeben sich auch durch die Notwendigkeit eines Lautverstärkers.

Zwei Tage vor einer Veranstaltung ruft mich ein Pastor an: „Frau Meves, brauchen Sie ein Mikrophon?" – „Mit wie vielen Zuhörern rechnen Sie?", fragte ich zurück. – „30 bis 40", ist die Antwort. – „Wenn es nicht mehr sind, geht es auch ohne", erwidere ich, „aber ich möchte Sie bitten, doch auf jeden Fall eins aufzustellen."

Der Pastor, seufzend: „Ach, ach, wir haben nämlich keins!"

Ich rate, die Nachbargemeinde zu befragen oder sich in einem Spezialgeschäft ein Mikrophon auszuleihen, vielleicht auch einfach eines für die Gemeinde anzuschaffen. Erleichterung und Freude jenseits der Leitung über all diese Möglichkeiten.

Ich komme in den Saal: Man ist bereits einmal umgezogen, der Fülle wegen. Dieser fasst 450 Personen – er ist mehr als voll... aber von Mikrophon keine Spur. „Aber wir haben doch keins", ist die hilflose Antwort.

Ich weiß das bereits seit vorgestern. Aber Hilflosigkeit ist ein fundamentaler Charakterzug und nicht einfach durch ein paar Ratschläge abschaffbar!

Ich schiebe das Pult direkt vor die Nasen in der ersten Reihe. Ich will sie packen, auch die in der letzten Reihe. Nach einer Stunde habe ich den Schlusssatz zu fassen. Kein weiterer ginge mehr. Als ein ausgebranntes Aschehäufchen falle ich zurück auf den Stuhl, neben den Pastor. „Na sehen Sie", sagt der, „es ging doch, das hat bestimmt jeder verstanden!"

Die Stimmbänder geben nichts mehr her, glücklicherweise! Womöglich hätte ich dem Herrn Pfarrer geraten, sich ein Mikrophon anzuschaffen.

Sechs Autos haben mir in den vergangenen 40 Jahren meine Reisen für die Zukunft ermöglicht. Als einsamer Autofahrer wird man mit seinem Wagen ungemein vertraut. Er bekommt fast so etwas wie eine Seele. Er ist wie ein guter, verlässlicher Kamerad, ein erweitertes Ich, ein Refugium der Geborgenheit. Erstaunen packt meine Hörer meistens, wenn sie erfahren, dass ich in der Nacht noch wieder heimfahren werde – was freilich selten dazu führt, mich gegen Verzögerungen abzuschirmen. Gelegentlich ist dieses Bedauern auch berechtigt, aber durchaus nicht immer. Nachtfahrten bei klarem Wetter sind ein hoher Genuss. Die Straße ist frei und bekannt, das Auto riecht den Stall. Der Mond beglänzt eine hindernislose Silberspur. Ich singe.

Mein jetziges Auto heißt Willi, ein silbergrauer Audi. Willi will immer. Er beschleunigt prachtvoll; noch nie versagte er, trotz noch so deprimierender Staus auf den Autobahnen. Willi will nicht in den Ruhestand. Er bekundet, dass es dazu keine Veranlassung gibt, obgleich er schon so viele Jahre zigtausend Kilometer auf dem

Buckel hat. Er und ich fühlen uns jung genug, unseren Dienst zu tun – bis dass der Tod uns scheidet ...

In den Anfängen meiner zusätzlichen Nachtarbeit habe ich es für ausreichend gehalten, den Namen des Veranstaltungsortes und die Straße zu kennen, in dem der Vortrag stattfindet. Die schweißtreibende Mehrbelastung des Suchens in einer nächtlichen fremden Stadt vor einem Vortrag hat mich eines anderen belehrt. Nach 19 Uhr gibt es selbst in der City der Großstädte keineswegs noch Menschenmassen. Die Straßen sind leer, leer gefegt schon ganz und gar, wenn ein Fußballspiel oder dergleichen im Fernsehen übertragen wird.

Und selbst die Entdeckung eines Zweibeiners berechtigt keineswegs zum Aufblühen euphorischer Hoffnung. Ausländer, die überhaupt nichts begreifen, sind wesentlich weniger gefährlich als etwa eine freudig-hilfsbereite Dame mittleren Alters, die zwar nicht weiß, wo die Stadthalle ist, es aber doch unbekümmert vorgibt. „Doch, die Stadthalle, die ist neu gebaut, die ist draußen am Stadion; da kehren Sie erst mal um – immer geradeaus, immer, immerzu, dann links ab. Sie kommen direkt darauf zu, is nich zu verfehlen."

Mühsames Kehrtmanöver. Geradeaus. Ach, so viele Möglichkeiten, nach links abzubiegen, schließlich ein Schild: Stadion; aber rechts. Na ja, rechts und links lässt sich leicht verwechseln. (Wir Frauen haben dazu sogar eine ganz spezielle Begabung, behauptet mein Zahnarzt und meint, das läge daran, dass wir so viel und gern in den Spiegel schauten ...) Das Stadion. Daneben eine Halle. Dunkelheit entwächst ihr – es ist die Viehhalle. Es ist 19.53 Uhr. Ich werde weitersuchen. Ich werde meine Zuhörer finden!

Solche und viele ähnliche Erfahrungen haben mich gelehrt: Nur eine kleine Auswahl der Spezies Mensch unter den Passanten bietet die Aussicht, eine Auskunft zu geben, aufgrund derer man den Vortragsort auch wirklich findet. Junge Mädchen sind von rundäugig-staunender, immer wieder verblüffender Ignoranz, ahnungsloser meist als Ortsfremde. Frauen kennen zwar manchmal die Straße, sind aber unfähig, den Weg zu beschreiben. Männer über 70 sind häufig schwerhörig. Männer zwischen 50 und 70 sind oft umständlich, so dass man in dem Wust der genauen Einzelheiten einen Merkfähigkeitszusammenbruch erleidet ...

Die einzige in Frage kommende Gruppe ist erfahrungsgemäß die der 20- bis 50-jährigen Wesen männlichen Geschlechts. Da aber das Suchen nach einem geeigneten Exemplar zur Wegbefragung erkleckliche Zeit in Anspruch nimmt, lasse ich mir von den Veranstaltern Fahrtskizzen anfertigen. Falls die tüchtigen Sekretärinnen selbst Autofahrer sind und infolgedessen schon einmal etwas von Behinderungen durch Einbahnstraßen gehört haben, falls sie rechts und links unterscheiden können oder – noch besser – einen Ehemann zwischen 20 und 50 haben, der die Sache für sie am Feierabend übernimmt, steigen die Aussichten, den Versammlungsort zu erreichen, zu eklatanten Wahrscheinlichkeitsgraden an.

Und wenn alle Stränge gerissen zu sein scheinen, wenn man irgendwo um 20.10 Uhr die Auskunft bekommt: „Da sind Sie aber ganz falsch" und aufgrund dieser Neuigkeit am Steuer zusammensackt, dann geschieht manchmal auch ein Wunder: Der Passant erweist sich als ein Engel, er klappt erbarmungsvoll-eilig seine Flügel zusammen, öffnet die Autotür und sagt: „Passen Sie auf, ich bringe Sie hin und gehe dann wieder zurück. Mir tut's ganz gut, mal ein wenig zu laufen." – Ich vermute, sie greifen dann heimlich doch aufs Fliegen zurück, nachdem sie mich zielgerecht abgesetzt haben, diese Engel. Für Engel und Autofahrer ist das Zufußgehen heute eine nicht mehr zumutbare Bewegungsform geworden.

Apropos Fliegen: In den 70er und 80er Jahren, als die Beanspruchungen begannen, das Maß des zu Bewältigenden zu überschreiten, habe ich mich oft auch an die Lufthansa gehalten in der Hoffnung, durch ihren schnellen Service Zeit zu gewinnen. Das ist aber manchmal mit unvorhersehbaren Beeinträchtigungen verbunden. Wenn wegen eines Unwetters das Flugzeug in Hamburg statt in Hannover landet (wo mein Auto geparkt ist, um mich die letzten 100 Kilometer heimzutragen), wenn in München oder Frankfurt über Stunden und Stunden wegen Nebels Startverbot besteht, kann auch einmal eine Menge Zeit verloren gehen, statt eingespart zu werden. Dann wird das Reisen zu einem Sonderexerzitium in Geduld.

Mit dem Beginn der 90er Jahre bin ich ein ICE-Fan geworden. Meist pünktlich rasen die Schnellzüge in atemberaubender Geschwindigkeit durch die neuen Tunnel der deutschen Mittelgebirge und spucken mich wesentlich zügiger an den oft süddeutschen Vortragsorten aus. Und nur ganz gelegentlich bekunden sie durch einen plötzlich auftretenden Defekt, dass Schnelligkeit auch ihren Preis hat. Nicht erst seit Eschede mindert das Bewusstsein über die Illusion von Sicherheit durch perfekte Technik allerdings den Genuss ...

Auch in Bezug auf die Nachtquartiere, die von Veranstaltern für mich gemietet werden, habe ich zunächst Lehrgeld zahlen müssen; denn leider bin ich, was Schlafen angeht, eine Prinzessin auf der Erbse. Tropft der Wasserhahn, ist die Wand so dünn, dass man des Nachbarn Schnarchen hört, knarren die Dielen, mieft das Bett, so kann ich mich getrost mit einem Packen Literatur auf eine schlaflose Nacht einstellen, was auch nur lustvoll bleibt, wenn eine Nachttischlampe vorhanden ist, die stundenlanges Lesen oder Schreiben ermöglicht.

In einer rheinländischen Kleinstadt suche ich lange im Dunkeln nach dem Hotel Dümperhof und erzeuge bei den befragten Passanten nur Kopfschütteln. Schließlich ruft einer: „Ach, Sie meinen wohl den Bauern Dümper – stimmt überhaupt, der nimmt manchmal Leute auf!"

Ich finde denn auch weit vor der Stadt und weit von dem Ort meines Wirkens entfernt eine Pappelallee, die zu einem einsamen, entlegenen Gehöft führt. Kläffendes Hundegebell. Eine dralle Mittdreißigerin erscheint im Türrahmen. Für mich sei ein Zimmer reserviert in Dümpers Hotel, ob's damit stimme.

Ja, richtig, sagt sie, Dümpers wären sie. Aber von einer Reservierung wisse sie nichts. Durch Herrn Knöterich? Ja, natürlich den kenne sie. Aber nu, ihre beiden Gästezimmer seien besetzt. Da müsse wohl ein Irrtum vorliegen.

Kein Bett. Die Zeit drängt. Die Wirtin hat einen Einfall: Sie habe ein Notquartier im Wohnzimmer. Ich bin bedrückt. Ich habe zwar meine gesamte reifere Jugend in Notquartieren verbracht (mitsamt den lieben kleinen Schlaf mindernden Schlafgenossen aus den Strohsäcken), aber schließlich wird man älter.

Dümpers Wohnzimmer ist umwerfend. Ein Hirsch röhrt als noch lebendes Abbild von der Wand auf mich nieder. Die Nippes auf der Schleiflackanrichte klirren bei jedem Schritt in modischer Dissonanz. Es riecht nach Bohnerwachs. Aber das Bett, das da unversehens in der kalten Pracht steht, ist breit und groß und vermutlich auch weich. Grelles Licht aus dem Kerzen nachahmenden Kronleuchter – die Gardinen kann man nicht zuziehen. Ein Wohnzimmer eben. Man kann mit so vielem zufrieden sein. Ich beschließe, es zu sein.

Auf der Fahrt zum Vortrag frage ich den Veranstalter, der neben mir in meinem Auto sitzt, warum er denn die Leute, die er einlädt, nicht in einem guten Hotel in der Stadt unterbringe.

„Ach, wissen Sie", sagt er, „ich wohne nun mal da draußen. Ein Auto habe ich nicht. So ist es doch am einfachsten bei Rednern, die mit dem Wagen kommen: Ich bin gleich parat, und sie können mich mit hinein- und wieder herausbringen. Eine Hand wäscht die andere."

In den ersten Jahren meines Reisens habe ich noch nicht gewusst, dass es unumgänglich ist, mit den Kräften hauszuhalten. Ein solches Nachdenken, Horten und Einteilen ist einfach nicht meine Sache. Es liegt mir nicht. Deshalb fand ich es immer am einfachsten, wenn die Veranstalter mir in ihrer eigenen Wohnung ein Nachtquartier anboten. Kinderreiche Pfarrer erweisen sich als am meisten gastfreundlich. Es ist sowieso alles ein Topf.

„Bitte", sagt ein solcher zu mir nach einem Vortrag, „ich habe leider noch mit dem Chor zu tun, meine Frau auch, schauen Sie, da drüben leuchten schon die Fenster unseres Pfarrhauses durch die Büsche. Gehen Sie doch schon vor. Unsere Älteste weiß Bescheid und wird Ihnen Ihr Zimmer zeigen. Wir kommen dann bald nach – und Sie trinken dann hoffentlich noch ein Glas Wein mit uns?"

Ich läute. Von innen wird die Tür aufgerissen. Ich sehe ein Knäuel von verhakelten, rot bestrumpften Armen und Beinen. Schreien, Juchzen, Klagelaute.

„Maamaa", ruft eine Stimme hinter einem Vorhang. „Sieh nur, wie sie sich zanken, wie sie sich kloppen. Sie hören einfach nicht auf mich. Du musst sie strafen, am schlimmsten ist Thomas, Steffen ist auch ekelhaft."

Platz zum Eintreten ist nicht da, aber als unversehens das

Schlachtfeld sich im wogenden Getümmel von der Tür entfernt, schlage ich sie mit lautem Klirrbumm hinter mir zu.

Erschrecktes Auffahren, fünf Augenpaare schauen rätselnd zu mir herüber. Ich vermerke: Nichts von Feierabend, ein Berufsmorgen kommt auf mich zu.

„Tag", sage ich deshalb erst mal. „War ja wirklich 'ne Schlacht. Fast wie die Könige von Griechenland, als sie die Stadt Troja eroberten, habt ihr gekämpft."

Ich hoffe, dass der Köder lockt. Am Abend ist Geschichtenerzählen legitim und nicht so entnervend wie das entwicklungspsychologisch so unumgängliche Vorüben der Knaben zwischen fünf und zwölf Jahren auf Kampf- und Verteidigungshaltungen in ihrem späteren Männerleben als gereifte Helden.

„Hatten denn die Könige von Griechenland auch Pistolen?", fragt ein Knirps von acht Jahren mit einer Moritz-Locke.

„Pistolen? So was Dummes benutzten die damals noch nicht", sage ich und setze mich auf meinen Koffer, „neehee, die hatten Schwerter – aber was für welche –, so lang und so breit, einmal so und einmal so", ich wedele mit den Armen, „und sie hauten zehn Trojaner auf einen Streich um."

Staunende Münder. „Hatten die auch Panzer?"

„Panzer, die? Nee, das wäre unter ihrer Würde gewesen. Dafür hatten sie ein riesen-, riesengroßes Pferd, so hoch wie euer Haus."

Andächtig starren fünf Köpfe gegen die Decke. Gefaltet liegen die Patschhändchen der streitbaren Pfarrerssöhne im Schoß. Der Köder sitzt, sie hören zu.

Der Sonntagschoral sitzt anscheinend nicht. Pfarrers müssen noch lange üben. Wir haben derweil Troja gebrandschatzt, die wunder-, wunderschöne Prinzessin befreit und befinden uns auf den Irrfahrten des Odysseus.

Jeder kleine Junge ahnt alle diese Irrwege. Die Circe, Skylla und Charybdis, die Schlaumeierei mit irdischen Zyklopen, Säuseln um Nausikaa und die so sauberen Gewissens ausgefochtenen Freierentrümpelungen – das alles liegt längst als Schicksalsweg auf dem Grund ihrer Seelen und wartet nur auf all die Abenteuer, die Odysseusvariationen in ihrer eigenen individuellen Wirklichkeit. Und die Ahnung lässt sie sanft erschaudern, fasziniert sie – mit Recht.

Zwei Stunden später bin ich umrankt von vier rothaarigen, satt erzählten, müden Lockenschöpfen, zwei an den Schultern, zwei im Schoß – nur die süße Älteste, die überforderte Helena, schläft zu meinen Füßen, entlastet vom zu frühen Erziehungsgeschäft.

Den Eltern erscheint dieses Bild bestaunenswert, als sie endlich erscheinen. Sie halten mich wohl für eine Art magischen Dompteur. Sanft erledigt sich das sonst so ergebnislose Geschäft des Insbettbringens. Auch Helden müssen schlafen nach des Tages abenteuerlicher Last.

Ich würde den Wein gern ausschlagen und auch schlafen gehen – aber Männerzähmung mit verbalen Mitteln macht durstig. Es ist weit nach Mitternacht, als mir die Pastorin das Gastzimmer im freundlich hergerichteten Keller anweist.

„Ach, in dem Bett hat grad eine kleine Nichte geschlafen, es ist noch ganz frisch – das wird Sie doch nicht stören?"

Ich schüttle den Kopf, brav. Wer wird der Frau Pfarrer Arbeit machen wollen zu dieser späten Stunde! (Mir wäre die Nichte auch ganz ehrlich recht, wenn ich nur wüsste, ob sie zu den sich bewässernden Mitgliedern der menschlichen Gesellschaft gehört!)

Es ist noch tiefe Nacht, als ich ein leises Geräusch an der Türe höre. Ich bin viel zu müde, als dass mich das aufregen könnte. Plötzlich schnorchelt ein Atem, ganz nah, an meiner Nase.

„Kannst du jetzt weitererzählen?", flüstert eine Stimme weich und schmeichelnd. Es ist Pfarrerssohn Nummer vier. „Christoph", sage ich schlaftrunken, „süßes Ungeheuer, es ist doch noch mitten in der Nacht! Geh, schlaf noch ein wenig, bis es Tag ist!"

„Kann ja nicht mehr – oder vielleicht doch, bei dir?"

Ich schlage die Decke auf, er kuschelt sich ein, seufzt, schläft.

Ja, so sind sie von Anbeginn an, diese Herren der Schöpfung, erst wecken, dann wieder einschlafen, alles im Handumdrehen – und wir haben das Nachsehen.

Ich muss aber doch auch wieder eingeschlafen sein, denn als ich endgültig wach werde, hat sich der kastanienrote Krauskopf vervierfacht. Alle haben sie Platz gefunden; nur die überforderte Helena steht vor dem Bett und schluchzt schmollmäulig: „Und mich, mich lassen sie nicht, die Buben!"

Ja, so ungerecht geht es zu in der Welt.

In den meisten Häusern von ähnlicher Gastfreundschaft fehlen grundsätzlich und konsequenterweise die Schlüssel in den Gastzimmertüren. Weil ich aber auf diese Weise mit einer Wahrscheinlichkeit, die den Charakter einer statistischen Erhebung hat, zu der Erkenntnis gekommen bin, dass Nachtschlaf eine erfrischende Wirkung hat, die mit dem schwächlichen Bohnenkaffee der Frau Pfarrer oder ihrem fröhlichen Vermerk: „Morgens trinken wir alle Kakao" allein nicht zu ersetzen ist, bin ich dazu übergegangen, mir meine Unterkünfte selbst auszusuchen – bei aller Liebe zur Odyssee und aller Dankbarkeit für die so herzliche Gastfreundschaft meiner Veranstalter.

Ich habe auf meinen Reisen in vielen Schlössern und Trutzburgen gewohnt – das wunderbarste war das Schloss Tutzing am Starnberger See, die Heimstatt einer evangelischen Akademie. Auch da habe ich nicht geschlafen – aber um Köstlicheres zu erleben. Denn dort erscheint rot und golden um vier Uhr morgens die Sonne persönlich im Zimmer, dessen Fenster ich vorsorglich weit für sie geöffnet habe. Sie erscheint gekleidet im mattblauen Mantel des Sees, mit orangefarbenen und silbernen Fäden durchwirkt, umwallt von hauchdünnen Luftschleiern und im Sphärengesang eines Vogelkonzerts auf seinem jahreszeitlichen Höhepunkt. Und da dieses Schloss einen großzügigen Herrn hat, bringt man es zustande, um vier Uhr morgens die vergoldeten Portale, die über Terrassen, Brünnlein und Freitreppen in den Park führen, zu überwinden und über die weiten, betauten Rasenflächen vorbei an uralten Baumriesen hinabzulaufen auf diesen See, auf diese Sonne zu...

Freunde und Mitstreiter

A. D. Sicher wird es bei den stärker werdenden Gegensätzen im Meinungsspektrum auch so etwas gegeben haben wie eine Begegnung mit Gleichgesinnten – ein Zusammenrücken mit Menschen, deren Einfluss ebenfalls zu mindern gesucht wurde, von Mitkämpfern, Mitleidenden, Mitbesorgten!

C. M. Das ist wahr, und es bedeutete, dass sich gerade in den 70er Jahren eine Reihe von sehr schönen, tiefen neuen Freundschaften herausbildete, Jens und Elisabeth Motschmann zum Beispiel – dieses Pastorenpaar, das im gleichen Geist nicht die Schuld auf sich laden wollte, in einer so genannten „freien Welt" den Mund gehalten zu haben, wenn verhängnisvoller Manipulation Vorschub geleistet wurde.

Der evangelische Pastor Jens Motschmann war mit seinen zwei älteren Brüdern noch vor der Errichtung der Mauer aus der DDR geflohen. Er hatte wach erlebt, was für Folgen Nichtanpassung und christliche Ausrichtung in einer Diktatur hatten. Er heiratete nach seinem Theologiestudium im Westen Elisabeth Baronesse von Düsterlohe. Nach der Übernahme einer Gemeinde im schleswig-holsteinischen Itzehoe wurde er 1977 Mitglied der damals gerade neu gegründeten Nordelbischen Kirche und erkannte mit Entsetzen den Irrweg seiner Kirche. Die Verharmlosung des Marxismus und die immer stärkere Hinwendung zum Feminismus forderten seinen Widerstand heraus.

In schon fast selbstmörderischer Wahrheitsliebe begann er zu schreiben: „Rotbuch Kirche" (Band 1 und 2), „So nicht, Herr Pfarrer!" und „Die Evangelische Kirche, der Sozialismus und das SED-Regime". Aufgrund seiner eindeutigen an Bibel und Bekenntnis ausgerichteten Haltung wurde ihm der Dienst in Nord-elbien zunehmend erschwert. Darum ging er nach 1987 mit seiner Familie nach Bremen, übernahm dort eine Gemeinde, da in Bremen die evangelischen Gemeinden einen freien Sonderstatus besitzen und keine Kirchenleitung haben.

Elisabeth und Jens traten von Anfang an als meine Verteidiger auf den Plan, wenn ich in der Öffentlichkeit angegriffen wurde. Sie luden mich zu Vorträgen ein, wir trafen uns zu Familienfesten.

Jens Motschmann begleitete uns auf den Freundestreffen der 80er Jahre, von denen noch zu sprechen sein wird, und hielt dort gemeinsam mit dem kaholischen Pfarrer Hermann Kiefer den Sonntagsgottesdienst. Von ihm muss deshalb auch hier schon gesprochen werden, weil ich mit ihm nach meinen Vorträgen auf der Burg Rothenfels – eingeladen von der damaligen Leiterin der katholischen Bildungsstätte, Dr. Hanna-Barbara Gerl, Gespräche geführt habe, die ihn als einen absolut klarsichtigen Priester auswiesen. Kiefer, ein Spätberufener, war lange in Kriegsgefangenschaft gewesen und hatte eine Immunität gegen jegliche sozialistische Schalmeienklänge erworben.

Interessanterweise kam der Zuwachs an neuen Freunden nicht allein aus dem so genannten konservativen Lager. Es war schließlich keineswegs so, dass in der SPD einhellig eine linksextreme Haltung vorherrschte. Es zeichnete sich hier zu Willy Brandts und Helmut Schmidts Zeiten als Bundeskanzler nicht etwa eine Verschmelzung mit den Kommunisten ab. Zu denen hielt man sich auf Distanz, wie auch zu den Grünen, die sich durch den Widerstand gegen die hervorsprießenden Kernkraftwerke gemeinsam mit den Linksextremen auf den Weg zur Macht begeben hatten. Unter den Personen in der SPD, denen es wirklich um das überpersönliche Wohl der Gesellschaft gewissermaßen mit reinem Herzen ging, waren eine ganze Reihe, die mein Wirken in wachsender Übereinstimmung begleiteten.

Waldemar von Knoeringen, der Leiter der Friedrich-Ebert-Stiftung in München, gehörte zum Beispiel dazu. Er hatte mich bereits 1967 gemeinsam mit dem Computerfachmann der technischen Hochschule, Prof. Karl Steinbuch, und Prof. Hans Schaefer zu einer Tagung über Zukunftsplanung nach Bonn eingeladen. Er zog nach drei Tagen einer sehr interessanten Auseinandersetzung damals folgenden Schluss:

> *„Nachdem die Traditionen zerbrochen werden, die Zukunft sich nebelhaft zeigt, werden wir wieder auf den Menschen zurückgeworfen. Wie reagiert er auf diesen Umbruch der Kultur, wie wird er sich verändern, wird er Mensch in unserem Sinne bleiben? Was ist das Humane in der Welt von morgen? – Das ist keine Frage nur der Philosophie oder irgendeiner Einzeldisziplin, das ist die Frage der Politik. Das Wissen um die Sozialnatur des Menschen ist die Voraussetzung einer humanen Politik. Je mehr der technologische Fortschritt der menschlichen Existenz neue Möglichkeiten öffnet, umso mehr werden wir auf den Menschen blicken müssen. Besonders den Akzent, der hier von den Professoren Schaefer, Bauer und Kilian sowie von Christa Meves gesetzt worden ist, müssten wir sorgfältig beobachten, prüfen und daraus am Ende Schlüsse ableiten.*
>
> *Die Wissenschaften vom Menschen und von der Gesellschaft müssen eine weit größere Förderung erfahren. Ohne die Integration anthropologischer und sozialwissenschaftlicher Erkenntnisse, ohne den geschärften Blick auf den einzelnen konkreten Menschen in dieser Zeit, muss die Politik zur Schaffung einer menschenwürdigen Gesellschaft zum Scheitern verurteilt sein.*
>
> *„Der Mensch ist der Kybernetes alles politischen Geschehens" – er gibt Wertmaßstäbe und er setzt Ziele. Es ist ein langer und gefahrvoller Weg zu dieser Erkenntnis und zur Übertragung dieser Erkenntnis in das politische Handeln. Wir dürfen uns keine Illusion darüber machen. Wir werden viel Geduld und Überzeugungskraft vonnöten haben, soll dieser Gedanke Gehör finden. Dieses Gespräch zwischen Wissenschaft und Kulturpolitik war eine Art Richtungszeiger für die Gesellschaftspolitik der Sozialdemokratischen Partei, und wir wollen in dieser Richtung weitergehen."*

In dieser Weise besorgt um die Zukunft war vor allem der Direktor des wirtschaftswissenschaftlichen Instituts in Hamburg, Prof. Heinz-Dietrich Ortlieb. Er war von Kindesbeinen an ein überzeugter Sozialdemokrat in diesem besten Sinne. Ortlieb lud mich deshalb bald schon zu Vorträgen in sein Institut ein, veröffentlichte diese in den Jahrbüchern des Instituts und machte mir bald den Antrag, mit ihm als Co-Autor ein Buch herauszubringen. Es erschien 1978 unter dem Titel: „Macht Gleichheit glücklich?" Ein weiteres folgte 1982 unter dem Titel: „Die ruinierte Generation", beide in der Herder-Bücherei.

Durch diese Zusammenarbeit bildete sich eine Freundschaft zwischen den Familien heraus, und eines Tages wurde ein naher Freund des Ortlieb-Paares bei uns geradezu abgeladen: der Superminister Prof. Karl Schiller. Der war mit den Worten: „Die wollen ja eine andere Republik!" von seinen Ämtern als Wirtschafts- und Finanzminister zurückgetreten und hatte auch sein Parteibuch zurückgegeben. Seine Übernahme in die CDU, die er anberaumt hatte, hatte sich zerschlagen, seine dritte Frau, die Finanzdirektorin Etta, hatte ihn verlassen, seine Kinder aus der ersten und zweiten Ehe waren mehr oder weniger fern. In seiner Bonner Wohnung fiel ihm die Decke auf den Kopf.

Tief beeindruckte uns, dass dieser auch international einflussreiche Politiker offenbar von praktisch allen guten Geistern verlassen war. Die Völkerscharen, die ihn umgurrt hatten, wo waren sie geblieben? Vereinsamt stand er wie ausgebrannt in der Landschaft.

Karl Schiller war – im gleichen Jahrgang wie mein Mann – in Kiel aufgewachsen, und so ergaben sich bald viele Erinnerungen aus dem gemeinsamen Umfeld. Wir machten Schiller das Angebot, sich erst einmal in der Abgeschiedenheit unseres Heidehauses zu erholen, was er mit einer großen Erleichterung und tiefer Dankbarkeit annahm. Schiller wurde 1973 über mehrere Monate hinweg unser Hausgast. Wir bekamen auf diese Weise viel hochinteressanten Einblick in die Hintergründe der hohen Politik …

Ohnehin gab es keine Differenzen in der Auffassung über die Trends und die wirtschaftliche Lage. Wir schleppten den kirchlich bisher wenig interessierten Schiller sogar mit in die Gottesdienste des großen Predigers Klaus Eickhoff, der damals eine Zeit lang unser Gemeindepfarrer war, und es gereichte mir zur Freude, die christliche Einstellung von Karl Schiller als ein zartes Pflänzchen wachsen zu sehen.

Karl Schiller hatte einen warmen, humorvollen Charakter, und er besaß eine exzellente Intelligenz. Nach einer Weile begann er erneut nach einer Frau Ausschau zu halten, und wir erlebten bei der jeweils anberaumten Brautschau manch Erheiterndes. Bald schon meldete sich eine alte Freundin bei ihm, die in die Nähe von Celle umgezogen war. Unser Carolus, wie wir ihn nannten, entschloss sich, sie – erstmals wieder in seinem eigenen Auto – zu besuchen. Wir versprachen uns viel davon; aber dieser erste Kontakt endete kläglich: Der Superminister war das selbständige Autofahren kaum mehr gewohnt – er überfuhr im Zentrum von Celle eine rote Ampel und wurde geblitzt.

Dieses Ereignis bestürzte den an Erfolg Gewohnten tief, und die neue Hoffnung schien sich zu zerschlagen. Aber später wurden dennoch neue Verabredungen getroffen, Karl Schiller verselbständigte sich wieder und etablierte sich in Hamburg. 1975 feierten wir – nun auch bereits mit Freundin Sylvia vertraut – einen respektablen 65. Geburtstag, und bei Karls Siebzigstem war aus der Freundschaft dann bereits eine neue glückliche Ehe geworden.

Wir sind mit dem Paar bis zu seinem Tod im Jahr 1994 in herzlicher Freundschaft verbunden geblieben. Karl Schiller machte seinen Frieden mit der SPD und trat schließlich sogar wieder in sie ein. Er wurde ein gefragter und internationaler Wirtschaftsberater und legte seine Einschätzungen in einem viel beachteten Buch nieder.

Nachdem Schiller 1994 mit einem Aneurisma in die Universitätsklinik eingeliefert worden war, wurde plötzlich bei seiner Frau Sylvia ein Tumor der inneren Organe festgestellt. „Ich glaube, Christina", sagte die doch erst 50-Jährige weinend zu mir am Telefon, „Gott will, dass wir gemeinsam gehen!"

Bei dem Staatsakt in der Hamburger Nikolai-Kirche wurde dem Sarg ein überdimensionaler Kranz vorangetragen, mit der Aufschrift: „Es war so schön! Sylvia".

„Ein guter Abgang ziert die ganze Übung", gehörte zu den Aussprüchen von Karl Schiller in seiner Zeit bei uns. Der ist ihm bei der Trauerfeier in Hamburg wirklich angemessen würdevoll zuteil geworden. Sylvia Schiller starb nur wenige Tage nach ihrem Mann ...

Wir haben durch die Jubiläumsfeste von Karl Schiller eine ganze Reihe von Leuten aus der Hamburger Schickeria kennen gelernt:

den damaligen Bürgermeister Weichmann, Rudolf Augstein und Erich Böhme, den langjährigen Chefredakteur des „Spiegel", der der Allgemeinheit eigentlich erst durch seine Fernsehshows bekannt wurde, obgleich sein liberalistischer und oft zynischer Einfluss als hauptamtlicher Redakteur wesentlich tiefgreifender gewesen war.

A. D. Einer meiner Hochschullehrer hat einmal gesagt, Begegnungen mit Menschen seien wie Kometenbahnen: Man nähere sich an, träfe sich, zöge über kurz oder lang eine Weile verhältnismäßig nahe aneinander dahin und entferne sich dann wieder voneinander. Trifft dieser Vergleich auch auf die vielen Kontakte zu, die Sie durch Ihre Arbeit gewannen?

C. M. Zum Teil ja, aber selten auf flüchtige Begegnungen, weil ich mich vom so genannten „gesellschaftlichen Leben" so weit als irgend möglich fern hielt. Intensiver waren die ungezählten Begegnungen mit Not leidenden Menschen, meistens in ihrer Eigenschaft als Eltern, mit und ohne Rang und Namen, aber alle gleichermaßen mit tief greifenden Lebensproblemen.

Auf viele Veranstalter trifft Ihr Vergleich aber zu, holten mich die meisten doch, um ihre eigene Einstellung zu verstärken und um bei ihrer eigenen Suche nach Hilfe Beistand zu finden. Da gab es besonders beim Abholen von einer Bahnstation im Auto, beim Zusammensein nach dem Vortrag viel Anklingen von Gemeinsamkeit. Aber das verflüchtigte sich auch wieder. Nur aus wenigen Begegnungen der 70er Jahre sind tiefe Freundschaften erwachsen, so zum Beispiel mit der Familie Binotto in der Schweiz. Sie entstand anfangs dadurch, dass ich aus dem riesigen Postberg, mit dem ich seit dem Beginn der 70er Jahre täglich geradezu zugeschüttet wurde, einen in seiner Qualität der Analyse des Bildungssystems, in seiner Sprachkultur und in seiner exzellenten Form weit herausragenden Brief fischte, so dass ich mit diesem Hauptschullehrer zunächst einmal einen Briefwechsel aufnahm. Bei Schweizer Vorträgen versprach ich dann, bei ihm vorbeizukommen, und traf auf eine Familie mit drei kleinen Buben und einer vorbildhaften Familienmutter.

Kurze Zeit nach diesem Besuch in Baar avancierte Armin

Binotto zum Internatsleiter im Lehrerseminar Hitzkirch und bekam in einem alten Schloss, in dem das Internat untergebracht war, eine Dienstwohnung. Zu dieser gehörte ein Gastzimmerchen, und da meine Vortragsaufträge in der Schweiz nur so prasselten, blieb ich oft einige Tage in der Familie, ja nicht nur das: Der Familienvater fuhr mich auch noch kreuz und quer mit seinem Auto zu den Schweizer Veranstaltungen, und das waren herrliche Fahrten mit diesem bibliophilen, geistig lebendigen Lehrer. Er war wie ich darüber hinaus ein großer Liebhaber klassischer Musik und holte sich die schönsten Tonbandaufnahmen heran, die wir im Auto anhörten und uns gemeinsam dafür begeisterten – besonders für die klassischen Messen; denn die Familie Binotto war katholisch in einer tiefen, lebendigen Weise. Die Art, wie diese Mutter ihre Kinder erzog – es kam bald noch ein viertes hinzu –, entsprach meinem Ideal und beeindruckte mich sehr. Die schönsten Gespräche in tiefer Übereinstimmung konnte man mit Marlis darüber führen. Die Verbindung zu Familie Binotto ist bis heute – sogar bis in die nächste Generation hinein – lebendig geblieben.

Lange Zeit erschien es mir deshalb, als gäbe es in der Schweiz noch eine heilere Welt. Die Schüler im Internat Hitzkirch, die ich in Seminaren mit ihnen kennen lernte, waren junge Menschen von intelligenter, nachdenklicher, frommer Qualität. Das lag aber daran, dass sie von der Leitung sehr sorgfältig bereits beim Vorstellungsgespräch ausgelesen worden waren. Der Seminardirektor und der Internatsleiter hatten zusammen mit Studierenden im „Schloss" eine Kapelle eingerichtet. Dort trafen sich viele Schüler wöchentlich zu einem Gottesdienst.

Aber nach einem Jahrzehnt der Begleitung dieser so qualifizierten Arbeit wurde mir in Form einer erschreckenden und zunächst gänzlich unverständlichen Intrige sichtbar, dass auch die Schweiz keine Insel der Seligen ist. Mir wurde dadurch der Garaus gemacht, dass an einer Luzerner Litfasssäule ein Plakat der „Luzerner Neuesten Nachrichten" prangte, auf dem zu lesen stand: „Neonazi-Anhängerin bildet Luzerner Lehrer weiter!" – Das war nun doch zu viel! Bisher hatte ich mich in Deutschland gegen lügenhafte Unterstellungen nicht gewehrt. Der Ehrenschutzparagraph war ohnehin abgeschafft, und meine Zeit wollte ich durch juristische Rechtfertigungen nicht vertun. Ich hielt es mit der Parole: Die Hunde bellen, und die Karawane zieht vorüber. Hier zog ich aber doch einen befreundeten Rechtsanwalt zu Rate, der der Zeitung einen Prozess androhte. Daraufhin kroch die zu Kreuze und druckte eine umfängliche Klarstellung.

Aber ich hätte besser auf Berufsschädigung klagen sollen; denn meine Vortragseinladungen in der Schweiz sanken damals sofort rapide ab. Kaum aber war diese Schlacht scheinbar gewonnen, in die sich natürlich auch die Binottos mit empörten Leserbriefen eingemischt hatten, da wurde unter fadenscheinigen, gänzlich ungerechtfertigten Gründen dem Internatsleiter die Stellung gekündigt, und er hatte auf die Suche nach einer neuen Anstellung zu gehen. Damit brach bei den Freunden eine schwere Leidenszeit an, weil dieser „Dank des Vaterlandes" für eine solche weit über dem Durchschnitt liegende pädagogische Jugendarbeit ein allzu eklatantes Unrecht war.

Zum zweiten Mal erlebte ich aus nächster Nähe mit, dass „in der Not die Freunde passen auf ein Lot". Von wie vielen interessanten Menschen war diese Familie umgeben, wie hatte sogar den Diözesanbischof das fromme Schülerleben in Hitzkirch erfreut. Jetzt schrieb ich ihm Briefe, um dem gänzlich unschuldig aus dem Amt entfernten Freund beizustehen. Es war vergeblich! Wie den alten Pestalozzi ließen die Schweizer seinen genialen Nachfahren im Regen stehen. Er fand eine neue Anstellung in der Nähe von Zürich, die er zum Wohl der Kinder, die er dort unterrichtet, getreulich erfüllt – von körperlicher Beeinträchtigung gezeichnet, die aus der tiefen seelischen Verletzung entsprang. Der liberalistische Zeitgeist hatte auch hier sehr direkt gegen wirkmächtigen christlichen Geist die Oberhand gewonnen.

Ein zweites ungewöhnliches Schweizer Paar ist mir durch die Arbeit in Hitzkirch zu Freunden geworden: der Professor für physikalische Chemie Max Thürkauf und seine deutsche Schauspieler-Ehefrau Inge Hugenschmidt-Thürkauf. Thürkauf hatte einen langen Weg zurückgelegt vom wissenschaftsgläubigen Naturwissenschaftler zu einer radikalen Abkehr davon mit der Rückgabe seines Lehrstuhls an der Universität Basel, mit dem Verkauf von Privatflugzeug und Auto bis hin zum Wiedereintritt in die katholische Kirche und zu einem radikalen Vortragsdienst mit der Devise: „Tut Buße, das Himmelreich ist nahe herbeigekommen!" – So ist auch der Tenor von Thürkaufs Büchern, die mit der ganzen Kompetenz des Naturwissenschaftlers vor den sich anberaumenden kurzsichtigen Fehlentwicklungen, besonders der Atomindustrie und der Atomkraftwerke warnten. Dieser Mann zündete seine Kerze ohne jede Rücksicht auf die eigene Kraft an beiden Enden gleichzeitig an. Nach langen Jahren intensiven Neuevangelisierens und einem Jahr qualvollen Siechtums starb er schon 1993 an den Folgen eines Schlaganfalls.

Seine Frau Inge ergänzt seine Arbeit in einer eindrucksvollen Weise nun im Alleingang: Sie führt Stücke auf, die Max für sie – ebenfalls in missionarischer Absicht – geschrieben hatte. Damit zieht sie durch die Lande, wobei unsere Bahnen sich immer wieder kreuzen.

Noch von zwei weiteren Begegnungen ist zu berichten: dem Schweizer Engadiner Collegium unter der Leitung des Züricher Psychotherapeuten Baltasar Staehelin – auch er ein intensiv praktizierender Katholik, der die eindrucksvollsten Personen in jährlichem Abstand nach St. Moritz einlud. Unter den vielen Intellektuellen, die hier Vorträge hielten, sind mir Gerd-Klaus Kaltenbrunner und Pater Basilius Streithofen vom Kloster Walberberg in Erinnerung geblieben, vor allem aber lernte ich hier mit einem grandiosen Vortrag die Hamburger Romanistin Prof. Erika Lorenz kennen, die gerade begonnen hatte, sich in die spanische Mystik der Renaissance einzuarbeiten. Wir haben uns nie wieder aus den Augen verloren. Ihre reichhaltige Literatur, die sie nach ihrer Emeritierung verfasste, hatte einen tiefen Einfluss auf meine geistige Entwicklung.

Als außerordentlich aufgeschlossen für meine Arbeit erwiesen sich die katholischen Bischöfe. Sie luden mich zu verschiedenen sehr ausführlichen Gesprächen ein. Kardinal Höffner in Köln eröffnete diesen Reigen. Er bat mich zu einem Kaffee mit einer von seiner Schwester selbst gebackenen Apfeltorte in die Marcellenstraße zu Köln. Unser Gespräch kreiste vor allem um Höffners Hauptanliegen: seiner Bemühung, der Zerstörung der Ehe durch die gesetzlich eingeleiteten Scheidungserleichterungen entgegenzuwirken.

Gewogen zeigte sich mir bald auch der Augsburger Bischof Stimpfle. Er lud mich zu verschiedenen Konferenzen in sein Palais, wobei es ihm darum ging, tiefere Einblicke in die feministische Theologie zu gewinnen. Hier lernte ich den vorzüglichen Experten auf diesem Sektor kennen, Prof. Manfred Hauke.

Mit einem schönen Mahl bei Bischof Schlembach war eine Führung durch den Dom zu Speyer verbunden, der in seiner grandiosen Architektur und seiner geschichtsträchtigen Krypta einen tiefen Eindruck bei mir hinterließ.

Bischof Braun in Eichstätt bin ich in Verbindung mit einem Vortrag an der dortigen Hochschule begegnet, die von dessen Präsidenten, dem Fürsten Lobkovicz, anberaumt worden war.

Mit Kardinal König in Wien hatte ich vielfältige Kontakte. Ich begegnete ihm als Erstes im Haus des Unternehmers Max Himmelheber, der mehrere Male einen Kreis von Naturwissenschaftlern und den Kardinal zu sich bat, um eine Revision von Galilei durch die katholische Kirche zu erreichen. Kardinal König war voller Hellhörigkeit für meine Warnungen vor einer seelischen Fehlentwicklung unserer Gesellschaft. Er gab mir Gelegenheit, ihm bei Familienfragen in seinen Hirtenbriefen behilflich zu sein, und lud mich zu nachdenklichen Gesprächen in sein Palais ein. Er besuchte auch regelmäßig meine Vorträge, wenn ich dazu nach Wien gekommen war.

Von besonderer Art war meine Begegnung mit Erzbischof Dyba in Fulda. Er hatte veranlasst, mich zu dem Hauptvortrag einer großen Jubiläumsveranstaltung seiner Frauengemeinschaft zu bitten: „Wer wagt es, dem Zeitgeist zu widerstehen?", hieß das Thema. Fern und hoch stand ich auf einer steinernen Kanzel vor einer Riesenmenge von Menschen und beschwor am Ende des Vortrags die Notwendigkeit, uns in diesem entscheidenden Geistkampf an die Seite des Erzengels Michael zu stellen. Während ich unter dem Beifall der Zuhörenden – von der Anspannung noch etwas wackelig auf den Beinen – wieder Ebenerdigkeit zu erreichen suchte, übersah ich die letzte Stufe und stürzte bäuchlings dem Erzbischof vor die Füße. Meine Brille drückte sich mir in die Nase, so dass ich mich mit blutüberströmtem Gesicht aufrichtete. Ein erschreckter vielstimmiger Seufzer stand plötzlich in dem riesigen Kirchenraum. Der Erzbischof ließ mich in seine Wohnung führen und erst einmal meine Blessuren versorgen, ehe wir uns zu einer Nachfeier mit tiefen Gesprächen um der Zeiten Verderbnis zusammenfanden.

Bald nach der Wende durfte ich, von ihm nach Berlin eingeladen, nun Kardinal Sterzinsky kennen lernen und danach in mehreren ausführlichen Begegnungen Kardinal Meisner.

In Österreich ließen es sich Bischof Kapellari aus Kärnten, Bischof Küng aus Vorarlberg und vor allem Bischof Eder aus Salzburg nicht nehmen, mich zu sich zu bitten. Letzterer veranlasste mich, bei einer Priesterwallfahrt seiner Diözese einen Vortrag über die Visionen des Johannes zu halten. Danach kam es allerdings zu einer Diskussion, die mich erschreckte, weil sie meistens unsachliche Anwürfe von Seiten der Geistlichkeit enthielt, die kaum gegen mich, sondern vielmehr gegen ihr Oberhaupt, den Erzbischof, gerichtet waren. Die unehrerbietigen Frechheiten machten mir deutlich, in welchen schweren Kämpfen dieser romtreue Hirte in Salzburg zu stehen und zu widerstehen hatte.

Bei einem Vortrag vor Unternehmern in Wien lernte ich auch Bischof Weber aus der Steiermark kennen, allerdings in einer misslichen Rolle. Ich sprach zu dem Thema: „Macht Gleichheit glücklich?" und stellte darin der atheistischen Gleichheitsideologie der Neuen Linken das christliche Menschenbild gegenüber. In der Diskussion wurde ich von einem kommunistischen Funktionär, der wenige Wochen später wegen Unredlichkeit alle seine Ämter niederzulegen hatte, heftig und unsachlich angegriffen. Ich erhoffte mir Schützenhilfe von der hohen Geistlichkeit – die blieb aber nicht nur aus, sondern Bischof Weber stellte sich auch noch eindeutig auf die Seite des Schreiers.

Das war in Paderborn bei einem Priestertag, zu dem mich Bischof Degenhardt einlud, gänzlich anders. Hier herrschte wieder jene hochherzige Einigkeit, die ich bei diesen wunderbaren Gelehrten, mit denen ich zu Tische saß, durchgängig erlebte.

Als Letztes muss noch von einem weiteren Freund gesprochen werden, der ebenfalls nicht in die Kategorie des astronomischen „Kommen und Gehens" gehört: Die Verbindung mit Ministerpräsident Prof. Hans Filbinger entwickelte sich zur Unverbrüchlichkeit. Filbinger war als Nachfolger von Kurt Georg Kiesinger 1966 Ministerpräsident von Baden-Württemberg geworden. Er hat dieses Amt zwölf Jahre lang innegehabt und in dieser Zeit in den Landtagswahlen traumhafte absolute Mehrheiten eingefahren. Das hatte seine Berechtigung; denn dieser Politiker war ein echter Landesvater. Er betrieb – gemeinsam mit seinem Kultusminister Wilhelm Hahn – eine erfolgreiche Familienpolitik. Filbinger lud mich bereits Anfang der 70er Jahre zu Gesprächen unter vier Augen in die Villa Reitzenstein ein und war voller Hellhörigkeit für meine Befürchtungen.

1977 beschenkte er mich mit dem Auftrag, auf einer Regierungsveranstaltung in Stuttgart den Festvortrag zu halten. Mit allergrößtem Eifer arbeitete ich das Thema aus: „Die Familie im Spannungsfeld der Gesellschaft". Schon im Vorfeld dazu zeichnete sich Drohendes ab, bei dem es nur scheinbar um meine Person ging: Die SPD-Fraktion unter Erhard Eppler schlug ostentativ die Einladung aus, mit der Begründung, sich weder an dem Vortrag einer solchen Person noch zu einem solchen Thema beteiligen zu können. (Ich habe „Bruder" Eppler bei der nächsten EKD-Synode, der wir beide angehörten, gefragt, warum er denn meinetwegen in Stuttgart hätte absagen müssen. Er antwortete, wie leichthin ausweichend: „Das kommt manchmal so.")

1978 war Filbingers Position so gefestigt, seine Qualität so eindeutig sichtbar, dass er in verschiedenen Medien als künftiger Bundespräsident gehandelt wurde. Die Wahl stand für 1979 an. Für die Linke war das offenbar ein Signal; denn Filbinger, der mit der Parole „Freiheit oder Sozialismus" die höchsten Wahlergebnisse erzielt hatte, galt als deren Feind Nummer eins. Es wurde eine Kampagne gegen ihn eröffnet, die kein Geringerer als Golo Mann als „meisterhaft konzertierte Hetze" gekennzeichnet hat. Nichts von den Beschuldigungen, Filbinger sei ein gnadenloser Marinerichter gewesen, konnte der wissenschaftlichen Nachprüfung standhalten. Inzwischen ist eindeutig bewiesen, dass Filbinger als milder Richter bekannt war, der in Verfahren mit politischem Einschlag zum Retter in der (Todes-)Not geworden ist.

Der Oberamtsrat a. D. Guido Forstmeier aus München hat eidesstattlich versichert: „Filbinger hat mir das Leben gerettet und sein eigenes Leben dabei in Gefahr gebracht." Forstmeier hatte u. a. Hitler als den größter Verbrecher aller Zeiten bezeichnet und war denunziert worden. Den bereits zweimal zum Tode verurteilten Pfarrer Möbius hat Filbinger durch ein Wiederaufnahmeverfahren vor der Vollstreckung des Urteils bewahrt. Es gibt keine einzige Amtshandlung von Filbinger, durch die ein Mensch sein Leben verloren hätte.

Die STASI-Oberstleutnante Günther Bohnsack und Dr. Brehmer haben 1992 in ihrem Buch „Auftrag: Irreführung – Wie die STASI Politik im Westen machte" beschrieben, wie skrupellos unbequeme, dem Osten bedrohlich erscheinende Personen zum Abschuss freigegeben worden waren. Unterschriften wurden gefälscht, Akten mit Lügen ergänzt. Wörtlich heißt es da: „Der Kampf gegen Filbinger war ein wesentlicher Bestandteil der über lange Jahre geführten ‚Aktion Schwarz' gegen Konservative, CDU/CSU, Faschisten." Die STASI lieferte ihre Machwerke an Helfershelfer in den Medien in Ost und West, vorzugsweise an den „Stern", der Dauerkunde bei der Desinformationszentrale der STASI war.

Vermutlich war ich die einzige, die in dieser Situation eine Kolumne schrieb, in der diese Hatz als ein typisches Beispiel für das tierische Phänomen des Mobbing gegeißelt wurde.

Filbinger hat die unsäglichen Bespeiungen in den Medien – über Jahre hinweg und immer neu hervorgezerrt – mit einer berserkerhaften Tapferkeit überstanden. Sein sauberes Gewissen, sein Glaube und der feste Zusammenhalt der Familienmitglieder haben das bewirken können. Filbinger blieb seinem großen Auftrag zur politischen Verantwortung treu. Er baute das Studienzentrum Weikersheim auf, eine Vereinigung, in der auf hohem Niveau durch jährliche Veranstaltungen zum jeweiligen Zeitgeschehen aus christlich-konservativer Sicht Stellung bezogen wurde. Auch diese Institution wurde in der Öffentlichkeit immer mehr angegriffen. Es wurde immer wieder versucht, ihr rechtsextreme Positionen zu unterstellen. Dennoch gab es viele tapfere Universitätsprofessoren, die hier ebenfalls mitarbeiteten: Günter Rohrmoser, Lothar Bossle, Karl Steinbuch, der General a. D. Karst und viele andere.

Ich hielt auf einer Tagung, auf der die Erweiterung des öffent-lich-rechtlichen Fernsehens durch private Sender zur Debatte stand, einen Vortrag zum Thema, gemeinsam mit Elisabeth Noel-le-Neumann und dem amerikanischen Fernsehforscher Neil Post-man, der zwei warnende Bücher aus amerikanischer Erfahrungs-sicht geschrieben hatte: „Wir amüsieren uns zu Tode" und „Der Verlust der Kindheit". Gemeinsam plädierten wir dafür, nicht et-wa durch eine größere Vielfalt hier einen weiteren Niveauverlust zu erleiden. Aber hierzu gab es viele einflussreiche Gegenstimmen: Man hoffte, der eher gleichförmigen Tendenz in diesen beiden In-stituionen ARD und ZDF durch eine echte Meinungsvielfalt be-gegnen zu können.

Erst viele Jahre später wurde sichtbar, wie berechtigt auch für uns Deutschen die Warnungen des amerikanischen Medienfor-schers waren, nachdem die privaten Sender zugelassen worden waren; denn jetzt setzte ein fataler Mechanismus ein: Die privaten Sender waren lediglich durch die Einführung umfangreicher Wer-bespots finanzierbar. Die Wirtschaft gab ihre Werbeaufträge aber im Allgemeinen eher an die Sender (beziehungsweise in die Nähe derjenigen Sendungen), die die größte Zuschauerquote aufzuwei-sen hatten. Das veranlasste die Sender, ihr Programm nach dem größten Ertrag von Quoten auszurichten. Dies geschieht aber häu-fig bei Sendungen von erheblicher Trivialität und Niveaulosigkeit. „Sex and Crime" wurden damit, wie Neil Postman es prophezeit hatte, vorrangig Themen mit immer mehr Pornographie der Ge-walt und Sex. Schon Konrad Lorenz hatte vor der „Verhaus-schweinung des Menschen" gewarnt …

Noch ein Ereignis muss in diesem Zusammenhang erwähnt wer-den: Der 70. Geburtstag des ausgeschiedenen Ministerpräsidenten im Schloss Ludwigsburg. Fünf Jahre nach der bösen Intrige däm-merte den Regierungsmitgliedern in Stuttgart wohl doch, dass dem verdienten Landesvater Filbinger bitteres Unrecht geschehen war. Sein Nachfolger Lothar Späth entschloss sich, ihm an seinem 70. Geburtstag den Professorentitel zu verleihen und ihm zu Ehren ein Bankett zu geben. Ich hatte bereits abgesagt, als Filbinger mich anrief und innig bat, nicht zu passen. Er wollte mich bitten, die Tischrede zu halten, die einzige, die er zulassen würde (außer

Späths Laudatio und seine Antwort darauf). Ich sagte also erfreut, wenn auch seufzend zu:

Vorab gibt es in den hehren Hallen ein unbeschreiblich schönes Konzert. Danach Aufbruch aus dem Konzertsaal. Minister Hahn begrüßt mich. Wir sprechen über die harten Zeiten, während wir auf den Bankettsaal zuschreiten. „Sehen Sie, Frau Meves", sagt er, „wie sehr wir Recht behalten haben, wie sehr!" (Ich erlasse es ihm, ihn daran zu erinnern, dass ich ihn vergeblich gewarnt hatte, das Kurssystem der Oberschulen mitzumachen. Nun sitzen sie auch in Baden-Württemberg mit dieser unzulänglichen Schulform da. Aber sonst war der Minister als Mitstreiter ja wirklich resistent.)

Ein riesiger Saal mit etwa 50 Tischen zu je 10 Personen und einem großen Mitteltisch für etwa 20 Personen tut sich auf. Im Foyer haben wir bereits Kärtchen in die Hand gedrückt bekommen, die unseren Tischplatz kennzeichnen. Ich sitze an Tisch 1 am großen Haupttisch. Neugierig pirsche ich mich zu ihm vor. Wer werden meine Tischherren sein? Ich sitze als Tischdame von Altbundeskanzler Kurt Georg Kiesinger dem Ehepaar Späth und dem Ehepaar Filbinger genau gegenüber. Neben mir auf der anderen Seite Altministerpräsident Lemke aus Schleswig-Holstein, schräg gegenüber der Landesbischof Moser, Hans Maier, ringsum die Familie Filbinger und das Altministerpräsidentenpaar von Bayern, Goppel. Viele schöne Gespräche, Vorspeise, Spätzle und Braten, innerlich bin ich natürlich nicht ohne Spannung, weil meine Rede noch aussteht.

Ministerpräsident Späth ergreift das Wort, lobt die Verdienste Filbingers. Dann komme ich mit meiner Fabel, die ich für Filbinger verfasst habe. Atemlose Stille im Saal. Werden die Menschen die Allegorie verstehen? Ich vergleiche Filbinger mit einem verantwortungsbewussten Viehhirten, der beim Angriff der Schlange sein Hirtenamt abtritt und selbst zum Wächter am Dorfrand wird ... – Danach antwortet Filbinger. Er hält eine sehr schöne Rede und bezeichnet meine Fabel als „La Fontaine kongenial". Allgemeine Freude, viele Glückwünsche. Ich fühle mich sehr aufgenommen!

Preise und Auszeichnungen

A. D. Wie kam es – trotz der auch zahlreichen Anfeindungen – dann zu der langen Latte von Preisen und Auszeichnungen, die Sie erhalten haben?

C. M. Das lag eben daran, dass es eine Menge Leute mit einem gesunden Menschenverstand gab, die die Situation ähnlich wie ich einschätzten, aber häufig nicht so frei waren, sich klare Worte in der Öffentlichkeit erlauben zu können. Denken Sie doch: Die beängstigende Entwicklung schritt rasch voran. Ein konstruktives Misstrauensvotum gegen die Politik Willy Brandts durch die CDU als Oppositionspartei unter Rainer Barzel war durch den Verrat und die Bestechung eines CDU-Mitglieds durch die STASI gescheitert; wenig später hatte Willy Brandt als Kanzler zurücktreten müssen, weil der Spion Guillaume in seiner unmittelbaren Nähe enttarnt worden war, aber dann kam es doch unter der Ägide von Helmut Schmidt als Bundeskanzler zu der großen Strafrechtsreform, in der der Beliebigkeit und der Entgrenzung unserer Ordnungen weitgehendst stattgegeben wurde. Die einfache Pornographie wurde freigegeben, der Abtreibungsparagraph 218 gelockert, die Ehescheidung durch das so genannte Zerrüttungsprinzip erleichtert, die Homosexualität entschärft, der Kuppelei-Paragraph aufgehoben.

Wenn auch diese Entgrenzungen keineswegs ihrer Gefährlichkeit entsprechend in der Öffentlichkeit diskutiert wurden, und wenn schon, dann als lobenswerte Neuerungen der Emanzipation gepriesen wurden, so gab es doch genug gestandene einflussreiche Personen, Vorstände von qualifizierten Stiftungen und Vereinen, denen mulmig wurde, wenn sie darüber nachdachten, wohin der

Karren lief. Und ich lieferte ihnen von meinem Fach her dazu die Argumente. So kamen die meisten meiner Auszeichnungen zustande. Mir die Sonnenschein-Medaille zukommen zu lassen war die Idee des Pädiaters Prof. Theodor Hellbrügge, der bereits in den frühen 70er Jahren mit mir Seite an Seite für die Zukunft der Kinder kämpfte. Die beiden hübschesten, die Bölsche-Medaille und der Prix Amade, galten meiner fachlichen Arbeit und gaben meiner Antriebslehre die Ehre. Davon möchte ich hier noch ein wenig ausführlicher erzählen.

Vorab muss ich dazu aber einiges zur Verteidigung der jetzt folgenden Berichterstattung über meine Auszeichnungen sagen: Ich hatte niemals, auch im Traum nicht, mit dergleichen gerechnet. Ich hatte mich bewusst, bevor ich meine Öffentlichkeitsarbeit begann, ins Out gestellt. Ich wusste: Mein Biologismus musste meinen Kollegen missfallen, die Einbeziehung der Religion in mein anthropologisches Konzept konnte den Psychoanalytikern nur bitterer schmecken als Galle, so dass ich für sie unakzeptabel werden würde, meine Argumentation von der beobachtenden Kasuistik her verstieß gegen die Forderung nach statistischer Absicherung in den puristischen Bestrebungen der Psychologie. Den Ärzten musste ich unbequem sein mit meiner Forderung nach Umstellung der Gepflogenheiten in der Klinik zur Vermeidung seelischer Dauerschäden im Kindesalter, und den so genannten progressiven Frauenverbänden in der evangelischen Kirche würde ich mit meiner Mahnung der Unaufgebbarkeit mütterlicher Anwesenheit bei ihren kleinen Kindern so etwas wie ein abschaffungswürdiger Dauervorwurf werden. Dem politischen Trend widersprach ich ebenfalls.

Ruhm und Ehre war mit so viel ungeschützter Öffentlichkeitsarbeit gewiss nicht zu erwerben, dessen war ich mir sicher. Feinde würde ich mir einhandeln, Feinde in Massen. Mein Mann und ich hatten vorher zu dieser Konsequenz meiner Öffentlichkeitsarbeit entschieden ja gesagt. Als das Manuskript für die „Manipulierte Maßlosigkeit" verpackt für den Druck vor uns lag, erwiderte er auf Überlegungen dieser Art: „Es ist deine Aufgabe zu warnen. Mögen sie kommen und dich zerstören wollen. Dann machen wir unser grünes Tor zu, und ich beschütze dich." Dazu hat er dann auch reichlich Gelegenheit bekommen; aber wie gesagt: Nicht dies war für uns erstaunlich.

Der Chefredakteur des Kosmosverlages hing am Telefon: „Haben Sie am Sonntag, dem 24. März, schon eine Veranstaltung?", fragte er. „Wir brauchen Sie da zwecks Preisverleihung. Sie sollen zusammen mit dem Nobelpreisträger Niko Tinbergen und Horst Stern die Bölsche-Medaille bekommen." – „Wieso das denn?", fragte ich verblüfft zurück. – Der Redakteur: „Sie sind von den Kosmoslesern als die beliebteste Autorin unserer Zeitschrift ausgewählt worden."

Meine Leser – ja natürlich! Mein Weltbild war schlagartig wieder in Ordnung – meine Leser hatten, unabhängig von jeder Vereinsklüngelei, ein Faible für mich. Ich freute mich. Die Familie beschloss, aus dem Ereignis ein großes Fest zu machen. Man muss Feste feiern, wie sie fallen. In siebenfacher geballter Menschenstärke fielen wir in das glanzvoll bemühte Kosmosprogramm in Stuttgart ein.

Beim Abendessen nach dem Presseempfang hatte ich ein langes Gespräch mit dem weisen Gelehrten Tinbergen aus Holland. Ein Großteil meines anthropologischen Konzepts baute auf seiner Instinktlehre auf – und da ich als Kinderpsychotherapeutin nach den biologischen Fundamenten suchte und Tinbergen als Zoologe sich im Alter immer mehr der Psychopathologie des Kindes zuwandte, war der Austausch beglückend füllig.

Am folgenden Morgen nahm alles, was in Stuttgart Beine hatte, in der überfüllten Liederhalle teil am Festakt der Preisverleihung. Meine Seele hockte weit abseits in einer der dunklen hinteren Nischen des Saales und guckte erstaunt dem Spektakulum zu: Ein Minister mit einem schönen ungarischen Namen, Klaus von Dohnanyi, verneigte sich vor mir und geleitete mich auf den Platz an seiner Seite in der ersten Reihe. Das Orchester spielte uns zu Ehren eine herrliche Suite; dann nach viel würdigen Worten, im Glanz der Scheinwerfer hinauf aufs Podium, Händeschütteln, Preisübergabe, Händeschütteln, Aufrauschen des Beifalls, plötzlich das Herbeispringen Dutzender von Kameras … standhaftes Lächeln … Meine Seele in der hinteren Ecke des Saales seufzte beklommen.

Aber dann war sie doch unversehens wieder fest mit mir vereint.

In meiner Ansprache ließ ich die Gelegenheit nicht aus, so deutlich wie möglich zu machen, was ich mit meiner Öffentlichkeitsarbeit wollte, was ich für unaufschiebbar und für unumgänglich nötig erachtete. So war mein Schlusswort: „Wenn der Mensch in den hoch zivilisierten Ländern dem Rausch des Sieges über die Natur verfällt, statt von ihr zu lernen, wird sie ihn mit Krankheit, Verwahrlosung und Aussterben seiner Nachkommen schlagen. Und dann werden klügere und gesündere Völker sein Erbe anzutreten haben."

Konsequenterweise fiel mein Aufruf journalistischer Missachtung anheim. Obgleich 3000 Zuhörer ihre Zustimmung durch nicht enden wollenden Beifall bekundeten, fiel die Erwähnung meiner Rede in der Berichterstattung total unter den Tisch. Sowohl dpa wie epd und auch das bundesdeutsche Fernsehen, die Berichte über das Ereignis brachten, verleugneten „schamhaft", dass es außer zwei echt verdienten Herren noch eine dritte Person gab, der man diesen Kosmospreis verlieh …

So schön das Ereignis war, die Misshelligkeit der Medien über die Wahl kam dennoch so unverkennbar zum Ausdruck, dass wir es für eine einmalige Ausnahme in meinem Arbeitsleben hielten.

Aber hier wie überhaupt kam es anders, als man glaubt: Aus dem fernen Nizza rief ein mir unbekannter Herr, ein Professor Olbert an. „Haben Sie ein Abendkleid?", fragte er. „Können Sie sich rasch wohl für morgen Abend eine Flugkarte nach Nizza besorgen? Die Fürstin von Monaco wird die Preisverleihung persönlich vornehmen. Ich darf Ihnen gratulieren: Man hat Ihnen den PRIX AMADE verliehen."

Nun ja – ich las schon als Kind gern orientalische Märchen. Ich besaß eine herrliche, bilderreiche Ausgabe von Tausendundeiner Nacht. Da gab es auch all so etwas: fliegende Teppiche, Empfänge von armen Ali Babas und Aladinen bei Fürstinnen und Maharanis, seltsame Überschüttungen mit Goldschätzen und Diamantenbergen.

Ich sagte verwirrt, ich wollte dies alles mit meinem Mann besprechen. Es klang ein wenig wie bei Überforderungen in Kindertagen: Da zog ich mich auch hinter so einen Schutzwall zurück: „Da muss ich halt erst einmal meine Eltern fragen."

Aber auch dies erschütterte den Professor nicht: Ja selbstverständlich – und gewiss sei der Herr Gemahl mit eingeladen. Einer von uns könne hoffentlich genug Französisch …

Ich hatte da ein Zertifikat aus dem Jahre 1943, das mir nach achtjähriger Belehrung in dieser Fremdsprache vorzügliche Kenntnisse bescheinigte.

„Nein", sagte ich beklommen, „ich habe mich seit meiner Schulzeit nie wieder mit Französisch beschäftigt und mein Mann erst recht nicht, der ist Althumanist."

Aber das bremste den Schwung meines Einladers nicht im Mindesten ab: „Mit dem Preis ist ein einwöchiger, kostenloser Aufenthalt an der Côte d'Azur verknüpft – das können Sie nicht ausschlagen."

Meine Seele zog sich hinter die Sitzbank in der Ecke zurück, seufzte. Ich versprach brav, alles zu arrangieren, und legte verstört den Hörer auf. Dies war zu wenig vorbedacht, als dass es zu bewältigen wäre. Natürlich hatte ich kein Abendkleid. Was soll man in einem Arbeitsleben mit Abendkleidern? Was tragen denn so die Herren, wenn sie mit Grace Kelly in Nizza herumflanieren? Gary Grant und Gregory Peck? Cut, Smoking oder ähnliche Harlekinereien. Wie sollte ich Harald in so etwas reinkriegen?

Harald war gerade dabei, das Pfaffenhütchen zu beschneiden. Ich stellte mich hinter ihm auf, meine Beine schienen in ihren Scharnieren ein wenig ausgeleiert zu sein. „Harald", sagte ich klein, „wir müssen morgen nach Nizza, Gracia Patricia erwartet uns."

Harald war ziemlich hartgesotten. Er war von mir allerlei gewohnt; wir hatten ein breites Arsenal trockener Scherze füreinander parat. Er angelte sich einen weiteren wildwüchsigen Zweig herunter, nahm ihn in Aktion und meinte: „Hat sie Schwierigkeiten mit ihren Kindern? Dann lass sie doch herkommen; der kann es auch nicht schaden, die einfachen Verhältnisse einer deutschen Kinderpsychotherapeutin in Augenschein zu nehmen."

„Nein", sagte ich, „Preise verleiht sie nur in Nizza."

Harald drehte sich um, in seinen Augen blitzte Heiterkeit. „Richtig", sagte er, „auf die Idee bin ich noch gar nicht gekommen. 'nen Oskar, doch, den hast du wirklich verdient – das spricht für Gracia, dass sie dein Talent erkannt hat."

„Nein", sagte ich, „die wollen mir schon wieder wirklich einen

Preis anhängen, vom Internationalen Kinderschutzbund diesmal."

Harald musste sich setzen, auf die Steingartenbank.

„O je", sagte er, „das handelt dir einen Verriss in der ‚Süddeutschen' ein, die fehlt noch! Aber hin müssen wir", sagte er und schüttelte sich die Erde von den Händen.

Am nächsten Morgen in aller Herrgottsfrühe saßen wir mit Kleinkoffer – ohne Hut und Abendkleid; wozu diese Konzession an eine so genannte „Große Welt"! (Harald) – im Auto auf dem Weg zum Flugplatz. Via Paris gelang es, noch zwei Flugscheine zu ergattern. Ich drehte am Autoradio: eine aufregende Sondermeldung: Vor einigen Stunden sei der neu erbaute Elbe-Seiten-Kanal gebrochen. Die Wassermassen überfluteten das Land und strömten auf die Ilmenau zu. Häuser entlang des Flusses müssten vorsorglich geräumt werden. Wir hörten – hörten stumm. Unser Haus lag unmittelbar an der Ilmenau. Ganz verlassen. Umkehren? Verleihung in Abwesenheit? Wo brach der Kanal? Er konnte sich doch nicht in voller Breite ins Land ergießen.

Man könnte darüber einen sensitiven Beziehungswahn entwickeln! Hierzu brauchte man Parallelen nicht erst im Orient zu suchen, davon berichten auch deutsche Klassiker in ihren Schauergesängen: dass da wilde Nixen das Wasser aufwallen lassen, weil sie irgendwelchen Glückskindern das Glück nicht gönnen und sie mit ihren glücksneidischen Fangarmen hinabziehen zu sich in ihre böse Tiefe …

„Sollen sie sehen, wie sie mit ihrem Kanalwasser fertig werden", sagte Harald, „wir fahren!"

Von Monacos Monarchin bekamen wir freilich nichts zu sehen, sie schickte ihren Minister, einen ebenso gebildeten wie auch im Deutschen wortgewandten Franzosen, der nach einer glanzvollen Festansprache ein vielgängiges Diner mit den Honoratioren der „l'association mondiale des amis de l'enfance" und uns abzureißen hatte.

Nie zuvor war ich in meinem Leben so satt, noch nie allein durch Essen so überanstrengt.

A. D. Verschiedene Auszeichnungen sind Ihnen bis in die 90er Jahre hinein verliehen worden, lässt sich im „Who is Who" lesen: 1978 der Niedersächsische Verdienstorden, danach die Medal of Merit, 1979 der Konrad-Adenauer-Preis, 1984 das Bundesverdienstkreuz erster Klasse, 1985 die Sonnenschein-Medaille, 1995 der Preis der Stiftung für Abendländische Besinnung und 1996 der Preis für Wissenschaftliche Publizistik. Finden Sie in der Erinnerung da noch durch?

C. M. Nun, diese Ereignisse waren zum Teil mit sehr schönen Feiern verbunden. Immer war es gleichzeitig möglich, vor einer erlauchten Zuhörerschaft in der Dankesrede einiges Aufrüttelndes für die Zukunft zu tun. Der Konrad-Adenauer-Preis im Residenzsaal zu München bildete dabei den Höhepunkt. Hier habe ich Adenauers Hobby des Rosenziehens zu einem Vergleich genutzt, der viele Menschen damals nachdenklich gemacht hat. Die Rede hatte folgenden Wortlaut:

„Konrad Adenauer ist ein großer Rosengärtner gewesen. Wie man es anstellt, um in seinem Garten eine schönste, seltenste, duftende Blütenpracht zur Entfaltung zu bringen, damit hat er sich eingehend beschäftigt – eine Kunst, die aus Wissen, Beobachtung und Umsetzen von Erfahrung besteht, eine Arbeit, die darauf aus ist, durch das kluge Einstellen auf Voraussetzungen und Grundbedingungen das Optimale an Entfaltung der kostbaren Pflanzen zu erreichen.

Was hätte Konrad Adenauer wohl gesagt, wenn ihm zu Ohren gekommen wäre, dass die Gärtner seines Landes plötzlich von dem Wahn befallen worden seien, ihren Erfahrungsschatz des Rosenziehens in eine Mottenkiste zu verbannen, und von der Vorstellung besessen, sie könnten nach eigener, neuer Maßgabe etwas Besseres in dieser Kunst zustande bekommen, in ein irres Experimentieren mit den kostbaren Pflanzen verfallen wären?

Zum Beispiel die Pflanzen nicht mehr der ihnen spezifisch notwendigen, ihnen angemessenen Erde einzuwurzeln, sondern sie in künstliche Nährlösungen zu stecken – und das nicht einmal in sorgsamen Einzelboxen, sondern in elender Pferchung, ohne Beachtung des existentiellen Rosenabstandes, alle gleichermaßen ohne Rücksicht auf die Unterschiede der ein-

zelnen Sorten zu gleicher Anfangshöhe gestutzt, dann das ganze Gewächs, ohne je noch auf wilde Schösslinge zu achten, durch Überdüngung und Überwärmung zu blindwütiger Wucherung zu bringen, anschließend gar noch den Versuch zu machen, die seltenen kümmerlichen Knospen in dem geilen, chaotischen, dornenreichen Gestrüpp durch mechanistisches Manipulieren zum verfrühten Aufbrechen zu bewegen zu suchen, und schließlich das Ganze über und über mit ätzenden Giften zu besprühen in der Hoffnung, auf diese Weise doch noch zu einem Erfolg im Rosenziehen zu gelangen.

Was würde er wohl sagen? Ich vermute, dass er angesichts so viel potenzierten Unverstandes aus Liebe zu seinen Blumen entsetzt-sprachlos gewesen, aber sicher nicht tatenlos geblieben wäre. Ich vermute, er hätte die verdrehten Gärtner mit ihren Holzhammermethoden zu Mechanikern umgeschult, den Berufsstand aufgelöst und die Sache des Rosenziehens allein in die Hand genommen – mit Sachverstand und Liebe!

Dies alles geschieht heute zwar nicht mit der Pflanze Rose in der Bundesrepublik, aber in Analogie mit der noch viel kostbareren Pflanze Mensch. Und was uns jeder Rosengärtner über die Folgen jeder einzelnen der eben aufgezählten Maßnahmen sagen würde: „Dann geraten sie eben nicht", und was er uns angesichts einer solchen Ballung an Fehlmaßnahmen versichern würde: „Dann geht gewiss der ganze Rosenstrauch ein", das lässt sich auch über die Zukunft der Bundesrepublik Deutschland sagen, wenn man etwas von den Entfaltungsbedingungen der zwar robusten, aber ebenso differenzierten und störanfälligen Pflanze Mensch versteht.

Denn genauso benehmen wir uns: Wir tun die Kinder in die künstliche Nährlösung Babyzimmer in der Wöchnerinnenstation der Kliniken, wir setzen sie der Künstlichkeit von Kunstnahrung aus, wir überlassen sie Kinderkrippen und Babyhotels, statt ihnen denjenigen Wurzelboden zur Verfügung zu stellen, den sie brauchen: Mutter und Vater, das Nest einer Umwelt, die ihnen verlässliche Heimat sein kann. Wir pferchen sie zusammen in die Frühinstitutionalisierung unserer Kindertagesstätten, der Vorschulen, der Massenmittelpunktschulen und Gesamtschulen; wir verwöhnen sie, indem wir *ihnen viel zu viele Materialien viel zu leicht zur Verfügung stellen, wir treiben sie in den Wildwuchs, weil wir uns weigern, ihnen ihre Grenzen abzustecken, wir ermuntern sie auf dem Boden einer fatalen Gleichheitsideologie zum ertrotzenden Fordern, züchten so Riesenansprüche und nennen das ihre Rechte. Wir manipulieren an den Knospen, indem wir sie in die Verfrühung, besonders ausgerechnet auf den gefahrenreichen Sektoren Sexualität und Intellektualität nötigen.*

Jede einzelne dieser Maßnahmen muss – das lässt sich erkennen, wenn man etwas vom Menschenaufziehen gelernt hat – gesundes Wachstum erheblich dezimieren, bewirkt Einbuße an Blüte, an Blatt, bewirkt bei mancher Sorte schon völliges Abknicken und Eintrocknen; aber dies alles zusammen, und das dann gar noch mit dem ätzenden Gift einer hämmernden Hassideologie im Knospenstadium zu versehen – das ist eine atemberaubende Summation an Fehlmaßnahmen, die zumindest eine alte Gärtnerin wie mich schlaflos machen muss.

Wer sein Leben lang Rosen zieht, der kann auch früh die Anzeichen der Verkümmerung, das Geil- und Krankwerden erkennen, der kann auf dem Boden des Wissens um die Zusammenhänge auch die Prognosen stellen. Das hat ja seine Gesetze, und das Erkennen ist Angelegenheit des Erfahrungswissens. Beim Menschengärtner ist das nicht anders. Es gehörte weder die Intuition einer Kassandra noch sonst ein Spökenkiekergeist, sondern lediglich Sachverstand dazu, um rechtzeitig zu sehen, wie es am Ende dieses Jahrhunderts bei uns aussehen würde; dass es das dann alles gäbe: viel Raubkriminalität, viel Sucht, viel Leistungsversagen, viel Selbstmordneigung und auch blindwütige terroristische Aggression.

Was wir auf dem Feld der Kinderpflege, Erziehung und Bildung betrieben haben und immer noch (in Bayern natürlich am wenigsten) betreiben, heißt Gefährdung der zukünftigen Existenz unseres Volkes.

Wenn es zu viele werden, die müde und matt sind, obgleich sie jung sind und damit eigentlich von überschäumender Lebenskraft sein sollten, wenn es zu viele werden, die nicht arbeiten und nicht lieben können, wenn es die Mehrheit ist, die aus verzweifelter Schwäche sich lieber umbringt oder sich

215

dafür einsetzt, dass alles, was entsteht, auch wieder zugrunde geht, anstatt ihr Leben verantwortungsbewusst in den Dienst an der Schöpfung zu stellen, dann ist ein Volk reif zum Untergang. Und um weniger als um solche Kausalitäten geht es dabei nicht.

Ich hatte, als sich unsere Lage auf diesem Feld lawinenartig zu verschlechtern begann, nicht die Möglichkeit, einem ignoranten, sich immer mehr ideologisierenden, tradiertes pädagogisches Wissen hochmütig vernachlässigenden Reformungeist die Umschulung zu empfehlen. Ich konnte vom hintersten Niedersachsen aus, so schien es, einfach überhaupt nichts tun. Ich wollte auch nicht gern öffentlich etwas tun. Und dennoch gab mir die Sorge eine Schubkraft, einen katapultartigen Antriebsüberschuss ein. Mir wurde klar: Es musste eingesprungen werden in dieser Not. Es musste gesagt werden, es durfte nicht geschwiegen werden.

Und dies ist mir der schönste Lohn meines Mühens: Es ist heute, eben noch nicht die Mehrheit der jungen Menschen, die kaputt ist; es sind viele, es werden schlimmerweise noch mehr werden; aber es sind nicht alle. Und das liegt daran, dass ich viele gute, ebenso treue wie zähfleißige Mitgärtner bekommen habe, die sich dagegen wehren, dass in ihren Gärten der Wildwuchs alles verdirbt. Dazu gehören die vielen unerschütterlichen Familienmütter, jene unscheinbaren opferbereiten jungen Frauen, die einen schönen, lukrativen, oft auch geliebten Beruf aufgeben, um eine missachtete Nurhausfrau ohne Lohn und Lobby zu werden auf dem Boden des intuitiven oder von mir gelernten Wissens, dass sie damit das Richtige für ihre kleinen Kinder tun.

Dazu gehören aber auch Institutionen wie die Deutschlandstiftung und eine nicht unerhebliche Zahl von Menschen, die das Verantwortungsgefühl für die Zukunft nicht zur Ruhe kommen ließ und die sich ohne Rücksicht auf ihr eigenes Image gegen die geistige Vergiftung unseres Landes zur Wehr setzen. Es ist das Verdienst vieler einzelgängerischer Widerstandskämpfer, dass noch nicht der ganze Rosenstock am Eingehen ist, dass er zu später Stunde noch rettbar ist – dieser unser geliebter Garten!

In diesem Sinne vor allem möchte ich allen jenen, die mir die Ehrung des hohen Preises zukommen lassen, danken: Denn sie dient den Müttern, der Familie, der jungen Generation, für die ich mich eingesetzt habe. Sie ist Anerkennung eines Standes, den man in leichtfertiger Weise in den letzten Jahrzehnten glaubte, mehr und mehr diffamieren zu dürfen. Meine Ehrung darf aber auch alle die Landesväter und Landesmütter, alle diejenigen Politiker und Publizisten einschließen, die sich im gleichen Joch fühlten und durch ihren Einsatz, ihre Einstellung und ihr Vorbild nicht wägbaren Schaden von uns abgewendet haben.

Die beiden Landesväter und ihre Kultusminister, die zum Segen ihres Landes in den letzten Jahren eine klare Position bezogen, die bewirkt haben, dass es ein Nord-Süd-Gefälle bei den eben genannten negativen Sozialindikatoren gibt, sind ja hier zu meiner großen Freude anwesend. Und wir sollten nicht vergessen, ihnen zu danken für ihr Halten der Bastion angesichts des Ansturms der Mächte. Haben wir dem Ministerpräsidenten Goppel und seinem Kultusminister Maier, haben wir dem Ministerpräsidenten Filbinger und seinem Kultusminister Hahn genug gedankt für diesen über alle Kraft gehenden Einsatz der vergangenen Jahre, für ihr Feststehen in der zermürbenden Wut dieses Sturmes? Wir sollten doch versuchen, diese Klarsicht nicht der Nachwelt zu überlassen!

Aber wir dürfen nun auch nicht angesichts der Tatsache, dass es bereits wieder viele Menschen gibt, die sich im Erfahren der wachsenden Not mit den so mühselig gedeihenden Kindern eines Besseren und ihres gesunden Menschenverstandes besinnen, die sich nicht mehr von einem krank machenden Zeitgeist, nicht von der Diktatur der 51 Prozent einfangen lassen wollen, die wieder beginnen, in Demut ihrem Schöpfer die Ehre zu geben, statt den falschen Propheten ihr Ohr zu leihen – wir dürfen nicht, erfreut von dieser Wende, wähnen, der Kampf sei bestanden!

Das Böse ist nicht dadurch abgeschafft, dass wir ihm den Namen Gleichheitswahn, Positivismus oder Konfliktpädagogik geben und es dann in den Keller der Verdrängung verbannen, es ist nicht dadurch aus der Welt, dass wir uns wieder *mehr darum bemühen, uns an den realistischen und nüchternen Sachverstand zu halten. Das Böse, das unseren Rosenstrauch letztlich gefährdet, trägt seit Adams Fall nur einen Namen: Es ist jener Leviathan, der alles verachtet, was hoch ist, und der dem Menschen zuflüstert, er könne das Leben, die Zukunft, die Menschen allein schaffen, machen. Er könne sein wie Gott!*

Aber es wird kein guter Gärtner Erfolg haben, der vergisst, dass er die Rose nicht gemacht hat, es kann nur derjenige seine Freude und sein Glück finden an ihrer duftenden Pracht, der lange zugeguckt, zugehört, der nachgelesen hat, was die Altvorderen ihm an Erfahrungswissen anlieferten, der neu nachdenklich am Erfahrenen zu lernen bereit war. Und das alles hat im Grunde nur eine Voraussetzung: dass wir ehrfürchtig das uns anvertraute Leben, die uns anvertrauten Menschen lieben; dann können wir sie auch erkennen, behüten, pflegen und zur Blüte bringen.

Es geht nicht darum, aus links rechts, aus Rot Schwarz, aus theoretischen Wolkenkuckucksheimen Praktiker, aus Ideologen Realisten zu machen; es handelt sich letztlich um dies eine, aber auch um nichts weniger: daran mitzuwirken, dass der Geist eigenmächtiger Machtanmaßung durch den Geist der Liebe bezwungen wird. Wie die weit geöffnete Rose in unserem Garten müssen wir deshalb zunächst empfangsbereit sein für die Liebe des Schöpfers, um sie dann im Dienst für ihn und sein Werk hier in der Welt zu mehren."

Das gesamte Preisgeld haben wir dann mit den Festgästen in einer herrlichen Nachfeier, in der die schönsten Einlagen vorgetragen und musikalisch untermalt wurden, in einer Nacht ausgegeben. Die Ministerpräsidenten-Ehepaare Goppel und Filbinger waren gekommen, meine Mitherausgeber, meine Familie und alle meine nahen Freunde. Ich war schier am Platzen vor Freude.

A. D. Ist denn nun wenigstens über diesen Preis gebührend in den Medien berichtet worden, nachdem das bereits bei den ausländischen Preisen, dem Prix Amade und der Medal of Merit, ausgefallen war?

C. M. Kaum, wie auch bei allen weiteren Auszeichnungen nicht, allenfalls einmal ganz klein am Rande, obgleich damit oft große Veranstaltungen verbunden waren. Nie erschien dabei in Zukunft das Fernsehen. Der dominante linksliberale Geist in unserer Republik versuchte und versucht, mich, so weit es irgend geht, totzuschweigen, im Notfall zu verreißen oder mich per Flüsterpropaganda als „rechtsextrem" zu verteufeln. Dabei empfinde ich dieses Etikett geradezu als eine Beleidigung. Ich habe den Nationalismus des Dritten Reiches als die gefährliche Form eines irregeleiteten Glaubens erlebt und habe mit den gelegentlich auftauchenden Bestrebungen zu einer Reanimierung dieses Geistes nichts am Hut. Ich hielt mich von so genannten „rechten" Veranstaltungen tunlichst fern, wie ich überhaupt vermied, mich in Vereine einbinden zu lassen. Ich hatte erkannt, dass ich mir nur ungeschützt die volle Freiheit bewahren konnte.

Den Niedersächsischen Verdienstorden verdanke ich der Initiative von Prof. Axel Freiherr von Campenhausen, der in den 80er Jahren unter Ministerpräsident Ernst Albrecht (CDU) Staatssekretär in einem hannoveraner Ministerium war. Ordensverleihungen unterlagen seinen Vorschlägen. Ihm war meine weiträumige Öffentlichkeitsarbeit in Niedersachsen bekannt geworden, und er hatte wohl auch mit einiger Zustimmung meine Aufsätze und Bücher gelesen. Und so kam er unpretentiös mit dem hübschen Niedersachsen-Ross ins Uelzener Rathaus angereist.

Dafür hat ihn aber einige Monate später in lästiger Weise ein Pferd getreten: Denn im Landtag hatte die SPD – sich in der Opposition befindend – eine Anfrage eingebracht: Wieso ein Mensch aufgrund seines Kampfes gegen die doch ach so ehrenwerte „Frankfurter Schule" von der Regierung einen Orden bekäme? – Davon war bei der Begründung allerdings nicht die Rede gewesen, und doch zeigte die heftige Reaktion der Abgeordneten schon damals, wie sich der Niedersachsen-Karren bald darauf wenden würde …

Hoffnung auf die geistig-moralische Wende

A. D. Ist meine Annahme richtig, dass im Verhältnis zu den heißen Kampfjahren der 70er Jahre Ihre Arbeit in den 80er Jahren etwas weniger spannungsreich wurde?

C. M. Das hoffte ich – zumal nun 1982 ein Misstrauensvotum der CDU gegen die Regierung Schmidt Erfolg hatte, Helmut Kohl Kanzler wurde und mit einer der SPD untreu werdenden FDP die Regierung bildete. Aber die Kommunisten blieben weiter – wie in Regensburg – auf meinen Fersen; und vor allem rannte ich in den 80er Jahren nicht mehr – wie zuvor doch oft noch – bei Vorträgen vor Frauenvereinen offene Türen ein. Während ich zum Beispiel in den 70er Jahren gelegentlich auch mit den CDU-Frauen unter der Führung so nüchterner Damen wie Helga Wex, Ursula Benedix und Roswitha Verhülsdonk den Ruf nach einer geistig-moralischen Wende erschallen lassen konnte, den Ruf nach mehr Achtung und Beachtung der Familie, nach berechtigter Aufwertung der Mutterschaft im Sinne eines christlichen Menschenbildes, so wie das schließlich im CDU-Programm steht, gab es zu meiner Verblüffung besonders bei den CDU-Frauen eine von der Mitte der 80er Jahre ab einsetzende Kehrtwendung zum linken Feminismus hin.

Aber zunächst – 1982 nach dem Regierungswechsel – entstand viel neue Hoffnung auch in weiten Kreisen der Bevölkerung. Für mich wurde sie besonders dadurch genährt, dass mir gleich zweimal die Ehre zuteil wurde, bei Bundespräsident Karl Carstens in die Villa Hammerschmidt eingeladen zu werden – einmal zu einem wunderschönen Gesellschaftsabend mit einem prachtvollen Konzert und herrlichem Essen, und ein zweites Mal als Mitherausgeberin des „Rheinischen Merkur", gemeinsam mit den Professoren Roman Herzog, Otto B. Roegele und Hans Maier sowie dem Chefredakteur Alois Rummel. Bundespräsident Carstens war neben seiner ungemein sympathischen Frau Veronica von einem strahlenden Optimismus. Er konnte kaum irgendwelche dunklen Wolken am Horizont erkennen. Die Jugend erschien ihm ebenso erfreulich (was sie zum Teil ja auch in der Tat war) wie die Kriminalfilme zur Entspannung am Abend. Eine christliche Einstellung schien ihm nötig, aber auch gewährleistet.

Vielleicht mag diese Beschönigung daran gelegen haben, dass er selbst keine Kinder hatte und ihm in der eigenen Familie eine direkte Konfrontation mit dem die Jugendlichen verhetzenden oder sie verführenden Zeitgeist erspart blieb.

Das war bei Bundeskanzler Kohl sehr anders. Er lud mich 1983 zu einem zweistündigen Gespräch unter vier Augen ins Kanzleramt ein. „So viel Zeit kriegt selbst Arafat nicht", sagte seine Adlata Juliane Weber zu mir am Telefon. Ich habe mein Gespräch mit dem Kanzler in meinem Tagebuch von 1983 aufgezeichnet. Folgendes notierte ich danach:

„Um 13.20 Uhr entlässt mich der wohl temperierte IC in Bonn. In der Bahn las ich die Regierungserklärung und ließ mir einiges dazu einfallen. Beim Aufschlagen der Bibel fällt sie bei Lukas 12,11 auseinander: „Wenn sie euch aber führen werden vor die Obrigkeit und vor die Gewaltigen, so sorget nicht, wie oder womit ihr euch verantworten oder was ihr sagen sollt; denn der Heilige Geist wird euch zu derselben Stunde lehren, was ihr sagen sollt." – Ich kann das nicht so recht fassen, dass das wirklich vor meinen Augen steht. Schließlich hat dieses Buch 1200 Seiten! Es ist wie eine große, himmlische Beistandserklärung. Ich bin sehr froh und ohne jede Aufregung.

Im Bundeskanzleramt öffnen sich – schon bei Nennung meines Namens – alle Türen. Ins Allerheiligste geleitet mich ein freundlicher Türhüter, zum Fahrstuhl ein anderer. Frau Weber nimmt mich in Empfang. Sie ist eine natürliche, dennoch damenhafte Mittvierzigerin, die mir das Jakett abnimmt und eine Schorle anbietet. Draußen ist es noch brütend heiß; aber die geheiligten Räume sind fantastisch temperiert. Peter Boenisch, der Regierungssprecher, kommt auf mich zu und begrüßt mich; ein gut aussehender Herr.

Der Kanzler kommt herein und begrüßt mich auf das herzlichste.

„Wie geht es Ihnen?", sagt er. „Wie schön, dass ich Sie endlich einmal hier habe. Was wollen Sie trinken?", fragt er, während er vorangeht. „Kaffee oder Wein?" – „Ich richte mich nach Ihnen", antworte ich. „Dann nehmen wir beides!", sagt er.

Frau Weber serviert Kaffee und exquisite Plätzchen. Der Raum ist groß, wirkt schön durch den Park mit den riesigen Eichen und Kiefern vor der breiten Fensterfront. Ein Seitentisch ist voll Familienfotos. Flüchtig nur kann ich ein Gemälde von Lucas Cranach konstatieren; denn der Kanzler nimmt mich sofort hinein in ein enorm konzentriertes Gespräch.

Vier von zehn gemusterten jungen Menschen seien für den Militärdienst untauglich, beginnt er das Gespräch; das sei zwar gewiss ein zum Teil künstlich erzeugter Faktor, der aber doch auch sehr bedenklich sei. Danach erzählt er eine Weile von den Söhnen Walter und Peter und deren Wehrdienst verweigernden Freunden. Walter dient zurzeit in Hammelburg.

Was ich im Alltag mache, will er wissen.

Ich erzähle von der Labilität der jungen Generation, ihrem „Kippen", dass die Krisen der Volkswirtschaft, die wachsende Arbeitslosigkeit der Industrienationen mit bedingt sind vom Kränkerwerden der Jungen, dass die Krankenkosten zu hoch werden, ich erzähle weiter von der Blockade des Umsetzens wissenschaftlicher Erkenntnisse durch die verabsolutierte Milieutheorie der marxistischen Soziologen.

Was ich von der neuen Zwillingsforschung hielte, will der Kanzler wissen. Ich erwidere, dass sie notwendig sei. Der Mensch sei eine Mischung aus Anlage und Umwelt, aber vor allem die Umweltfaktoren seien heute zum großen Teil pathogen.

Der Kanzler erweist sich als wohl informiert darüber. In welchem europäischen Land es denn wohl noch am besten sei. Ich erzähle von dem statistischen Vergleich der negativen Sozialindikatoren: Ehescheidung, Selbstmord, Geburtenschwund in den europäischen Ländern und dass sie in den katholischen Ländern mit Großfamilien (Großeltern und Tanten) in den relativ kinderreichen Familien am geringsten seien.

„Ist die Arbeit seriös, und wo steht Deutschland?"

Ich mache den Kanzler auf die erhebliche Zunahme der negativen Sozialindikatoren in der BRD aufmerksam.

Ich hätte ja sogar mit der Prognose über die Zunahme der Homosexualität Recht behalten, springt er in ein anderes Thema über. Sie hätten ja schon dazu angesetzt, den Restparagraphen 175 streichen zu wollen. Aber das wäre natürlich nie durch den Bundesrat gegangen. Er erinnert sich an eine harte Diskussion mit Homosexuellen und Politikern um dieses Thema. Er habe votiert: Ich, der ich den Restparagraphen 175 erhalten will, plädiere damit für die Freiheit der jungen Menschen. Ihr, die ihn streichen wollt, wollt damit die jungen Menschen manipulieren. – Und er berichtet, wie zum Schluss alle auf seiner Seite waren.

Der Kanzler sitzt jetzt mit übergeschlagenen Beinen in seinem Sessel zurückgelehnt. Er wirkt viel weniger gewaltig als auf den Bildern, er trägt keine Brille und hat warme, sehr dunkle Augen und einen fabelhaft geschneiderten Maßanzug an (er ist bei dem Gespräch mit mir viel besser gekleidet als am nächsten Tag bei dem Gespräch mit Mitterrand in Frankreich), er wirkt menschlich, sachlich und klug.

„An den Müttern liegt ebenso viel", sagt er und erzählt vom Klassentag seiner Frau, die 1951 Abitur gemacht habe. Die meisten dieser Mütter seien resigniert bis depressiv, weil sie mit ihren jetzt herangewachsenen Kindern so wenige Erfolgserlebnisse hätten und weil sie das Gefühl hätten, sinnlos ihre Lebenskraft mit der erfolglosen Kinderaufziehung vergeudet zu haben.

„Was sollen wir denn also tun?", fragt er mich. „Was kann ich tun?", ergänzt er und gibt mir damit grünes Licht.

Ich starte mit meinem Berufsmutter-Programm. Kohl hört sehr aufmerksam zu, nickt, stimmt auch bei meinem Plan zum Familienpflegedienst der Mädchen zu; erstens bekommen wir die Mädchen von der Straße, zweitens werden die Mütter kleiner Kinder, die keine hinreichende Hilfe haben, entlastet und damit zur Mutterschaft motiviert, und drittens fühlen sie sich nicht in die drei Ks zurückgestoßen, entgegne ich.

„Sie müssen mir das aufschreiben", sagt der Kanzler, „aber machen Sie es nicht zu kompliziert. Ich bin ein Laie."

Danach entwerfe ich ihm meinen Plan zur Reform der Schulen: Ich zeige ihm die Notwendigkeit einer Eliteuniversität auf und mache ihm den Vorschlag, die Hauptschule mit viel Gemeinschaftssport am Nachmittag zur Ganztagsschule zu machen, damit die Kinder arbeitender Eltern von der Straße kommen.

„Manche Lehrer und Schüler", sagt Kohl, der sich über das Ausmaß der Indoktrination als informiert erweist, „sind aber doch wohl lediglich opportunistisch und ließen sich sicher auch zum Positiv-Realistischen beeinflussen."

Ich stoße zu meinem dritten Programmpunkt vor: die Sehnsucht der Menschen nach geistiger Orientierung durch eine Vorbild gebende Person, die die Funktion des Landesvaters übernimmt. Ich sage dem Kanzler, dass er dazu besonders geeignet sei, dass Franz-Josef Strauß zu viel Angst vor Diktatur erzeugt und der Bundespräsident von seinem Amt her zu wenig einen festen Standpunkt vertreten könne.

Kohl stimmt ganz selbstverständlich zu. Er hält sich offenbar auch für die beste Figur, um diese Funktion zu vertreten, lustigerweise ohne alle Eitelkeit.

„Aber wie?", fragt er seufzend.

Ich komme mit meiner Vorstellung wöchentlicher Fernsehansprachen. „Das ist nicht machbar", sagt er, „das können Sie vergessen. So viel Macht hat ein Bundeskanzler der CDU nun einmal nicht."

„Wird mit der Jugend nicht einiges besser?", will er dann wissen.

Ich spreche von der Kritik mancher Jungen an der Indoktrination, von ihrer Sehnsucht zu glauben, ich gehe auf die Notwendigkeit des christlichen Menschenbildes ein. Dass Christus wirklich der Weg, die Wahrheit und das Leben ist, weil der Mensch auf Personalität hin angelegt ist.

„Ja", bekennt Kohl sehr ernst, „in meinem Leben habe ich das auch erst seit einigen Jahren als das eigentliche Ziel erkannt. Diese Einsicht ist wohl eine Sache der späten Jahre."

Unsere Jugend sei objektiv gefährdet, weil orientierungslos, erkläre ich; die Störungen aus der frühen Kindheit seien irreversibel, die Kleinbetriebe könnten Gestörte nicht verkraften, viele wären eben wirklich für die Arbeit unbrauchbar. Herr Stingl hätte Sand in die Augen gestreut, wenn er dieses Problem leugne.

In den Augen des Kanzlers ist Ernst, fast etwas wie Angst. Helfen könne nur Prophylaxe, gebe ich zu bedenken.

„Wir müssen also eine Renaissance der Mütter machen", resümiert er. „In zwei bis drei Jahren haben wir den Tiefstand der Wirtschaft, danach werde ich etwas locker machen können. Im Augenblick habe ich dafür noch nicht genug Geld. Wir müssen die Mütter aufwerten. Prestige, Mode spielt eine große Rolle – aber wir müssen ihnen auch materiell helfen."

Kurz vor 16 Uhr erhebt sich der Kanzler, begleitet mich hinaus. Dabei erzählt er mir noch, wie tüchtig die Frauen wären und wie viel besser sie für die Politik geeignet seien.

„Oft können es die Frauen besser als die Männer", sagt er. „Wir haben viel zu wenig Frauen im Kabinett" und guckt mich lustig-auffordernd an.

„Ich bin aber doch mehr dafür, dass die Männer die Politik machen; ich möchte mich auch nicht in eine Partei einbinden. Wenn ich frei bin, kann ich besser in der Öffentlichkeit wirken", gebe ich zurück, weil ich mir fest vorgenommen habe, mich nicht für ein Amt einfangen zu lassen.

Herzliche Verabschiedung. Frau Weber hält Jackett und ein Auto parat. Es gießt in Bonn. Ohne Hetze erreiche ich in der Staatskarosse meinen Zug und lande um 21 Uhr wieder in Uelzen an, von der neugierigen Familie umringt …

A. D. Aber hat der Bundeskanzler denn nun sein Versprechen gehalten? Kann man nach einer 16-jährigen Regierungszeit der CDU sagen, dass sie eine „Renaissance der Mütter" bewirkt hätte?

C. M. Zunächst waren das so genannte „Babyjahr" und das Programm der „Erziehungszeiten", die den Eltern die Möglichkeit gaben, ihre kleinen Kinder selbst zu betreuen und ihren Arbeitsplatz dennoch nicht kündigen zu müssen, ein mächtiger Fortschritt, zu dem unser Gespräch sicher einen Anstoß gab. Und dennoch haben

Sie mit Ihrer Frage Recht – diese Maßnahmen waren nicht genug und konnten den negativen Entwicklungsprozess allein nicht aufhalten. Mir wurde eine mich tief erschütternde Erkenntnis klar, als ich 1984 den gerade von Familienminister Heiner Geißler herausgegebenen Zweiten Familienbericht las. Ich konnte meinen Augen nicht trauen, als ich sah, dass das Konzept der CDU zu der üblichen linken Linie umfunktioniert worden war. Dort konnte man zum Beispiel folgende Sätze lesen:

„Die neue Frauenbewegung, die in der Bundesrepublik im Rahmen der Studentenbewegung entstand, dann aber nach eigenen feministischen Konzepten suchte, übernimmt in ihren Äußerungen zur Familientätigkeit und Hausarbeit marxistische und radikal feministische Denkmuster … Diese Form der radikalen ‚gesellschaftlichen Selbsterfahrung‘ einer Gruppe der jungen Frauen muss in der Familienpolitik bedacht werden."

Dieses und vieles andere mehr im gleichen Tenor hatte der Familienminister der CDU in einem Vorwort mit seiner Unterschrift abgesegnet. Ausdrücklich stand im Layout des Kohlhammer Verlags zu lesen: „Herausgeber: Der Bundesminister für Jugend, Familie und Gesundheit" (!).

Ich war fassungslos und referierte die entsprechenden Passagen in einem Aufsatz in der „Welt am Sonntag". Die Antwort erfolgte prompt in der nächsten Ausgabe: Der Herr Minister schrieb, er verstünde überhaupt nicht, was die Meves wolle – ein solches Buch gäbe es gar nicht! – Die Direktheit einer solchen Verleugnung verschlug mir geradezu den Atem. Hatte der Minister dieses Machwerk nie in der eigenen Hand gehabt? Ich erklärte den Sachverhalt in Form eines Leserbriefs. Aber was konnte er schon bewirken gegen eine solche Erklärung ex cathedra?

Seit 1984 gab es also im Familienministerium eine andere Richtung – entmutigend zunächst mit der Nachfolge durch die Professorin Rita Süssmuth. Dass nun vornehmlich linker Feminismus dieses Ressort beherrschen würde, war mir klar, kannte ich die Dame doch bereits aus Verlautbarungen während ihrer niedersächsischen Instituttätigkeit. Mit dem ersten Interview nach ihrer Nominierung beschenkte die neue Familienministerin die Protagonistin der Feministinnen, Alice Schwarzer, für deren

Postille „Emma". Hier bekannte Rita Süssmuth, dass sie diesen CDU-Posten angenommen habe, weil die SPD ihr Entsprechendes nicht geboten habe, und sprach sich eindeutig für eine Legalisierung der Abtreibung aus. Die Frau müsse das Recht haben, allein darüber zu bestimmen, ob sie ein Kind austragen wolle oder nicht, wusste sie. Auch in ihrer eigenen Familie seien solche Entscheidungen schon gefällt worden.

Dieser Einstieg einer Ministerin der Christlich-Demokratischen Union in ihr Amt als Leiterin des Ressorts für Gesundheit (!), Jugend (!), Frauen und Familie (!) empörte mich derartig, dass ich ihr in einem Zeitungsartikel „Familienverhinderung" nachsagte; denn gleichzeitig hatte sie als erstes die Antibabypille auf Krankenschein für Jugendliche durchgesetzt. Es gab dadurch einige Unruhe unter den CDU-Wählern, und so wurde ich abermals von der Regierung zu einem Gespräch gebeten, diesmal mit dem Kanzleramtsminister Friedrich Vogel.

Ich legte in dieser Unterredung den ganzen Schwerpunkt auf die Gefahren durch die weitere Aufweichung des § 218 und fragte den Minister unverblümt: „Es ist bei der Einführung der so genannten ‚sozialen Indiktation' zugesichert worden, dass nach zehn Jahren eine Überprüfung der Abtreibungsgepflogenheiten stattfinden würde, wenn das Ziel – die Senkung der Abtreibungszahlen – nicht erreicht sei. Wo bleibt sie also – die Abtreibungen sind seit der Fastlegalisierung Legion geworden! Es scheint, dass seit dem CDU-Frauenkongress von 1985 in Düsseldorf mit Minister Heiner Geißler der Wind in eine andere, in die feministische Richtung geht! Wenn eine CDU-Regierung so weiter taktiert, fürchtet sie dann nicht Gottes Zorn?"

Minister Vogel nickte dazu ernst, Gegenargumente fielen ihm nicht ein. Gespräche mit Rita Süssmuth zu führen, um die der Minister sich bemühen wollte, erschien mir sinnlos. Frau Süssmuth hatte sich mittlerweile sogar in einem Buch als eindeutige Abtreibungsbefürworterin ausgewiesen.

Es konnte sich bei dem anberaumten Gespräch also unter diesen Voraussetzungen bestimmt nicht darum handeln, dass mir die Familienpolitik der Regierung nach der Nominierung dieser Frau weiter ihr Ohr leihen würde. Ich hatte mein Programm zur „Sanierung der Frauenfrage" in dem persönlichen Gespräch mit Kanzler Kohl drei Jahre zuvor zur Verfügung gestellt. Auf unsere Unterschriftensammlung im Freundeskreis gegen die Abtreibung mit 500.000 Unterschriften, die dem damaligen Bundestagspräsidenten Jenninger in zahllosen Kartons zugeschickt worden waren, hatten wir vom damaligen stellvertretenden Vorsitzenden der CDU/CSU-Fraktion Althammer nur eine kaltschnäuzige Antwort bekommen. Meine Vorschläge passten nicht ins CDU-Programm, schrieb er unverhohlen.

Ich konnte aber nicht aus Sympathie zu dem mir wohlwollenden Kohl meine Einsicht in die als richtig erkannte Wahrheit aufgeben, vor lauter Untertanengeist! Diese Wahrheit hatte ich a) in meinem wissenschaftlichen Studium gelernt, b) in der Praxis bestätigt gefunden und zu einer speziellen Lehre ausgebaut. Die Konsequenz heißt: Das Neugeborene braucht für mehrere Jahre seine Mutter (neben einigen nahen und konstanten Zusatzpersonen), die Familie ist unaufgebbar, sie bedarf finanzieller Unterstützung und geistiger Wertschätzung, und: Massenabtreibung ist ein Selbstmordprogramm. Den Menschen in der BRD muss die zerstörerische Gefahr durch den Neomarxismus und den enthemmenden Liberalismus verdeutlicht und in Schulen sowie Ausbildungsinstitutionen eine Orientierung am christlichen Wertsystem neu vermittelt werden.

Mein gesamter Impuls zur Öffentlichkeitsarbeit war schließlich aus dem Schrecken hervorgegangen, der mich befallen hatte, als ich erkannte, wie elend, wie unrettbar, wie teuer, wie krank unsere gesamte Gesellschaft werden würde, wenn man diese Vorgaben zugunsten eines linken Kollektivismus aufgibt. Mir war klar geworden, dass spätestens am Ende des 20. Jahrhunderts das Krankenkassensystem nicht mehr in der Lage sein würde, die Kosten zu decken; dass die Arbeitslosigkeit durch die viel zu häufige Arbeitsunfähigkeit nicht mehr bezahlbar sein und dass jenseits der Jahrtausendwende auch der Rententopf zu schmal werden würde, weil – durch die Massenabtreibung bedingt – viel zu wenige Menschen im Arbeitsprozess stehen würden, um die Älterwerdenden noch mit ausreichend Renten- und Pflegegeldern versorgen zu können.

Ich hatte erfahren, dass das keine Instanz hören wollte, ich er-

lebte, dass die die Regierung beratenden Wissenschaftler opportunistisch und ideologisiert ihr Wissen verleugneten. Deshalb war
ich zum Redner in öffentlichen Vorträgen und zum Multi Scri-
bente geworden …

Was Wahrheit ist, lässt sich an den Früchten erkennen. Meine
Prognosen erwiesen sich schon in den 80er Jahren mehr als nur zu-
treffend. Mit Mut und Entschlossenheit wäre es jetzt noch möglich gewesen, aus den negativen Erfahrungen mit dem linken
Trend eine geistig-moralische Wende zu erwirken. Stattdessen
übernahm Rita Süssmuth das Ruder. Sie war die Repräsentantin
für die Potenzierung der zersetzenden Prozesse. Was hatte ich bei
einer solchen Regierung zu suchen? Ich sagte die vom Kanzleramtsminister anberaumten Gespräche mit Rita Süssmuth ab; denn
die neuen Versuche in Bonn, mich zu kontaktieren, hatten die Absicht – so erkannte ich –, meine kritische Stimme in der Öffentlichkeit gegen die neue Marschrichtung in der Familienpoltik der
CDU-Regierung zum Schweigen zu bringen. Den neuen Trend in
Bonn wollte ich nicht mitverantworten. Ich wollte mich nicht ein-
wickeln lassen. Ich wollte die sich als richtig erweisende Wahrheit
nicht aufs Spiel setzen … Schon sich auf die Argumente von Wahr-
heitsfeinden einzulassen, bedeutet schließlich, dem Unrecht Raum
zu geben.

Die negativen Auswirkungen unseres Lebensstils waren voll zu-
tage getreten. Ich hatte sie zu dieser Zeit bereits in 60 Büchern und
Tausenden von Aufsätzen konkret so belegt, wie sie sich belegen
lässt. Sie war maßgeblichen Leuten und vielen Nachdenklichen in
der Bevölkerung bekannt. Hinter mir stand damals die kleine
Schar der Unbestechlichen, Professoren wie Manfred Spieker,
Konrad Löw, Martin Kriele, Herbert Tröndle, Wolfgang Brezinka,
Günter Rohrmoser, Helmut Schoeck, Theodor Schmidt-Kahler,
der Pädagoge Wolfram Ellinghaus und die Lebensrechtsbewegun-
gen, vor allem mit Johanna Gräfin von Westphalen, Bernward
Büchner, Siegfried Ernst, Walter Ramm und Alfred Häußler. Aber
Einzelkämpfer dieser Art sind kein Wahlfaktor und werden es nie
sein. Sie werden den Fehllauf der Welt nicht hindern. Aber den-
noch muss es die kleine Schar der Unbestechlichen geben.

Für den Machterhalt war und ist die kleine Zahl der Nonkonformisten völlig irrelevant. Dass die CDU-Regierung mich damals für gefährlich hielt, war eine psychische Projektion: Ihre Seele selbst wurde durch deren Verkauf an die Macht bei Preisgabe ihres Gewissens im Hinblick auf ihr eigenes Seelenheil gefährdet! Aber mit diesem Problem brauchten sich die Damen und Herren gewiss nicht in Dialogen mit mir zu rechtfertigen – sie müssen einst Gott antworten …

In mein Tagebuch schrieb ich damals:

„Gott hat mich nun einmal – trotz all meiner Nichtigkeit – an diese Stelle gestellt. Und die werde ich ganz bestimmt in einer Weise einhalten, wie ich sie mir am Maßstab Christi erhorchen kann. Auch Christus schwieg vor denen, die gar nicht daran dachten, ihn wirklich zu hören – und arbeitete im Volk: heilend und rufend. Mir kommt auch Goethe noch in den Sinn:

,Lasst mich nur auf meinem Sattel gelten, bleibt in Euren Hütten, Euren Zelten,

doch ich reite froh in alle Ferne – über meiner Mütze nur die Sterne!'"

Als Rita Süssmuth dann 1988 zur Bundestagspräsidentin avancierte, trat die Professorin Ursula Lehr an ihre Stelle, die sich in ihrer Vita rühmte, den 2. Familienbericht der SPD federführend mitgestaltet zu haben …

Mit diesen Damen ließ sich geistige und moralische Wende nicht bewirken. Offenbar aus Opportunität, aus Angst vor dem Feminismus und durch die gewiss berechtigte Furcht vor dem Verlust der Macht, holte die Kohl-Regierung der 80er Jahre nicht den roten Filz aus dem Pelz der Republik. So blieb die zerlöcherte Rechtsordnung bestehen, und ebenso wurden die Schulbücher nicht von den zersetzenden Tendenzen gereinigt. Das Unheil nahm seinen Lauf.

A. D. Und wie ging es Ihnen dabei? Hat diese große Enttäuschung Sie nicht sehr beeinträchtigt?

C. M. Gewiss, aber eine alte Hausfrauenregel half mir: Tu das zuerst, was dir unmittelbar vor den Füßen liegt. – Ich bekam in den 80er Jahren viel Neues und manches Erfreuliche in der Familie zu tun. Auch unsere jüngere Tochter hatte sich nach einer schönen Hochzeit 1980 entschlossen, den Weg zur Familie einzuschlagen, nachdem Studienabschluss, Zusatzausbildung und Promotion geschafft waren. Drei neue Enkel bescherten mir dadurch die 80er Jahre: 1981 Benedikt, 1984 Nicolas und 1988 Daniel. Und da bei diesem Psychotherapeuten-Paar zwei Umzüge nötig wurden, gab es viel Großmütterliches zu tun, abgesehen davon, dass auch die Kieler Enkel zunehmend mehr in den Ferien ins Heidehaus einflogen. Der Fluss mit seinem Getier und herrlichen Bootsausflügen lockten sie alle immer wieder an. Und je älter sie wurden, umso intensiver versuchte ich als Großmutter, ihnen Wegweisung aus meiner eigenen Lebenserfahrung zu geben und ihnen damit eine Gegenposition gegen den Verführungsstrom zu vermitteln, dem unsere Jugend heute ausgesetzt ist.

Der Tod von Joachim Illies an einem Junitag 1982 mitten auf einer heißen Stadtstraße in Frankfurt in den Armen seiner Frau war ein schwer zu verwindender Schock gewesen, ebenso wie der Verlust meiner mir so getreulich dienenden Schreiberin. Auch mein Vater war 90-jährig verstorben und hatte meine gebrechlich werdende Mutter zurückgelassen. Sie hing an dem so liebevoll wieder wohnlich gemachten Haus in Neumünster und wollte sich nicht mehr verpflanzen lassen. Aber wenn sie auch ärztliche Betreuung durch die Enkelin und den tüchtigen Doktor an deren Seite aus dem nahen Kiel erfuhr, so lag dort für mich doch ein neuer Schwerpunkt in der familiären Verantwortung.

Vielleicht, so schien es mir damals, sollte meine Öffentlichkeitsarbeit zu Ende gehen. Ich hatte daheim mit der immer umfänglicher werdenden Praxis ohnehin reichlich zu tun. Aber so leicht lassen sich fest geknüpfte Fäden nicht einfach zerreißen; denn mittlerweile hatte sich unter der Regie von Dr. Muth in der Herder-Bücherei ein Freundeskreis konstituiert, zu dem sich 6000 Menschen zusammengeschlossen hatten. Vertrauen und Hoffnung dieser Art lässt sich nicht so leicht enttäuschen. Hanna-Barbara Gerl, die Rothenfels-Frau, kam Gedanken dieser Art entgegen und schlug uns vor, dort in zweijährigem Abstand „Freundestreffen" zu veranstalten. Damit begannen wir 1980 mit viel Musik, schönen Vorträgen, viel Singen, mit einem Kindertheater, mit geselligen

Abenden im Burghof, einem ökumenischen Gottesdienst mit unseren beiden Pfarrern Kiefer und Motschmann. Daraus gingen die eben bereits angedeuteten Resolutionen hervor, die wir in riesigen Massen zusammensammelten und nach Bonn schickten, einmal jene Unterschriftensammlung gegen die Massenabtreibung und eine weitere mit unserem Vorschlag, Mutterschaft zu einem bezahlten Beruf mit Rentenanspruch zu machen.

Treffen dieser Art muntern natürlich auch auf, machen deutlich, wie viele prachtvolle, hellwache, verantwortungsbewusste Menschen es doch noch gibt, lassen sichtbar werden, dass Vernichtung des christlichen Abendlandes nicht im Handstreich zu schaffen ist – und dass das Tun im Kleinen und das Beten im Geheimen oft größere Wirkung hat, als es an der Oberfläche scheinen mag.

Glaubensentwicklung

A. D. Nach allem, was Sie bisher durchblicken ließen, wurde Ihnen durch die evangelisch-lutherische Kirche wenig Unterstützung zuteil.

C. M. Das ist ein Kapitel für sich, und Sie haben Recht, danach zu fragen. Damit berühren Sie den Hintergrund in meinem Familienleben und in meiner psychotherapeutischen Praxis ebenso wie den Impetus zu allem Schreiben und aller Öffentlichkeitsarbeit: den Glauben. Dabei müsste ich eine Art Entwicklungsroman schreiben, wollte ich meinen Weg ausführlich darstellen. Es kann in diesem Rahmen nur schlaglichtartig davon die Rede sein.

Eine eher unbewusste Frömmigkeit hat es bei mir von Kindesbeinen an gegeben, wie ich bereits darstellte. Das Nachdenken über die Diabolik des Hitler-Reiches, nachdem die grauenhaften Dimensionen in der Nachkriegszeit erkennbar geworden waren, ließen einiges ahnen von übermenschlichen Kämpfen zwischen Engeln und Dämonen, von Schuldverstrickung und Strafgericht.

Aber ein Einstieg in ein sehr viel besseres Verstehen des christlichen Glaubens gelang mir zunächst vornehmlich durch die Tiefenpsychologie C. G. Jungs, mit der ich mich während der Studienzeit und der Ausbildungszeit beschäftigte. Jungs Symbollehre, seine Vorstellung von den archetypischen Bildern in der Seele des Menschen, seine Versuche, die Träume, die Mythen, die Märchen auf diese Weise zu deuten und als typische Wegweisungen aus der Seelentiefe zu verstehen, gab mir bei meiner in der Ausbildung obligatorischen Lehranalyse zunächst einmal eine Menge Schlüssel über meine eigene seelische Befindlichkeit in die Hand und überzeugte mich auch durch das tiefere Erkennen der Patientenprobleme, durch das Deuten ihrer Träume und durch das Bemühen, ihre schöpferischen Darstellungen als Ausdruck ihrer seelischen Probleme zu verstehen.

Zwar wurde mir bald klar, dass C. G. Jung schließlich doch versucht hatte, seine Erkenntnisse in ein Lehrgebäude zu pressen, das der Weite und Fülle des neu entdeckten Landes, dem Unbewussten der Seele, nicht ganz gerecht wurde, dass er (ebenso übrigens wie Freud, nur anders) in seinem Bedürfnis nach Systematisierung die neuen Entdeckungen in ein unangemessenes, zu enges Bett presste; denn es dient nicht jede Expression der Selbstverwirklichung. Es ist nicht alles Erhabene schließlich ein Selbstsymbol. Aber mit diesem Schlüssel zur Erkenntnis ließen sich doch herrliche neue Dimensionen öffnen.

Ich ging – durch den täglichen Umgang in der Praxis darin geübt – erst einmal an die Deutung der von mir seit der Kindheit so geliebten grimmschen Volksmärchen. Das Büchlein „Erziehen und Erzählen" ging daraus hervor. Dann machte ich die Entdeckung, dass ich mit diesem Schlüssel die in einer mythischen Bildersprache geschriebenen Partien der Bibel in ihrer überzeitlichen Bedeutsamkeit ausleuchten konnte. Das waren gar nicht einfach nur Erzählungen aus der Frühgeschichte der Menschheit, hervorgerufen durch das Bedürfnis nach bildhafter Erklärung der tiefen Zusammenhänge: Das waren archetypische Bilder, die nicht nur in der Phylogenese, sondern ebenso in der Ontogenese gültig waren, ja, die dem Einzelnen in seinem Werdegang entscheidende Orientierung zu vermitteln in der Lage waren.
Ich begriff, dass das Unbewusste diese Sprache der Bibel als relevant einschätzt und aufnimmt, dass diese Lebenshilfe aber umso unwirksamer werden muss, je mehr eine oberflächliche Rationalität die Intuition verdrängt.

Ich erkannte plötzlich, dass es vor allem das sich heute bereits von Kindesbeinen an einbahnende rationale Denken ist, das den Zugang der Moderne zum Glauben immer mehr verschüttet. Die Menschen verstanden den christlichen Glauben eben nicht mehr intuitiv, und wenn der Versuch gemacht wurde, mit dem Intellekt allein in die Tiefen zu steigen, so zeigte sich dieser als ein unbrauchbares Instrument dazu. Dann konnte nichts anderes einfallen, als zu „entmythologisieren", und das hieß, die Tiefe einfach nicht für existent zu erklären und stattdessen die Phänomene auf der Ebene des Verstandes zu entkleiden und auf eine Oberfläche ohne Geheimnis zu reduzieren.

Die Möglichkeit, vom Glauben erfasst zu werden, wurde auf diese Weise gewissermaßen zubetoniert. Sein eigentliches Wesen entzog sich und ließ den Menschen leer zurück. Aber genau diesen Weg beschritt in der Nachkriegszeit die evangelische Theologie – allerdings auf einem längst im 19. Jahrhundert eingebahnten Weg. Als ich dies erst einmal erfasst hatte, packte mich großer Eifer, den Menschen diesen mir zugewachsenen Schlüssel zu vermitteln. Ich nahm mir die besonders eindringlichen Geschichten dieser Art in der Bibel vor: die Genesis, die Engelchen, Noah, Jakob, Josef und seine Brüder, Jona, Hiob, Tobias und vor allem auch die Offenbarungen des Johannes und machte daraus ein Buch: „Die Bibel antwortet uns in Bildern". Es erlebte in wenigen Jahren 15 Auflagen. Ich war auf ein großes Bedürfnis der Menschen gestoßen: eine durch Schulbildung und rationale Theologie entstandene „Verkopfung", wie ich das nannte, zu überwinden.

Die Legitimation zu dieser „Privatreligion", wie mein Mann diese Umtriebe berechtigterweise leicht spöttisch bezeichnete, holte ich mir dennoch aus den Evangelien: Christus hatte sich offensichtlich bei seinem Bemühen, den Glauben verstehbar zu machen, intensiv archetypischer Bilder bedient. Er sprach oft und viel in Gleichnissen. Mein Buch gab den Anstoß, dass ich zu Vorträgen in viele Pfarreien eingeladen wurde, und zwar evangelischer ebenso wie katholischer Konfession.

Eines Tages trat eine Kommission der VELK (der vereinigten evangelisch-lutherischen Kirchen) unter der Leitung von Oberkirchenrat Reller an mich heran, mit ihnen gemeinsam einen neuen evangelischen Erwachsenenkatechismus zu gestalten. Jahrelang haben wir daran – meist in intensiver Gemeinsamkeit vor Ort – an diesem Werk bis zu seiner Vollendung gearbeitet. Durch diese vielen Begegnungen mit glaubenstreuen Christen wurde meine Beschäftigung mit der Bibel immer intensiver. Ich las sie täglich, und oft erlebte ich so etwas wie direkten Zuspruch.

Ich nahm, dadurch angeregt, intensiver am kirchlichen Leben teil und wurde auch immer öfter zu katholischen heiligen Messen eingeladen. Und da kam etwas auf mich zu, von dem ich als Protestantin bisher keine Ahnung gehabt hatte: nämlich die angemessene, wirklich heilig gestaltete Anbetung. Ich erlebte, dass in der Eucharistie etwas anderes geschah als im Erinnerungsmahl der protestantischen Kirche. Ich begriff, dass hier ein rein erhaltener, unmittelbarer Zugang zum Mysterium des Glaubens existierte. Ich begriff, warum es einen durch die Jahrhunderte erhaltenen Aufbau der Messe, der Riten bis hin zur Transsubstantiation, der Wandlung von Brot und Wein in den Leib und das Blut Christi, gab: Die Vorbereitung auf diesen mystischen Akt bedurfte strenger Gleichförmigkeit, vorgegeben durch den Heiligen Geist, um nicht zu unzulässiger Zauberei zu entarten. Ohne das Wissen, dass ich gar nicht dazu befugt war, nahm ich seitdem auf meinen Reisen jede Gelegenheit zur Teilnahme an heiligen Messen und an der Kommunion teil ...

Die Entwicklung im evangelischen Bereich wurde in den 70er Jahren hingegen immer unbefriedigender. Auf den Kirchentagen tummelten sich nicht mehr nur die Entmythologisierer. Besonders der „Markt der Möglichkeiten" bot provokativ an, was sich mit den Evangelien auch bei weitester Auslegung nicht mehr vereinen ließ: Im Hinblick auf die Sexualität wurde ohne Grenzen in schöner Beliebigkeit alles empfohlen, was der Zeitgeist in den Medien vorbetete. Vor Häresien und Blasphemien wurde nicht mehr halt gemacht. Ein Slogan der feministischen Gruppe „Schlangenbrut" lautete: „Maria, die du empfangen hast, ohne zu sündigen, hilf uns zu sündigen, ohne zu empfangen!" –

Ehebruch und Ehescheidung wurde unter der Parole „Freiheit in der Ehe" ebenso gutgeheißen wie perverser Hetero-, Homo- und Jugendsex: Alles erhielt den Stempel der gleichen Gültigkeit, ohne dass die eifrigen Befreier merkten, dass eine solche Entwicklung gelangweilte Gleichgültigkeit produziert und dem Verlust des Glaubens Vorschub leistet. Auf einem Kirchentag wurde sogar der Antrag gestellt, das vierte und das sechste Gebot ganz aus dem Dekalog zu streichen!

Jetzt zeigte sich, dass die Abschaffung der kirchlichen Hierarchie durch Luther einer allgemeinen Beliebigkeit Raum gab. Die Bibel als die alleinige Orientierungsmarke hielt dem verweltlichten

Rationalismus nicht stand; denn immer mehr zersplitterte sich die evangelische Theologie in einem Übermaß an sophistischen Auslegungsmöglichkeiten. In dieses Vakuum kroch geradezu genüsslich der mit schrankenloser Liberalität verbrämte atheistische Sozialismus hinein.

In den 70er Jahren entartete diese Entwicklung zu immer mehr Auswüchsen – was die Menschen (besonders im Norden der Republik) in Scharen aus der Kirche trieb. Mir wurde das besonders sichtbar, weil ich zudem 1973 in die EKD-Synode berufen wurde. Obgleich ich hier einen so liebenswürdigen Ratsvorsitzenden, Bischof Claß, kennen lernte, musste ich doch gleichzeitig seine Ohnmacht und die aller weiteren Frommen, die hier auch gelegentlich noch vertreten waren, erleben. Die EKD-Synode wurde in der 70er Jahren zunehmend mehr zu einem politischen Instrument, mit einem vornehmlich weltlich linken Touch.

Auch hier war – wie im politischen Mainstream – die Tendenz vertreten, sich dem Sozialismus immer mehr anzunähern und sich dem enttabuierenden Liberalismus mit offenen Armen entgegenzuwerfen. Zwar gab es eine kleine Gruppe von Synodalen, die versuchten, sich nach den Prämissen des Evangeliums auszurichten, doch sie wurden bei den anstehenden Entscheidungen einfach immer wieder überstimmt. Es gab einige bewundernswert unerschrockene Kämpfer, wie die Dekane Kurt Hennig und Rolf Scheffbuch sowie die Germanistikprofessorin Erika Kimmich; aber die Übermacht der Gesellschaftsveränderer, der Unterstützer von kommunistischen Diktaturen, wie zum Beispiel Nicaragua, war erdrückend.

Eine evangelische Pastorin (ausgerechnet aus meiner Heimatstadt Neumünster) verstieg sich in der (umschichtig gehaltenen) Morgenandacht dazu, statt einer selbstverständlich auszulegenden Bibelstelle einen Vers von Reiner Kunze zu interpretieren: „Ein Pfarrhaus im Dunkeln" und „Du musst nicht beten". Dabei hatte der Wahnsinn Methode: Es galt, den (hier gar nicht existierenden) „Betzwang" zur Freiheit eines überheblichen Widerspruchs zu überwinden.

Ich hielt diese Sitzungen nur sehr schwer durch, zumal auf der Synode in Kassel 1976 die Lockerung des Abtreibungsparagraphen zwar gewunden, aber doch letztlich gutgeheißen wurde. Ich kam davon mit einer schweren Erkältung tief deprimiert heim, und mein Mann diagnostizierte lakonisch: „Du hast eben die Nase voll!" – Er war bereits einige Jahre vorher aus der evangelischen Kirche ausgetreten, nachdem ihm ein linker Pastor vorgeworfen hatte, seine Putzfrau auszubeuten, weil er in seiner augenärztlichen Praxis ihre kaputte Brille einbehalten und weggeworfen und ihr eine neue verschrieben hatte. Eine derartig indoktrinierte „Verteidigung der Benachteiligten" war für ihn der letzte Tropfen eines vollen Fasses an dieser glaubenslosen Institution mit ihrem nur noch als „Sozialrevolutionär" zugelassenen Christus.

1979 habe ich meine Leiden an der evangelischen Kirche und der Synode in einem Brief an Joachim Illies niedergelegt. Er hatte folgenden Wortlaut:

> *„Ich bin zur Synodalen in dieser Kirche ungeeignet. Gestern Abend habe ich, als Harald und ich auf die riesige neue Schuld unserer Zeit, auf den legalisierten Kindermord, zu sprechen kamen, ihm unsere Synodendiskussion von Kassel, die zu einem Mehrheitsbeschluss der Anerkennung der so genannten Fristenlösung führte, vorgelesen. Ich bin ungeeignet für diese Form von Abwägungen, die zu stundenlangem Ringen um Formulierungen führen. In mir schreit es dann nach der Eindeutigkeit von Erklärungen, nach Entschiedenheit in der Abwehr so großer Gefahr. Ich achte zwar die ehrenwerte, rationale Bemühtheit. Und doch scheint mir die Form der Verhandlungen ihrem Gegenstand, dem Glauben, so unangemessen zu sein, dass ich vor Schmerz immer halb ohnmächtig bin, wenn ich daran teilnehmen muss.*
>
> *Nun sind unsere Frauenkliniken, die im Wesentlichen doch Hilfen zum Gebären, zum Leben waren, zu Tötungsanstalten geworden, wie mir, verstört von Schmerz und Schuld, eine junge Frauenärztin gestern ausführlich berichtete. „Soziale Indikation", das heißt fünf Jahre nach der Synode von Kassel, dass jeder, der noch in der Ausbildung steht, der noch ein paar Schulden und schon zwei Kinder hat, sich den unliebsamen Keim absaugen lassen kann – und wie oft ist die „Frist" längst überschritten, wie klar müssen die agierenden Ärzte dabei erkennen, dass sie Menschen töten, und zwar die hilflosesten, die*

238

es überhaupt gibt und die des Rechtsschutzes so zwingend be-dürftig sind! Aber ausgerechnet der ist ihnen von einer ver-wirrten, verirrten Gesellschaft genommen worden, die so hochmütig ist zu glauben, dass sie ohne den Schutz von Ge-setzen stark genug sei, das Gute zu tun. Der Bericht der Ärztin ließ an Einzelheiten nichts zu wünschen übrig ... Weißt du, was diese Medizinerin sich bei ihrer Tätigkeit eingehandelt hatte? Einen Verfolgungswahn – eine geradezu logische Folge von Tätigkeiten dieser Art!

Nein, nein, nein – was für ein grauenvoller neuer Holocaust! Auch unsere Zeit wird von verständnislosen Nachfahren gefragt werden: „Wie konnte euch diese riesengroße Kollektivschuld passieren?" – Und ich möchte dieser Nachwelt als leidende Sy-nodale, die überstimmt wurde, schon jetzt zurufen: „Weil der Teufel wieder einmal eine zentrale religiöse Eigenschaft, die Bereitschaft von Menschen, Liebe zu leben (das heißt in diesem Fall, Verständnis und Liebe für schwangere Frauen, die uner-wünscht ein Kind empfangen haben, zu empfinden), miss-braucht hat, um das Unrechtsbewusstsein eines Schwanger-schaftsabbruchs zu vernebeln, weil sie es eben auch „gut mein-ten", unsere Abstimmungsgegner.

Wir beide haben damals zwar unsere Stimmen in der Synode erhoben. Aber doch lange nicht laut genug – leise in gepflegter Rede, mit sachlicher Argumentation, schweigend, nachdem die Rednerliste geschlossen war, brav den Spielregeln des Parla-ments gehorchend, obgleich der Ungeheuerlichkeit der Sache doch nur eines angemessen gewesen wäre: dass man geschrien, geschrien, geschrien hätte gegen alles Läuten der Glocke des Herrn Präses, dass man schreiend und um sich schlagend hätte aus dem Saal getragen werden müssen ..."

Meine Lähmung nahm von Synode zu Synode zu, zumal ich in diesen Jahren – wie bereits beschrieben – zahllose undifferenzier-te Angriffe von linken evangelischen Theologen in der Öffentlich-keit auszuhalten hatte.

1984 war das Maß dann endgültig voll. Auf einer Synodalta-gung in Travemünde, die unter dem Thema „Jugendarbeit" stand, erlebte ich abermals eine einseitige außenpolitische Gewichtung. Da hielt ich in tiefer Erregung folgende Abschiedsrede:

„Ist unser Nächster nicht auch der, der ganz direkt unmittelbar in unserer Nähe ist? Ich möchte nur ein paar winzige frische Zahlen nennen, damit Sie nicht meinen, ich spräche nur von meiner jugendtherapeutischen Praxis allein.

Unter den 12- bis 15-jährigen Kindern der Bundesrepublik haben 1.110.000 Kinder regelmäßig Alkoholkonsum, 3,7 Millionen haben Alkoholerfahrung. 111.000 junge Menschen zwischen 12 und 15 Jahren sind in diesem Alter bereits alkoholabhängig. Ich darf Ihnen von meinem Fach her sagen: Dabei handelt es sich in vielen Fällen nicht einfach nur um ein bisschen Nachahmung trinkender Eltern, sondern um ein Symptom, um das Symptom einer schweren seelischen Erkrankung, nämlich der neurotischen Depression, die mittlerweile von Moskau bis Chicago zur internationalen epidemischen Krankheit geworden ist. (Ich kann mich hier über die Ursachen nicht verbreiten.)

Wir haben von 1970 bis 1980 eine Zunahme der jugendlichen Rauschgifttoten – jedenfalls gilt diese Zahl, wenn man die soziologische Definition von Jugend zugrunde legt – um 1600 %! Wir haben 60.000 registrierte Rauschgiftabhängige unter den Jugendlichen, und die Dunkelziffer ist gewiss um ein Vielfaches höher.

Wir haben einen Anstieg der jugendlichen 14- bis 18-jährigen Tatverdächtigen – von 1972 auf 1982 um 74,1 %. Dabei werden 6,5 % aller Straftaten von den Nichtstrafmündigen unter 14 Jahren begangen. Die Delikthäufigkeit in dieser Gruppe stieg allein von 1980 bis 1982 um 21,4 %.

Eine Million Kinder und Jugendliche bis 18 sind Scheidungswaisen, und die Praxis belegt tagaus, tagein, wie viel wirkliche Not es für junge Menschen bedeutet, wenn die Familie zerbricht. Überproportional sind die oft nur schwer reversiblen Störungen, die bei denen sichtbar werden, deren Eltern sich scheiden ließen, besonders wenn die Kinder zwischen 6 und 16 Jahre alt sind; das zeigen die neuesten internationalen Untersuchungen. Oft zeigen sich hier Symptome der Entwurzelung, meist beginnend mit Schulversagen, mit Schulschwänzen, mit „Null Bock auf nichts", das heißt mit Totalrückzug ins Kämmerlein, oder auch ein Clochardtum schon in jungen Jah-

ren. Im Fernsehen wurde in der vorigen Woche die Zahl der schwänzenden Berliner Schüler mit 1000 pro Jahr angegeben.

Das ist nur ein winziger Ausschnitt aus der Statistik über die bittere Saat, die hier aufgegangen ist. Ich kann sie aus meiner täglichen Praxis nicht nur bestätigen, sondern hundertfältig konkretisieren.

Aber ich bin davon überzeugt: Wenn wir hier Offenbarungseide leisten würden und es wagten zu bekennen, wie die Not als Vater, als Mutter in der eigenen Familie ist, käme es zu einem erschreckenden Aufdecken von Elend mitten unter uns, dieses Elend von Jugendlichen und Eltern miteinander, mit den so tief geschaufelten Gräben, oft verstärkt durch jene Sünde aller Parteien, die die Jugendlichen verpflichtet, ab 18 mündig zu sein, obgleich viele doch noch des Geleites bedürftig wären. Aber es erwächst daraus auch etwas sehr Positives: dass wir die Chance bekommen, dass Jugend wieder zu Christus findet, weil aus diesem Leid die Sehnsucht nach dem Heil anwächst.

Wir haben noch keine Statistik über das Elend der Magersucht, die epidemisch auftritt, der Fresssucht, der Spielsucht, der Nikotin- und der Medikamentensucht. Diese Erkrankungen treiben viele Jugendliche in die Isolation. Diese Jugendlichen präsentieren sich nicht in der Öffentlichkeit, sie tanzen nicht auf dem Kirchentag; aber sie sind doch da. Diese große Zahl von Jugendlichen tritt kaum irgendwo in Erscheinung; sie haben keine Lobby. Sie verstecken sich selbst, und ihre Angehörigen stehen ihnen darin nicht nach.

Dies zu sehen und hier Schwerpunkte zu setzen, das kann doch nicht eine Sache der Diakonie allein bleiben! Wir können diese leidenden Jugendlichen doch nicht in ihren Ghettos belassen, wo wir uns doch so bemühen, Ghettos aufzuheben! Viel wäre ihnen ja schon geholfen, holte man sie gezielt ab.

Meines Ermessens müsste eine solche Erkenntnis und die Verantwortung für die schwachen und kranken Jugendlichen heißen, dass wir – und vor allen Dingen die Jugendverbände – auch die Gefahren und Grenzen von Jugendarbeit erkennen und in ihren Programmen sichtbar machen, zum Beispiel wie leicht ein seelisch kranker Jugendlicher ins Rauschgift verführbar ist. Wie oft ist ein evangelisches Jugendhaus in den

241

letzten Jahren zum Umschlagplatz von Rauschgift geworden!
Wie viele Mütter haben mir schon in der Praxis gesagt: ‚Ich
schickte sie oder ihn ins Wichernhaus und dachte doch, da
wäre sie oder er in einer konstruktiven Gruppe! Dort aber hat
man sie süchtig gemacht!'

Gefahren bestehen auch dadurch, dass der Schwache, sub-
jektiv Leidende, der mit einem Defizit an Liebe und Gebor-
genheit so leicht Indoktrinierbare, grundsätzlich leichter ver-
führbar ist, zum Beispiel in die Ideologie des Neides hinein,
und deshalb so leicht in die Gefahr gerät, auf dunkle, traurige
oder böse Wege zu geraten. Diese Aspekte müssten in die Ju-
gendarbeit und in ihre Programme hineingenommen werden!"

„Sie haben ja Recht", sagte mein Mitsynodaler Roman Herzog, der gerade im Begriff war, zum Präsidenten des Bundesverfassungsgerichts zu avancieren, zu mir, als ich den letzten Satz herausgestoßen hatte und auf meinen Platz zurücksank, „aber um Himmels willen – doch nicht SO!" – Ja, darin war und ist mein Mitsynodaler und Mitherausgeber gewiss immer der bessere Diplomat gewesen.

Am Gesellschaftsabend ließ ein Pastor aus Oldenburg noch ein selbst verfasstes deftiges Spottgedicht auf die Kimmich und die Meves los. Was gab es da für ein fröhliches Gelächter über diese beiden opstinaten Frauen!

Meine Tage in der Synode waren damit gezählt. Ich schied zur Freude der Gesellschaftsveränderer in der evangelischen Kirche aus der Synode aus. Aber ich hatte eins gewonnen: eine neue, wunderbare, tiefgläubige, warmherzige Freundin: Erika Kimmich!

Das hieß nicht, dass ich der evangelischen Kirche den Rücken kehrte. Zwar hatte sie nun einmal die „Schwindsucht", zwar saß ich in unserer herrlichen gotischen Backsteinkirche bei den Hauptgottesdiensten meist nur mit einem winzigen Trüpplein in der Seitenkapelle, zwar wurde den Uelzern hier einwandfreie biblische Kost durch ihre Pröbste Ahnert, Sachau und Hube geboten, und darüber hinaus gab es ein breites Areal von verantwortungsbewussten Mitchristen, die sich allerdings meist zunehmend mehr entfernten von der etablierten Amtskirche. Viele waren in die Freikirchen abgewandert, andere hatten sich in Gruppen und Grüppchen der so genannten „Evangelikalen" abgespalten, andere fanden Bergung in der so genannten „Evangelischen Allianz". Hier hatte ich viele Freunde: Eine Reihe meiner Bücher waren im „Weißen Kreuz" unter der Leitung von Pfarrer Gerhard Naujokat in Kassel erschienen, einer Organisation, die vor 100 Jahren gegründet worden war, um sich vor allem für die Keuschheit vor der Ehe einzusetzen.

Dort gab es gläubige Mitstreiter, von großem Ernst und tiefer Einsatzbereitschaft, mit denen gemeinsam ich ungezählte Veranstaltungen durchführte. Einmal, im Kongresszentrum in Berlin mit 2000 Leuten in der Halle, besetzten Chaoten das Podium und schrien: „Die wollen uns unsere Sexualität rauben!" – Pfarrer Naujokat ließ den Posaunenchor so lange „Lobet den Herrn!" spielen, bis die Menge brausend einstimmte und die zerrupften Störer das Feld räumten!

Zu diesen getreuen Freunden zählt auch der so glaubenstreue Chefredakteur der evangelikalen Wochenzeitschrift „idea Spektrum", Helmut Matthies. Mit wie viel Glaubensfestigkeit hat dieser standfeste Theologe über drei Jahrzehnte hinweg sein Blatt gegen das Deutsche Evangelische Sonntagsblatt gestemmt. Wie viel mehr ist seine Arbeit mit reicher Prosperität gesegnet worden, obgleich diese Zeitung jahrzehntelang kaum finanzielle Unterstützung von der EKD erhielt. Helmut Matthies gehört zu den wenigen Journalisten im deutschsprachigen Raum, der sich weder von der EKD noch vom Zeitgeist einen Maulkorb umhängen ließ. Er deckte auch alle Missstände auf, die sich zuhauf in die evangelische Kirche einschlichen, besonders dann, wenn sie sich mit dem christlichen Glauben nicht vereinbaren ließen.

Als ähnlich mutig hatte ich durch meine Arbeit am „Rheinischen Merkur" auch zwei katholische Journalisten kennen gelernt: Jürgen Liminski und Martin Lohmann. Ebenso bildet die katholische „Tagespost" mit Carl-Heinz Pierk als Chefredakteur einen Rocher de Bronze in gischtiger Brandung.

Je mehr ich unruhig und ohnmächtig zusah, wie sehr die evangelische Kirchenleitung zum zweiten Mal im 20. Jahrhundert durch Anpassung an einen selbstherrlichen atheistischen Zeitgeist versagte, umso mehr begann ich nach einem Leuchtturm zu suchen. In dieser Situation fielen mir mehrere Enzykliken von Papst Johannes Paul II. in die Hände, vor allem die Enzyklika „Redemptoris Mater". Hier war die machtvolle Stimme, nach der ich gesucht hatte! Hier wurden die Gefahren beim Namen genannt und mit biblischer Argumentation und Orientierung beantwortet.

Ich war ebenso entlastet wie begeistert und begann meine katholischen Freunde um ihr Oberhaupt zu beneiden. Jetzt beschäftigte ich mich mit dem katholischen Katechismus und dem katholischen Lehramt und entdeckte, wie unentbehrlich gerade für unsere aus den Fugen geratene Zeit eine feste Einbindung dieser Art ist. Ich begann über eine Konversion nachzudenken. Über zwei Jahre hinweg zögerte ich noch – eigentlich mehr aus Feigheit. Ich wusste: Viele meiner evangelikalen Freunde, die sich vor allem streng der Marienverehrung enthoben, würde ich enttäuschen. Sie wollten nämlich nicht verstehen, dass Maria im katholischen Glauben nicht an die Stelle Christi gesetzt wird, sondern dass lediglich ihre Fürbitte bei Christus erfleht wird und ihr – streng biblisch – Verehrung zugebilligt wird. Heißt es doch im Evangelium: „Siehe, von nun an werden mich selig preisen alle Geschlechter!" – Sie übersehen in ihrem Bedürfnis, sich abzugrenzen und missbräuchlichen Lehren allein die Wahrheit des „Vaters" der Bibel gegenüberzustellen, wie nötig wir gerade heute die Mutter aller Mütter brauchen, um nicht unser eigentliches Frausein einzubüßen. Kitschigen Marienkult gibt es kaum noch in der katholischen Kirche, stattdessen aber viel Bemühung, die geheimnisvolle Position der Maria, ihre größere mütterliche Nähe zum Zeitgeschehen nicht zu überhören. Die Fürbitte Mariens bei ihrem wundermächtigen Sohn kommt offenbar in besonders vielen Gebetserhörungen zum Ausdruck.

In mir wuchs das Bedürfnis, mich in dieses geheimnisvoll strahlende Licht zu stellen. Gleichzeitig aber sagte ich mir, dass ich mit meiner Konversion selbst bei den liberalen Katholiken Befremden auslösen würde, die mich in all ihrer Toleranz und ihrem ökumenischen Verschmelzungsbestreben auch häufig pointiert als Evangelische eingeladen hatten. Diese Gruppierung in der katholischen Kirche gilt als „progressiv", weil sie sich gar nicht mehr so sehr dem Papst unterordnen möchte und – angefochten von der Gleichheitsideologie der Linken – die hierarchische Struktur der katholischen Kirche eher als etwas betrachtet, das es zu überwinden gelte. Aus dieser Einstellung ist auch das zurzeit in der katholischen Kirche grassierende so genannte „Kirchenvolksbegehren" erwachsen.

Diese Gruppierung in der katholischen Kirche, wozu auch das katholische deutsche Laiengremium, das so genannte „Zentralkomitee" (ZfK) gehört, hat als ökumenische Intention das Bestreben deklariert, das Papsttum, die heilige Eucharistie, die Marienverehrung und den Zölibat hinter sich zu lassen, ganz im lutherischen Sinne. Sie möchten darüber hinaus das Frauenpriestertum einführen und sich einer nur dem eigenen Gewissen unterstellten Sexualmoral befleißigen. Für Leute, die auf diese Weise Ökumene anzustreben suchen, ist Konversion zur katholischen Kirche so etwas wie ein Rückschritt ins „fundamentalistische Mittelalter".

A. D. Gab es nicht auch Versuche zu ökumenischen Kirchentagen?

C. M. Ja, es gab 1971 das so genannte „ökumenische Pfingsttreffen", und es ist dergleichen sogar wieder neu geplant. Damals war ich dabei und erlebte haargenau mit, wie es kommunistisch umfunktioniert wurde.

A. D. Es wäre interessant zu wissen, wie so etwas im Einzelnen vor sich geht. Können Sie darüber etwas ausführlicher erzählen?

C. M. Gern; aber dann müssen Sie darauf achten, dass wir wieder zum Thema meiner Konversion zurückfinden!

Dieser erste ökumenische Versuch eines gemeinsamen Kirchentages ist damals daran gescheitert, dass die katholische Kirchenleitung erkannte, dass hier ein Weg eingebahnt werden sollte, der ihre Grenzen weit und gefährlich überschritt. Ich gehörte damals zu einer evangelischen Vorbereitungsgruppe.

Drei Sitzungen in Abständen von zirka sechs Wochen fanden in Frankfurt statt, in denen von etwa vierundzwanzig Herren, Theologen und Psychologen beider Konfessionen, und fünf Damen ähnlicher Struktur in aller Sachlichkeit an einem Arbeitspapier gebastelt wurde, das unter dem Thema stand: „Sorge für den einzelnen Menschen – individuelle Lebenshilfe".

Die Arbeitsgruppe hatte sich rasch konsolidiert. Auf der dritten Zusammenkunft preschte ein evangelischer Pfarrer vor, mit schwarzen Äuglein und einem roten Taschentuch in der Jackett-tasche. Es bildete seinen Ausweis. Er erklärte der Gruppe, dass unserem Konzept der „gesellschaftliche Aspekt" fehle, und machte den Vorschlag, dem Arbeitspapier einen gesellschaftspolitischen Akzent zu geben.

> *Er formulierte den folgendermaßen: „Die helfenden Kirchen erkennen nur selten, dass sie selbst viele Nöte, die sie helfend lindern, mit heraufgeführt haben. Sie sehen kaum, dass sie Nutznießer inhumaner (‚räuberischer') gesellschaftlicher Verhältnisse sind: verflochten in das System von Ausbeutung, Profit und Leistung. – Gibt es einen Ausweg aus diesem Dilemma? Wir Christen und unsere Kirchen stehen unter der Chance und dem Ruf zur Umkehr. Dazu gehört heute vordringlich eine – mehr tätige als worthafte – Radikalisierung der aus christlicher Verantwortung vertriebenen Gesellschaftskritik. Der Streit, ob man dabei marxistische Elemente aufnehmen dürfe, ist jedenfalls so lange müßig, als die Christen bei einem radikalen Eintreten für die Menschlichkeit des Menschen und seiner Gesellschaft dem Weg der Marxisten weder eine eigene Theorie noch eine ungebrochene Praxis gegenüberstellen können."*

Niemand sprang auf. Einige nickten erfreut, andere schauten betreten vor sich hin. Ich meinte, als Laie den Fachleuten in der Verteidigung ihrer Bastionen den Vortritt lassen zu müssen – nichts. Ich wies, um eine Tür aufzustoßen, darauf hin, dass der „gesellschaftliche Aspekt" nicht in unsere Thematik gehöre und ohnehin im Mittelpunkt anderer Diskussionsgruppen stünde. Man stimmte ab, wer auch dieser Meinung sei: Es war die Mehrzahl; aber immerhin und wie ein Exempel im Kleinen war die Zahl der Mitläufer unseres marxistischen Herrn Pfarrers zu einer recht kräftigen Minderheit angewachsen. Fast alle Frauen traten ihm und seinem eleganten Charme zur Seite. Der Organisator der Kirchentage war zufällig gerade anwesend, als die Situation kritisch wurde. Er erklärte, es gehöre zu den Gepflogenheiten der Kirchentage, vor allem den Voten der Minderheiten einen breiteren Raum zuzubilligen. Man nickte zustimmend.

Ich meldete mich zu Wort und sagte ihnen, dass sie auf dem Holzwege seien, dass es eine unwahre Behauptung eines kirchlichen Amtsträgers sei, dass das Christentum keine Theorie und Praxis der Menschlichkeit aufzuweisen habe, dass marxistische Elemente grundsätzlich etwas mit Marx zu tun hätten, mit einer antireligiösen Position, eben des dialektischen Materialismus, einer Haltung, vor der in der Bibel unmissverständlich gewarnt wird, dass es uns allenfalls anstünde, Menschen, die Feinde des Christentums seien, zu tolerieren, dass das aber niemals gleichgesetzt werden könne mit einer Aufweichung christlicher Entscheidungsklarheit. Sätze wie der vorangegangene, in einem öffentlichen Papier – herausgegeben im Namen und mit Billigung der beiden großen Konfessionen – bedeute Treulosigkeit gegen unsere Aufgabe als Christen hier in der Welt.

Ich bekam einige Mitstreiter, aber das half nichts. Was ist eine Mehrheit? Sie gilt nicht. Die Minderheit regiert, der Pluralismus hat die Macht. Unsere Argumente trafen ins Leere.

Ich legte mein Amt nieder. Ich lehnte es ab, dieses Papier mit meinem Namen zu unterzeichnen. Ich machte das ökumenische Kirchentreffen noch mit, um kein Spielverderber zu sein, aber nur als Fußvolk.

Das Tier, von dem in den Offenbarungen des Johannes die Rede ist, der Antichrist, trat als Wolf im Schafspelz, als legale, als gehätschelte Minderheit, als erfolgreicher Marschierer selbst durch die Institution „ökumenische Kirche" bei ihrem ersten Pfingsttreffen selbstbewusst, gedruckt in Tausenden von Arbeitspapieren auf den Plan.

In den Offenbarungen des Johannes heißt es:

> *„Und die ganze Welt staunte hinter dem Tier her … und sie beteten das Tier an, indem sie sprachen: „Wer ist dem Tier gleich, und wer vermag mit ihm zu kämpfen?" Und es ward ihm ein Maul gegeben, um prahlerische und lästerliche Reden zu führen, und es ward ihm die Vollmacht gegeben, es 42 Monate lang so zu treiben. Und es tat sein Maul auf zu Lästerungen wider Gott, um seinen Namen zu lästern und sein Zelt, das heißt*

die, die im Himmel ihr Wohnzelt haben. Auch wurde ihm Macht gegeben, mit den Heiligen Krieg zu führen und sie zu besiegen, ja es wurde ihm Macht gegeben über jeden Stamm, jedes Volk, jede Sprache und Nation. Und alle, die auf der Erde wohnen, werden es anbeten."

Das „Tier" gebärdet sich kraftvoll. Es verkündet mit je geliehener Überzeugungskraft das Heil des Menschen durch seinen Pakt mit der Materie hier auf der Erde. Nachplappern kommt aber nicht eigener Rede gleich. „Mit der Zeit gehen" kann auch heißen, sie den Menschen zu stehlen ...

Augsburg wurde – mit Ausnahme der Bibelarbeiten am Morgen und der Gottesdienste am Abend – eine Mammutdiskussion, ein Mammutabstimmungsgeschäft von Resolutionen, die in Bonner Papierkörben einen raschen Makulaturtod starben, ein aufwendiges Riesengeschwätz.

Ohne Information gibt es keine wirkungsvolle Diskussion, ohne Sachkunde führen Fragen nicht zur Vertiefung. Fragen ohne den Nährboden eines Stücks handfesten Wissens können nicht in drei Sätzen Antwort finden. Sie muss deshalb oberflächlich bleiben.

Die Verabsolutierung des demokratischen Prinzips ist eine Folge der vertrauenslosen Beseitigung sachkompetenter Hierarchie und schmeckt nach der Eigenmächtigkeit des alten Adam. Das führt dazu, dass die Ernte dünn wird, sich die geistige Fruchtbarkeit mindert. Damit büßte die Zerrform eines eigentlich gut gemeinten und so notwendigen Willens zur Humanität so viel an Wirksamkeit ein, dass der Sinn des ganzen kostspieligen Unternehmens in Frage gestellt wurde. Manche Augsburgfahrer – und eben gerade die ernsthaften, die ehrlich und zielgerecht Bemühten – werden heimgefahren sein mit der resignierten Erfahrung, dass sich dieser Aufwand an Kraft nicht gelohnt habe. Er könnte sich aber sofort wieder lohnen, wenn Christen es wagen würden, ihre existentiellen Wahrheiten kraftvoll zu vertreten und deutlich erkennbar zu machen.

A. D. Ich verstehe gut, dass ein solcher Tenor 1971 die katholische Kirche davon abgehalten hat, Ähnliches zu wiederholen ...

Aber Sie wollten weiter berichten, inwiefern Ihr Übertritt zur katholischen Kirche Schwierigkeiten heraufbeschwören würde.

C. M. Nun, schon ganz und gar bei indifferenten Leuten, so wusste ich, würde meine Konversion pures Unverständnis auslösen. Was sucht eine Fachfrau mit einem so schönen modernen Spezialgebiet ausgerechnet in dieser „erstarrten, veralteten Institution"?

Man konnte also übersehen: Es würde im Hinblick auf meine publizistischen Möglichkeiten ein starker Terrainverlust einsetzen. Durfte ich das verantworten? Ich nahm, um mir meiner Sache ganz sicher zu sein, nun erst einmal eine Zeit lang als ein scheuer Zaungast an den heiligen Messen in unserer kleinen Diasporagemeinde vor Ort teil – in einem Fin-de-Siècle-Kirchlein, das mit der Majestät der um 1600 von den Protestanten vereinnahmten Marienkirche aus dem 13. Jahrhundert nicht vergleichbar ist. Die Wurzeln aus dem wunderschönen, ehrwürdigen Kirchenraum, die mussten einzeln schmerzhaft herausgezogen werden ...

Als die Umwurzelung schon weit gediehen war, hörte der Ratsvorsitzende der Synode von meiner Absicht und bat, mir einen Besuch machen zu dürfen. Der freundliche, weiche Gelehrte, Professor Eduard Lohse, saß mir auf der heimischen Couch gegenüber. Ich begründete meinen Schritt. Er nickte nachdenklich dazu und fragte lediglich: „Ja, meinen Sie denn, in Zukunft wirklich auf die schöne Bach-Musik und die schönen Kirchenlieder verzichten zu können?" – Ich erwiderte verblüfft, dass ich das nicht vorhätte. Als ich ihn durch unseren gepflegten Garten hinausgeleitete, sagte er dann nachdenklich: „Vielleicht hätten wir auch in unserem evangelischen Garten sorgfältiger jäten müssen ..."

Der katholische Pfarrer vor Ort, Wolfgang Patzelt, war ein außerordentlich lebendiger Mensch, der mit Stimmgewalt herrlich die Liturgie zu singen wusste. Jetzt erst merkte ich, wie vertraut mir der Ritus eigentlich schon war, hatte ich doch auf meinen vielen nächtlichen Autoreisen die großen Barockmessen mit ihren lateinischen Texten jahrelang schon mitgesungen. Schließlich sprach ich nach vielen weiteren Studien den Gemeindepfarrer an. Der war bass erstaunt, kam in der nächsten Zeit häufig, um mir Nachhilfestunden in Theologie zu geben, und dann wurde der Tag meiner

Konversion auf den 12. Juli 1987 festgelegt. Es wurde eine wunderschöne Feier; Erika Lorenz und Marlis Binotto begleiteten mich als meine Firmpaten. Sie hatten beide viel dazu beigetragen, mich durch ihr Sein davon zu überzeugen, dass die Urkirche die heilige Mater Ecclesia und der Leib Christi ist. Längst schon brauchte ich keinen Umweg mehr über die Symbollehre. Ich hatte begriffen, dass Christus wahrhaftig in unserem Leben gegenwärtig ist.

Damit könnte meine Lebensgeschichte fast zu Ende sein, und eine Zeit lang schien es auch so werden zu wollen. Als meine Konversion bekannt wurde, bekam ich Korb füllend freudevolle Briefe und allein 120 Bücher über Maria zugeschickt, aber doch auch aus allen drei Lagern: dem der EKD, der Evangelikalen und der liberalen Katholiken stumme Abweisung bis laute Beschimpfung. Die Beachtung durch die Medien erschreckte mich: Die FAZ saß plötzlich in meinem Wohnzimmer, und die „Tagesschau" hing in der Leitung, damit ich dort meinen Schritt erklären möge. Ich lehnte das schaudernd ab. Freudig zuzusagen, fiel mir hingegen nicht schwer, als mich mein neuer Diözesanbischof Josef Homeyer ins bischöfliche Ordinariat nach Hildesheim einlud. Wir führten ein tiefes Gespräch über die Sorgen, die uns beide erfüllten.

Bald darauf gab es noch einige wunderschöne Erlebnisse: Zu einem Vortrag vor Priestern aus Anlass der Chrisam-Messe im Stephansdom lud Kardinal Groër mich nach Wien ein, nicht etwa nur zu einem Mittagessen, sondern zu zwei festlichen Tagen gemeinsam mit meinem Mann in sein Palais. Bischof Krenn, damals noch Weihbischof, und der Kardinal empfingen uns zu den schönsten Gesprächen in so viel warmherziger Übereinstimmung! Es waren große Festtage, für die ich immer dankbar sein werde. Noch heute stehe ich mit dem durch Mobbing schwer dezimierten Kardinal in lebhaftem Briefkontakt.

Das Hineinwachsen in die neue Ortsgemeinde fiel nicht schwer. Wie dem Tobias der Engel stellte sich mir eine theologisch kundige Glaubensschwester, Helga N., aus dem traditionsreichen katholischen Ermland stammend, an die Seite. Sie veranlasste mich, für den Pfarrgemeinderat zu kandidieren, und von hier aus bauten wir über mehrere Jahre hinweg eine ökumenische Erwachsenenbildung vor Ort auf, zu der wir glaubensstarke Redner zu Vorträgen holten: Isa Vermehren, Tatjana Goritschewa, Karl Philberth, Georg Muschalek, Uwe Steffen, Paul Toaspern u. a.

A. D. War das für Sie so einfach möglich, nachdem Sie den ökumenischen Kirchentag in Augsburg als so negativ erlebt hatten?

C. M. Gewiss doch! Unser Ziel war gerade nicht das Schleifen der konfessionellen Konturen, sondern ein gegenseitiges Kennen- und Verstehenlernen, eine Einführung in das beiden Konfessionen gemeinsame Grundwesen des Christentums. Es war Bemühung um eine Neuevangelisierung, zu der Papst Johannes Paul II. aufgerufen hatte. Aber schon Bonifatius hatte es schwer gehabt mit den Leuten in der Lüneburger Heide; zu Recht nennt man sie deshalb „Heidjer"! Schließlich ist sogar der Name „Heidekraut" aus dieser so markanten Resistenz der Einwohner des norddeutschen Tieflandes hervorgegangen ... Immerhin haben wir diese Veranstaltungsreihe über Jahre hinweg durchgehalten.

Vom Beginn meines Eintritts in die katholische Kirchengemeinde „Zum Göttlichen Erlöser" in Uelzen an haben wir einen Glaubensgesprächskreis eingerichtet, der uns zu Abenden von tiefer Glaubenserkenntnis und Glaubensgemeinschaft zusammenführt. Ein heilsmächtiger alter Priester, Georg Thönelt (Urgestein aus Breslau!), wurde hier zu dem von uns allen sehr geliebten geistlichen Führer.

Jenseits der Mauern

A. D. Holten die geschichtsträchtigen Ereignisse am Ende dieses Jahrzehnts Sie nicht wieder stärker in die Öffentlichkeitsarbeit zurück? Der Zusammenbruch des Kommunismus, Perestroika und Glasnost, der Fall der Berliner Mauer ...?

C. M. Na ja, der Welt war ich mit meiner Tätigkeit zwar nie ganz abhanden gekommen, aber doch ist es richtig, mich daran zu erinnern. Was sich da im Sommer 1989 abzuzeichnen begann, war wesentlich unwahrscheinlicher und schwerer zu glauben als an die Jungfrauengeburt und an die Auferstehung des Herrn! Brach der sowjetische Koloss, den wir so sehr fürchteten, wirklich zusammen? Es war nicht zu fassen! Es war ein unbeschreibliches Wunder. Die Mauer konnte gestürmt werden, und niemand schoss die begeisterte Menge zusammen! Es gab – Dank sei Gorbatschow und Kohl! – eine unblutige Wiedervereinigung. Es zeigte sich, dass Gott uns mit der Gnade beschenkte, uns vor Augen zu führen, dass 70 Jahre atheistische Hybris genug sind, um ein Riesenimperium mit seinem vielen herrlichen Land und seinen reichen Bodenschätzen total an den Abgrund zu fahren.

Neue Hoffnung brach auf! So viel flutete über die geöffnete Grenze, so gebannt schauten die sechzehn Millionen Ostdeutschen auf den Befreier Kohl, aufgeschreckt aus einer 40-jährigen Indoktrination in einer Menschen verachtenden Diktatur, die manche wohl immer noch für eine gute Sache hielten.

Noch einmal wurde uns Deutschen die Möglichkeit greifbar vor Augen gestellt, zu verstehen, dass dieses Ereignis ein großes, liebevolles Zeichen Gottes war, um uns zu der Einsicht zu führen, dass wir ein Leben mit Gott brauchen, weil es ohne ihn einfach nicht geht. „Jetzt ist die Stunde der Priester", rief ich allen zu, die mir Gelegenheit dazu gaben, „jetzt ist die Stunde der Partei mit dem großen ‚C' in ihrem Namen!" – Aber die Angesprochenen nahmen die Chance dieses großen Zeichens nicht auf, und so zerrann innerhalb von sechs Jahren die Hoffnung auf einen Aufbruch zu neuen christlichen Ufern. Mit dem Geld ging es drunter und drüber, mit den Besitzrückgaben ebenso. Die ehemaligen DDR-Bürger nahmen von der neuen Freiheit, was sie kriegen konnten, merkten aber doch mit der Zeit, dass das goldene Kalb des Kapitalismus, den sie zu verachten gelernt hatten, noch weniger zum Ersatzglauben taugt als ein erzwungener Scheinglaube, der den Massenschlächter „Generalissimus Stalin" besingt.

„Wie viel Gnade noch, Herr, schenkst du deinem harthörigen Volk?" – das ist die große bange Frage, die sich seit der Mitte der 90er Jahre herauskristallisiert.

Schon vorher hatten uns ernste Zeichen zu warnen versucht: Der Reaktorunfall von Tschernobyl, der eine Kette von tödlichen Tumoren, Leukämien und Schilddrüsenerkrankungen zur Folge hatte, und die tödliche Geschlechtskrankheit AIDS. Der Kosovokrieg fügte eine neue Ausweglosigkeit hinzu. Alle drei Zeichen demonstrieren uns die Unzulänglichkeit des Machers Mensch in all seiner Selbstherrlichkeit. Schrillen unsere Alarmglocken in später Stunde und bewirken eine Umkehr zu Gott?

A. D. In Ihren neuen Büchern der jüngsten Zeit haben Sie mehrfach aus dem Auftauchen von AIDS warnende Schlüsse gezogen. Warum scheinen Ihnen hier Information und Fachkompetenz so nötig?

C. M. Weil die übliche Information, die der Öffentlichkeit geboten wird, unzureichend, ja beschönigend und von der Sache her böse-falsch ist.

Schauen Sie: AIDS tauchte als so genanntes Kaposi-Syndrom gegen Ende der 70er Jahre als eine mehr oder weniger geheim gehaltene homosexuelle Geschlechtskrankheit in den entsprechenden Zeitschriften auf. In der Mitte der 80er Jahre wurde dann der HI-Virus als Verursacher ebenso entdeckt wie der Infektionsweg über Blut und Sperma. Daran gestorben waren bis dahin mehrheitlich homosexuelle Männer, zu geringen Prozentsätzen Fixer und – besonders tragisch – einige Personen, die über Bluttransfusionen mit HIV-verseuchtem Blut angesteckt worden waren.

Jetzt war das Gesundheitsministerium – damals mit dem Familienministerium unter Rita Süssmuth vereinigt – gefragt. Die einzige Reaktion, die in unserer Republik auf die große neue Bedrohung in der Öffentlichkeit erfolgte, war eine Kondomempfehlung und für die Jugend eine Großkampagne mit Aufklärungsheften. Dort wurde der Standpunkt vertreten, dass man sich auf gar keinen Fall durch diese neue tödliche Geschlechtskrankheit an der Gepflogenheit des vorehelichen Geschlechtsverkehrs irremachen lassen möge – und erst recht nicht an der Berechtigung auch zu homosexuellen Kontakten.

In all diesen Heften der Regierung wird ausführlich die Gleichwertigkeit der Homosexualität beschworen, sie sei angeboren und eine „normale Spielart des Menschseins", behauptet man kühn und gipfelt in dem unverantwortlich lügenhaften Tenor: „Es gibt keine gefährlichen Freunde, lasst euch nicht verrückt machen!"

Mittlerweile sind weltweit 30 Millionen mit dem HI-Virus infiziert, und da die Inkubationszeit ohne jede Symptome, aber mit großer Ansteckungsgefahr oft zehn bis zwölf Jahre beträgt, da die Ärzte mittlerweile Medikamente zur Lebensverlängerung entdeckt haben, wächst die epidemische Gefahr gigantisch an. AIDS ist mittlerweile zur vierthäufigsten, gefährlichsten Infektionskrankheit der Welt avanciert!

A. D. Also deswegen setzen mehrere Ihrer neuen Bücher hier Akzente!

C. M. Deshalb habe ich drei neue Jugendbücher geschrieben und ein weiteres: „Wer Wind sät …" für Menschen, die sich im Hinblick auf diese Gefahren nicht einlullen lassen wollen; denn eine der Hauptlügen, die hier – und über die AIDS-Hilfe auch schon in den Schulen – verbreitet werden, ist die unverantwortliche Behauptung, woran Jugendliche erkennen könnten, dass sie angeborenerweise schwul seien und das nun auch ausprobieren sollten:

daran, dass sie für eine Person des gleichen Geschlechts ins Schwärmen geraten seien. Das aber ist ein nur allzu häufig vorkommendes Kennzeichen der so genannten homoerotischen Phase im Jugendalter, die mit einer Vorgegebenheit zur Homosexualität kaum einmal etwas gemein hat. Auf diese Weise werden völlig normale Jugendliche unsicher gemacht und mitten im AIDS-Zeitalter zu homosexuellem Umgang geradezu angeregt!

A. D. Sie hingegen fassen das Auftauchen von AIDS als ein bedeutungsvolles Zeichen auf?

C. M. Ja, als ein Zeichen, um voll berechtigter Furcht zu lernen, dass wir eine neue behutsame Einstellung zur Sexualität brauchen, eine Einstellung, die den Sinn der Sexualität in der Schöpfungsordnung nicht weiter eliminiert und sie nicht zu einer Sache an sich mit beliebigen, alle als gleich gut geltenden Praktiken degradiert.

A. D. Half Ihnen die katholische Kirche bei dem Warnen gegen die große Gefahr?

C. M. Auf jeden Fall habe ich noch niemals erlebt, dass irgendein Bischof taub und stumm blieb, wenn ich ihn darauf aufmerksam machte, dass diese Devise auch in oft skandalöser Weise in die katholische Jugendarbeit eindrang. Es gab keinen, der aus dem X ein U machte und die verführerischen Praktiken für akzeptablen Fortschritt hielt und absegnete, wie etwa die hohen Herren in der evangelischen Kirche. Sie blieben – kaum einmal mit einer Ausnahme – uneingeschränkt klarsichtig.

Besonders mit Nuntius Lajolo (Bonn) bekam ich Gelegenheit, ausführlich über diese Thematik zu sprechen. Bei Bischof Lehmann und Bischof Kasper, die lieber eher zu den skandalösen Sexspielen unter der katholischen Jugend ihrer Diözesen geschwiegen hätten, wurde leider – mit einem sich daraus entwickelnden Riesenwirbel – eine öffentliche Darlegung im „Rheinischen Merkur" unumgänglich, bei der mir der damalige Ressortleiter von „Christ und Welt", Martin Lohmann, unerschrocken behilflich war. Aber auf diese Weise wurde doch auch die klare Verurteilung einer solchen Form von Kindsverführung im Bereich der katholischen Kirche durch die beiden hohen Geistlichen öffentlich dokumentiert.

Dass die Bischöfe sich fürchten, sich einer Mobbing-Jagd der Medien und – wie es dann häufig scheint – weiter Kreise der Bevölkerung auszusetzen, sollte verstehbar sein. Wer hier allzu unverblümt die Wahrheit sagt, gerät in die Klauen des sich als super tolerant gebärdenden Zeitgeistes und verliert an Einflussmöglichkeit, zumal sich dann auch innerhalb der Diözese viele Gemeindemitglieder auf die Seite des Zeitgeistes schlagen und sich erlauben, über ihren Hirten den Kopf zu schütteln. An den unmissverständlichen Deklarationen von Bischof Dyba lässt sich das lernen, obgleich er gerade durch seine einsamen Entschlüsse im Hinblick auf den Beratungsschein zur Abtreibung erreicht hat, dass viele Katholiken aufgewacht sind.

A. D. Haben Sie auch zu Ihren Mitkonvertiten Kontakt bekommen?

C. M. Mit dem Ulmer Arzt Dr. Siegfried Ernst, der es seit 30 Jahren nie ausließ, Auswüchse in der evangelischen Kirche anzuprangern, bin ich schon seit den 70er Jahren freundschaftlich verbunden, darüber hinaus auch mit einigen seiner Kinder, die viel früher die Konversion vollzogen als der Pater Familias. Seine Tochter Christiane baute mit ihrem Tiroler Arzt-Ehemann eine prachtvolle Organisation „Bewegung für das Leben" in Südtirol auf. Sie luden mich zu mehreren Vortragszyklen nach Bozen und Brixen ein. Überhaupt ist diese Familie mit ihrer Lebensart ein glaubwürdiges Beispiel für gelebtes Christentum. Mit 21 wohl geratenen Enkeln ist Siegfried Ernst ein überzeugender Repräsentant für ein gesegnetes Leben in christlichem Geist.

Auch mit der Schriftstellerin Karin Struck und dem Theologieprofessor Horst Bürkle habe ich vor und nach ihrer Konversion Briefe gewechselt, und dass selbst Ernst Jünger drei Jahre vor seinem Tod den Übergang zur Urkirche gewagt hat, habe ich als einen Appell besonders an unsere vom Rationalismus angefochtenen Intellektuellen erlebt.

A. D. Und was gab es für Zeichen in Ihrem persönlichen Leben in den letzten Jahren?

C. M Gravierende – schöne und schwere. Meine so gütige, verlässliche Mutter haben wir 95-jährig zu Grabe getragen; mein Mann erlitt 1992 zwei schwere Schlaganfälle, was mich nötigte, ein Jahr lang nichts anderes zu tun, als Krankenschwester, Physiotherapeutin und Logopädin zu sein und an nichts anderes zu denken ... Er kam aber – wenn auch gebrechlich und pflegebedürftig – wieder auf die Beine und machte mir die große Freude, ebenfalls in die katholische Kirche einzutreten. Im Dezember 1996 haben wir sogar goldene Hochzeit feiern dürfen – erfreut durch ein Glückwunschschreiben von Papst Johannes Paul II., das der deutsche Nuntius Lajolo uns überreichte, und gemeinsam mit unseren Töchtern, den Schwiegersöhnen und den sechs Enkeln, die mittlerweile herangewachsen sind und unsere Hoffnung auf Zukunft nähren.

Dennoch schien in den Jahren vor der Jahrtausendwende alles auf Rückzug hinzudeuten. Es trat etwas ein, was ich bei meiner so erfolgreichen Zusammenarbeit mit dem Herder-Verlag für unmöglich gehalten hätte: Die umfängliche Taschenbuchabteilung wurde aufgelöst! Dieses Team, mit dem ich über mehr als zwei Jahrzehnte so reibungslos, ja mehr als das, in so viel freundschaftlichem Einvernehmen zusammengearbeitet hatte, wurde plötzlich sang- und klanglos entlassen! Mir war das unfasslich, handelte es sich doch um Mitarbeiter, die sich jahrzehntelang in großem Fleiß und gewissenhaftem Einsatz um den Verlag verdient gemacht hatten. War das dem mir so vertrauten Chef des Ganzen, Herder-Dorneich, ganz egal? Und mit diesen fünf bewährten Leuten hatte der Verlag offenbar beschlossen, auch meine dort noch vorhandenen Bücher kurzerhand auf den Müll zu befördern. Zwar hatte ich durch die Erkrankung meines Mannes in diesem Jahr in der Tat einmal einen geringeren (wenn auch keinen schlechten) Absatz zu verzeichnen, aber war das ein Grund, die (für den Verlag gewiss lukrative) Zusammenarbeit aufzugeben?

Plötzlich erschien bei mir in Uelzen ein elegantes, baumlanges Milchgesicht mit dem typischen Gehabe des gut dressierten Jung-

Managers, der mir erklärte, dass der Verlag sein rotes Haus verkaufe und infolgedessen keine Lagerungsmöglichkeit mehr für meine Bücher vorhanden sei. Ich schrieb an den Chef. Ich fragte ihn, mit dem wir bei der ersten und bei der zweiten Million an verkauften Meves-Bücher so herrlich gefeiert hatten, in dessen Haus und Familie ich eingeladen gewesen war, mit dem es nie auch nur den Schatten einer Unstimmigkeit gegeben hatte, was das denn bedeute, und bekam einen Brief mit einem achselzuckenden „Sorry!" im Tenor zurück ...

Der Schock war allerdings noch nicht ganz überwunden, als sich prachtvolle neue Verleger um mich scharten: Arnold Guillet vom Christiana-Verlag im Schweizer Stein meldete sich und übernahm mein neues Manuskript „Wahrheit befreit" ebenso in seine Obhut wie die aktualisierten Neuauflagen der gerade ausgegangenen Bücher. Er hatte eine herrlich große Halle, mit der es möglich war, die noch nicht vollständig vergriffenen Herder-Taschenbücher aufzukaufen und zu lagern.

Der aufstrebende Resch Verlag mit dem so einfühlsamen Dr. Ingo Resch an der Spitze trug mir seine Dienste an. Der junge Michael Müller vom MM-Verlag in Aachen klopfte an, Gerhard Baum vom skv-Verlag nahm Kontakt mit mir auf, und schließlich besuchte mich auch Friedrich Hänssler aus Neuhausen, dessen Verlag in der jüngsten Zeit einen so wohlverdienten Aufschwung genommen hat. Seitdem sind in einer Taschenbuchreihe bereits ein halbes Dutzend neue Bücher und wieder neue Meves-Ratgeber erschienen.

Alle die neuen Kontakte und Begegnungen waren ebenso tröstlich wie beglückend, weil diese neuen Verleger eines gemeinsam haben: Sie sind standfeste, gläubige Christen, denen es um die Sache geht und die die Geister zu unterscheiden wissen; denn diese Gabe ist gewiss unumgänglich, wenn man sich mit religiöser Literatur einlässt. Ich habe in diesem Bereich die Erfahrung gemacht, dass Buchmacher, die nicht glaubenstreu sind, bald mit Erfolglosigkeit rechnen müssen. Der Heilige Geist duldet hier kein Schindluder ... Das Tief in der Buchproduktion war also unversehens rasch wieder überwunden.

Dann wurden mir in bewegenden Feierstunden noch vier Preise verliehen – 1995 in Zürich der Preis für Abendländische Besinnung (Hans Jenny, Prof. Eduard Stäuble), 1996 in Würzburg der Preis für Wissenschaftliche Publizistik (Prof. Lothar Bossle), im März 2000 die Ehrenmedaille des Bistums Hildesheim (Bischof Josef Homeyer) und im April 2000 die „Goldene Rosine" des Vereins „Bürger fragen Journalisten e. V.".

Außerdem wurden mir neue Gefährten geschenkt, diesmal in Gestalt von zwei wunderbaren Mitarbeiterinnen, die alles neu möglich machten: das Therapieren, Vorträge halten, das Bücherschreiben und die Enkelbesuche. Immer mehr ausländische Verlage – dreizehn sind es mittlerweile – lassen meine Bücher in die jeweiligen Landessprachen übersetzen und nachdrucken. China, Japan und Südafrika sind ebenso darunter wie Kroatien, Chile und neuerdings Ungarn und Polen.

In der äußeren Gestaltung meiner Arbeit wurde ich unversehens supermodern: Das Computerzeitalter brach ins Heidehaus ein und wurde als eine enorme Erleichterung bei der Gestaltung der Zeitungstexte und der Bücher erlebt. Nun kann ich wieder mindestens drei pro Jahr verfassen! Auch die Möglichkeit der Internet- und E-Mail-Nutzung beschenkt mich mit einer Fülle von neuen, noch vor einem Jahrzehnt nicht vorstellbaren Möglichkeiten. Einer meiner Enkel richtete mir darüber hinaus eine Internet-Homepage ein. Das Faxgerät beschleunigt und erleichtert den umfänglichen Schriftverkehr.

Angeregt durch meine Psychologen-Kinder, die eine eigene psychotherapeutische Praxis aufgebaut hatten, und durch ihre Mithilfe gründeten wir 1994 den Verein „Verantwortung für die Familie". An die 1000 Menschen des 6000 Mitglieder umfassenden Freundeskreises, die von uns zweimal im Jahr einen Brief über meine Aktivitäten erhalten, haben sich dem bereits angeschlossen. Zur Neurosenprophylaxe entwerfen wir Faltblätter, auf denen die wichtigsten Erziehungsmaßnahmen aufgeführt werden. An die 100.000 Stück haben wir davon mittlerweile gezielt verschickt und verteilt. Seit 1997, so erfuhren wir, gibt es Ähnliches – von der Clinton-Regierung initiiert – auch in den USA, weil man dort die so durchschlagenden Ergebnisse der neuen Hirnforschung über die enorme Bedeutung der frühen Kindheit so ernst nimmt, wie sie es verdienen.

Es war für mich eine große Genugtuung zu erfahren, dass die Neurologie in den USA meine Antriebslehre in einem erstaunlichen Ausmaß bestätigt. Hierzulande will man allerdings von der Gewichtigkeit dieser Aspekte zur Vorbereitung einer gesunden Zukunft immer noch kaum etwas hören. Die umwälzenden amerikanischen Forschungsergebnisse werden hier allenfalls am Rande erwähnt. In unserer Republik tummeln sich stattdessen Feministinnen und Sozialisten unbelehrt wie eh und je in Studios, Redaktionen und Gassen. Der Konsum von Ecstasy und anderen Rauschgiften boomt. Satanismus und Esoterik holen junge Menschen scharenweise ins Verderben.

Auch das Abdriften so vieler Menschen in den Aberglauben hatte sich voraussagen lassen. Bereits in der „Manipulierten Maßlosigkeit" hatte ich 1971 in dem Kapitel „Der verkopfte Mensch" die Prognose gestellt, dass der einseitige Rationalismus und der immer weiter um sich greifende Glaubensverlust den Nährboden für eine solche Entwicklung abgeben würde; denn die geistlichen Bedürfnisse des Menschen lassen sich auf die Dauer nicht mit einem platten Materialismus abspeisen. Der Geist fängt an zu wildern, wenn man ihm den Weg zum Brunnen mit dem Wasser des Lebens nicht mehr weist. Neumodische Zauberkunst aber ist kein Weg zum Heil; der Mensch ist ihr nicht gewachsen. Schon Goethe lässt im „Faust" den von ihm beschworenen Dämon sagen: „Du gleichst dem Geist, den du begreifst – nicht mir!" Nicht die erhoffte Bewusstseinserweiterung wird dem Faust so zuteil, sondern er gerät stattdessen in die Gefahr der Selbsttötung. Die vielen Suizidversuche von jungen Menschen aus der jüngsten Zeit weisen also auf mehr hin als auf eine Modewelle ...

Wie viel Lehrgeld werden wir noch zahlen müssen, ehe wir bereit sind zu hören – ehe wir das Übel von Grund auf anpacken: von der Erkenntnis über die moderne Überheblichkeit her und der daraus resultierenden Abkehr von Gott. Die neue Regierung, die zum großen Teil aus Protagonisten der Neuen Linken besteht, macht eine erschreckende Erfahrung: Gerade sie, die den Staat, die „das ganze repressive System samt seinen Bullen" einst auszuhebeln suchten und während ihres Marsches durch die Institutionen zahllose Gesetze zu Fall brachten, sehen sich – nun an der Macht –

skurrilerweise genötigt, nach der „ganzen Schärfe des Gesetzes" und sogar der Einführung neuer Gesetze zu rufen, um das Gefüge überhaupt noch zusammenzuhalten! Merken sie, dass sie ihre eigenen hehren Ziele damit ad absurdum führen? Dass dies ein Kotau an die von ihnen so verteufelte Macht des Staates ist, die sie so erbittert bekämpft haben? Hat uns die Sowjetunion nicht deutlich genug werden lassen, dass ein mit ideologischer Gewalt angepeiltes Paradies nicht zum Friedensreich, sondern zur Staatsdiktatur mit einem Spitzelsystem führt, das nicht aus dem Geist der Nächstenliebe, sondern aus dem Geist des gezüchteten Misstrauens aller gegen alle entspringt? Lehren uns die Gulags nicht, wohin das führt?

Unsere Weichen sind falsch gestellt. Ohne dass der Verfassungsschutz es für nötig erachtet einzugreifen, kann mich die „AntiFa" (eine „antifaschistische, antirassistische Organisation") ungerügt verfolgen. Diese Gruppierung versucht seit Jahrzehnten, mich an meiner Öffentlichkeitsarbeit zu hindern, indem sie mit einer Palette von geradezu aberwitzigen Lügen versucht, mich in den Städten und bei den Veranstaltern, die mich einladen, als ein rechtsextremes Ungeheuer zu verleumden und unmöglich zu machen ...

Zur DDR-Zeit, so bestätigte mir darüber hinaus die Gauck-Behörde, wurden meine Tätigkeiten im deutschen Sprachraum von der STASI beobachtet und registriert. In den dort zusammengebrauten und in den Westen eingeschleusten „Braun-Büchern" bin ich mit vielen honorigen Persönlichkeiten ebenso (und absolut unberechtigt) als „Neonazi" aufgeführt wie bei den Büchern über die so genannte „Schweizer Patrioten", die gleicher Herkunft entstammen. Dass Fachkompetenz und christliche Einstellung nicht mit nationalistischen Positionen gleichgesetzt werden können, ist den meisten Verfolgern wohl nicht einmal bewusst. Sie ahnen vermutlich nicht einmal, worum es in diesem Geistkampf zwischen Licht und Finsternis in Wirklichkeit geht.

Ein Grund zu verzagen ist das nicht. Je bedrängender die Folgen der überheblichen Lebenseinstellung unserer Gesellschaft als Wetterwand am Horizont stehen (auch die Verschuldung in Billionenhöhe und die Massenarbeitslosigkeit mit der großen Zahl arbeitsunfähiger Menschen gehört dazu), umso intensiver sucht sich die Wahrheit unter der mächtigen Verdrängungsdecke der öffentlichen Meinung einen Weg. Unübersehbar ist die Zahl derer, die bereits aufgewacht und die bereit sind, sich auf die Seite des Lebens zu stellen. Mitten in all der Wirrnis unserer Republik gab und gibt es eine große Zahl treu durchhaltender, oft bewusst widerstehender Familien. Aus ihr gehen junge Menschen hervor, die sich nicht mehr für dumm verkaufen lassen wollen. Sie finden sich in Gruppierungen zusammen, wie zum Beispiel „Jugend 2000" und „Wahre Liebe wartet". Hier weht der Dekadenz in unserer Landschaft der frische Wind echten Fortschritts entgegen! Wenn es auch noch nicht die Mehrheit sein mag – auf Mehrheiten ist Gott auch gewiss nicht angewiesen.

Im 2000. Geburtsjahr unseres Herrn feierten wir zu meinem 75. Geburtstag ein großes Vereinsfest auf einem bayerischen Seeschloss. Allemal muss Neues gepflanzt werden, selbst wenn morgen der letzte Tag heraufdämmern würde – das gebietet die Treue zum Schöpfer, der das Leben will und die Liebe ist.

Auch alte Laubbäume dürfen an besonnten Spätherbsttagen noch einmal farbig aufglühen. Ich fürchte mich nun nicht mehr, in meinen Vorträgen das Eigentliche ohne Umschweife auszusprechen – und sie deshalb oft mit dem großen Reinhold-Schneider-Vers zu schließen:

Jetzt ist die Zeit, da sich das Heil verbirgt
und Menschenhochmut auf dem Markte feiert,
indes im Dom die Beter sich verhüllen.
Bis Gott aus unseren Opfern Segen wirkt,
und aus den Tiefen, die kein Aug' entschleiert,
die alten Brunnen wieder sich mit Leben füllen!

Nachwort

Mancher, der diesen Lebensbericht bis zum Schluss durchgelesen hat, mag vielleicht den nicht ganz vollständigen Eindruck bekommen haben, ich sei mit heiterer Stabilität gänzlich unverwundbar durch diese 70 Jahre hindurchgegangen. Das ist natürlich nicht im Mindesten der Fall gewesen; aber ich wollte den Schwerpunkt eher auf eine nüchterne Darstellung der Verflochtenheit eines Einzelschicksals mit den Vorgängen im Weltgeschehen legen. Ich hatte nicht vor, eine Abfolge meiner Gefühlsentwicklung zu offerieren; denn das würde die Schranke einer Intimität überschreiten, die peinliche Exhibition bedeutet hätte.

Im Rückblick auf mein Leben stelle ich zwar täglich mit neuem Staunen fest, wie sehr es nicht von mir und meinen Entscheidungen gemacht, sondern mit zunächst unbemerkter Hand, die dennoch freiließ, gefügt wurde – gewiss nicht nur so, dass mein Werden so etwas war wie ein schlafwandlerischer Tanz über unwegsame Klippen hinweg. Da gab es auch alles, was uns Menschen allen geschieht: Ausweglosigkeit, Angst, Schmerz (besonders um den Verlust von Menschen, mit denen man tief verbunden war), aber auch Demütigung, Leiden an Ungerechtigkeit, Konflikte, Ratlosigkeit, Schuld, Versagen, Enttäuschung und seelische Verletzung. Verleumdet und lächerlich gemacht zu werden ist dabei leichter zu ertragen als geistiger Diebstahl, als die Errichtung von Institutionen oder Karrieren mit Ideen, die man mir klammheimlich entwendete …

Aber gerade die leidvollen Phasen, die nachtdunklen Stunden lassen eigentlich erst wirklich aufleuchten, was die Orientierung am Kreuzweg Jesu als Vorbild aussagen will und was im direkten Erleben das letzte Wort Christi nach seiner Auferstehung bedeutet: „Ich bin bei euch alle Tage, bis ans Ende der Welt!" – Die schwärzeste Nacht birgt das hellste Licht. Leid berechtigt nicht zum Hader auf Gott, im Gegenteil: Engelskräfte werden geweckt, wenn wir nur in dieser Versuchung aller Versuchungen IHM nicht absagen. Aus solchem unfassbar scheinenden direkten Erleben erst erwachsen Dankbarkeit, Bittgebet und Fürbitte: „Domine, miserere nobis!", ja nicht selten sogar Erfahrung von Gebetserhörung: vor allem für die endlose Schar der unter der Wucht schmerzenden Leids Ächzenden, mit denen ich in Berührung kam.

Aber auch über das viele Glück in meinem Leben habe ich keineswegs in dem Maße erzählen können, wie es das gab: vor allem von der herzsprengenden Freude, von der ich erfüllt wurde, wenn die Enkel zu Besuch kamen, aus dem Auto hervorquollen und mir auf dem Weg ins Haus entgegenstürmten … Sechs Kinder hatte ich haben wollen – sechs Enkel wurden mir beschert!

Zu wenig zum Ausdruck gekommen ist mein alljährlich neu hoch brandendes Sommerglück: das Leben, das Schreiben in meinem Garten am Fluss, unter dem Gesang der Amseln und dem sanften Wehen oder dem orgelnden Brausen der Eschen, der Weiden, der Erlen, der Eichen, der Birken, der Pappeln an dem gleichmäßig dahinströmenden Fluss. „Panta rhei", hat uns schon Heraklit zugerufen. In solchen Stunden ist der Himmel nicht einfach nur blau, sondern offen, und ich fühle mich mit dem beschützenden Reetdachhut des Heidehauses dahinter ebenso in Gottes Plan eingewebt wie in seine Gegenwart.

Lieferbare Meves-Titel in alphabetischer Reihenfolge
(Stand April 2000)

Titel	Verlag
ABC der Lebensberatung	Hänssler
Aber ich will dich verstehen	
(mit A. Dillon)	Resch
Alte Narben neue Nöte	Herder/Christiana
Anima - verletzte Mädchenseele	Weißes Kreuz/Hänssler
Antworten Sie gleich!	Herder, Christiana
Auf Dich kommt es an!	MM-Verlag
Charaktertypen – Wer passt zu wem?	Resch
Danke – mit einem lieben Gruß!	skv
Denen im Dunkeln Trost	Weißes Kreuz/Hänssler
Die Bibel antwortet uns in Bildern	libri, Book on Demand
Die Bibel hilft heilen	Herder, Christiana
Ehe-Alphabet	Christiana
Ein jeder Tag hat Sinn für dich	
(mit A. Dillon)	skv
Ein neues Vaterbild	Christiana
Eltern-ABC	Christiana
Ermutigung zur Freude	Herder, Christiana
Erziehen lernen	Resch
Europa darf nicht untergehen	Kultur die Familie, Christiana
Freude für die glücklichen Eltern	skv
Glückwünsche zum neuen	
Lebensjahr	skv
Großeltern-ABC	Christiana
Hochsommer (mit A. Dillon)	Christiana
Ich habe ein Problem	Weißes Kreuz/Hänssler
Ich will leben (Briefe an Martina)	Weißes Kreuz/Hänssler
Ich will mich ändern	Hänssler
In den Ferien fing es an	Weißes Kreuz/Hänssler
In die Freiheit gerufen (mit A. Dillon)	Hänssler
Kindgerechte Sexualerziehung	Weißes Kreuz/Hänssler
Kraft, aus der du leben kannst	Hänssler
Liebe und Aggression –	
wie gehe ich damit um (mit J. Illies)	Resch
Macht Gleichheit glücklich?	
(mit H. Ortlieb)	Herder, Christiana
Manipulierte Maßlosigkeit	Christiana
Mit Kindern leben –	
Hilfen für bedrängte Eltern	Christiana
Mut zum Erziehen	Christiana
Nußschalen im Ozean	Weißes Kreuz/Hänssler

Vergriffene Meves-Titel in alphabetischer Reihenfolge

(Stand April 2000)

Titel	Verlag
Aggression und Autorität	Vanderhoek
Antrieb – Charakter – Erziehung	Fromm
Aus Vorgeschichten lernen	Herder
Bedrohte Jugend, gefährdete Zukunft	
Bist du David?	Herder
Chancen und Krisen der modernen Ehe	Weißes Kreuz
Damit ihr Frucht bringt	Diözesanst. Berufe d. Kirche
Das Geringste gilt	Weißes Kreuz
Das Großeltern-ABC	Herder
Das große Fragezeichen	Weißes Kreuz
Der alte Glaube und die neue Zeit	Herder
Der Mensch hinter seiner Maske	Weißes Kreuz
Der Weg zum sinnerfüllten Leben	Herder
Die Bibel antwortet uns in Bildern	Herder
Die Familie i. d. Zerreißprobe d. Gesellschaft	Herder
Die ruinierte Generation (mit H. Ortlieb)	Herder
Die Schulnöte unserer Kinder (mit D. Günter)	Herder
Dienstanweisungen f. Oberteufel (mit J. Illies)	Herder
Ermutigung zum Leben	Kreuzverlag
Erziehen und Erzählen	Herder
Erziehung zu Reife und Verantwortung	Weißes Kreuz
Erziehung zur Frau	Adamas
Es geht um unsere Kinder	Brunnen
Freiheit will gelernt sein	Herder
Geliebte Gefährten (mit J. Illies)	Herder
Glücklich ist, wer anders lebt	Herder, Christiana
Ich reise für die Zukunft	Herder
Im Schutzmantel geborgen	Herder, Christiana
Jugend und Ehe	Brockhaus
Kinderschicksal in unserer Hand	Herder
Kleines ABC für Seelenhelfer	Herder
Kurswechsel	Herder
Lange Schatten, helles Licht	Herder
Lebensrat von A–Z	Herder
Lieben, was ist das (mit J. Illies)	Herder
Mit der Aggression leben (mit J. Illies)	Herder
Neue Schulnöte (mit D. Günter)	Herder

Namensregister

Trotzdem:
Mut zur Zukunft

Bilanz aus 30 Jahren Fehlentwicklung

von Christa Meves

168 Seiten, Broschur
1. Auflage 1998
DM 19,80,–, SFR 19,–
ÖS 145,–
ISBN 3-930039-48-6

In diesem Buch der bekannten Psychotherapeutin Christa Meves werden die Ursachen für die vielfältigen Zerfallserscheinungen unserer Gesellschaft entlarvt und analysiert. Dabei wird die unzureichende Aufarbeitung virulenter Ideologien und die Notwendigkeit einer geistigen Neuorientierung herausgestellt.
Eine Fülle konkreter Vorschläge wird angeboten; denn wer die Zeichen der Zeit zu deuten versteht, so Christa Meves, der kann auch wieder den Weg zu einer neuen geistigen Ausrichtung finden.

Millionen Leser haben bereits erkannt, dass die Prognosen von Christa Meves eintreffen, und haben sich rechtzeitig warnen lassen. Dieses Buch umfasst ihre Kernaussagen: das Beste von Christa Meves, die Summe einer großen Lebens- und Glaubenserfahrung in unserer Zeit.

Verlag Dr. Ingo Resch
Maria-Eich-Straße 77 · D-82166 Gräfelfing · Tel. 089/8 54 65-0
Fax 089/8 54 65-11

Meves/Illies
Liebe und Aggression
Wie gehe ich damit um?

190 S., DM 19,80, SFR 19,–, ÖS 145,–
ISBN 3-930039-53-2

Kein Mensch ist frei von Aggressionen. Manchmal packt es uns und verleitet uns zu Reaktionen, derer wir uns später schämen. Nicht viel anders ist es mit dem Lieben. Die Autoren vermitteln Informationen über das Wesen der beiden großen Lebenstriebe, so dass sie besser verstanden werden können.

Meves/Dillon
Aber ich will dich verstehen!
Eine Mutter kämpft um ihr Kind

175 S., DM 29,80, SFR 27,50, ÖS 218,–
ISBN 3-930039-49-4

Wie verhalten sich Eltern, wenn sie in ihren erzieherischen Bemühungen auf Granit beißen? Wie viele Mütter und Väter erleben es heute, dass ihre Kinder, kaum 14 oder 15 Jahre alt geworden, den Eltern den Zugang mehr oder weniger versperren? Christa Meves und Andrea Dillon haben diese Schwierigkeiten in die Form einer Erzählung gekleidet.

Meves
Erziehen lernen
Was Eltern und Erzieher wissen sollten

258 S., zahlreiche, teils farbige Abb.,
DM 29,80, SFR 27,50, ÖS 218,–
ISBN 3-930039-51-6

Ein hilfreiches, sympathisches „Kursbuch" für Eltern und Erzieher, geschrieben mit hohem Verantwortungsbewusstsein und menschlichem Engagement. Es zeigt, angefangen von den ersten Lebensjahren bis zum Ende des Jugendalters, welche Probleme in den verschiedenen Altersphasen auftauchen und wie man sie heute erzieherisch lösen kann.

Meves/Günter
Schulnöte
Vorbeugen und abhelfen

175 S., DM 19,80, SFR 19,–, ÖS 145,–
ISBN 3-930039-52-4

Die moderne Schule hat den Eltern die Sorge um Schulleistungen nicht abgenommen, im Gegenteil. Die inzwischen verwirklichten Reformkonzepte, eher am grünen Tisch als aus der pädagogischen, kindnahen Praxis entwickelt, haben Müttern und Vätern neue Belastungen aufgebürdet. Wie man diesen Belastungen beikommen kann, zeigen die beiden fachkompetenten Autoren auf.

Verlag Dr. Ingo Resch
Maria-Eich-Straße 77 · D-82166 Gräfelfing · Tel. 089/8 54 65-0
Fax 089/8 54 65-11